複製的藝術

三十・三十書系

複製的藝術

文革期間的文化生產及實踐

彭麗君　著

李祖喬　譯

香港中文大學出版社

■ 三十・三十書系

《複製的藝術：文革期間的文化生產及實踐》
　彭麗君　著
　李祖喬　譯

© 香港中文大學 2017

本書版權為香港中文大學所有。除獲香港中文大學
書面允許外，不得在任何地區，以任何方式，任何
文字翻印、仿製或轉載本書文字或圖表。

國際統一書號 (ISBN)：978-988-237-005-0

2017年第一版
2020年第二次印刷

出版： 香港中文大學出版社
　　　香港 新界 沙田・香港中文大學
　　　傳真：+852 2603 7355
　　　電郵：cup@cuhk.edu.hk
　　　網址：cup.cuhk.edu.hk

■ 30/30 SERIES

The Art of Cloning: Creative Production
During China's Cultural Revolution (in Chinese)
　By Pang Laikwan
　Translated by Li Cho-kiu Joseph

© The Chinese University of Hong Kong 2017
All Rights Reserved.

ISBN: 978-988-237-005-0

First Edition 2017
Second printing 2020

Published by The Chinese University of Hong Kong Press
　　　The Chinese University of Hong Kong
　　　Sha Tin, N.T., Hong Kong
　　　Fax: +852 2603 7355
　　　Email: cup@cuhk.edu.hk
　　　Website: cup.cuhk.edu.hk

Printed in Hong Kong

群峰並峙　峰峰相映

《三十‧三十書系》編者按

　　在中國人的觀念裏，「三十年為一世，而道更也」。中華人民共和國建國迄今六十餘年，已歷兩世，人們開始談論前三十年與後三十年，或強調其間的斷裂性及變革意旨，或著眼其整體性和連續性。這一談論以至爭論當然不是清談，背後指向的乃是中國未來十年、二十年、三十年以至更長遠的道路選擇。

　　《三十‧三十書系》，旨在利用香港中文大學出版社獨立開放的學術出版平台，使不同學術背景、不同立場、不同方法的有關共和國六十年的研究，皆可在各自的知識場域充分完整地展開。期待群峰並峙，自然形成充滿張力的對話和問辯，而峰峰相映，帶來更為遼闊和超越的認識景觀。

《三十‧三十書系》自2013年起，首批已推出四種著作：

　　郭于華《受苦人的講述：驥村歷史與一種文明的邏輯》、高王凌《中國農民反行為研究 (1950–1980)》、高默波《高家村：共和國農村生活素描》與郭益耀《中國農業的不穩定性 (1931–1991)：氣候、技術、制度》。

　　這四本書探討的都是集體化時期的農村、農民和農業，卻呈現出截然不同的時代圖景。頗有意味的是，作者的背景、研究方法不盡相同，作品之間的立場和結論甚至相互衝突，但當它們在同一平台上呈現時，

恰恰拼合出一個豐富而多元的光譜；作品之間的衝突和砥礪，使這光譜
更接近《三十‧三十書系》所期待的學術景觀：群峰並峙，峰峰相映。

在此基礎上，《三十‧三十書系》的第二批著作試圖將關注擴展至
全球視野下的中國學，利用香港中文大學出版社獨特的雙語出版平台，
聚焦世界範圍內的共和國研究。由此推出六部著作：

蘇陽《文革時期中國農村的集體殺戮》、安舟 (Joel Andreas)《紅色工
程師的崛起：清華大學與中國技術官僚階級的起源》、丹尼爾‧里斯
(Daniel Leese)《崇拜毛：中國文化大革命中的言辭崇拜與儀式崇拜》、白
思鼎 (Thomas P. Bernstein) 與李華鈺編《中國學習蘇聯 (1949年至今)》、
文浩 (Felix Wemheuer)《饑荒政治：毛時代中國與蘇聯的比較研究》及彭
麗君《複製的藝術：文革期間的文化生產及實踐》。

延續「群峰並峙」的基本理念，這批作品試圖突破傳統研究對象的
局限、地域分隔造成的研究盲點和學科間的專業壁壘，呈現一個更開闊
而富有生機的中國研究圖景。從書名就可看出，與第一批中國學者關於
農村集體化的論述不同，第二批著作探討了共和國史中更豐富的細分領
域與主題，如集體殺戮、技術官僚、領袖崇拜、中蘇關係、大饑荒、文
革期間的文化生產模式等。此外，無論從作者的地域背景還是研究的學
科分野來說，這六種作品都更加多元。三本書的作者來自美國，其中蘇
陽和安舟是社會學學者，白思鼎和李華鈺則是政治學家；兩位德國學者
里斯和文浩的研究方法更偏重歷史學；彭麗君則是來自香港的文化研究
學者。每部著作都帶著各自學科內的優秀傳統和全新視角，為中國研究
注入更多樣的可能。

儘管這六種著作頗不相同，但它們都代表了各自領域內具有前瞻
性、成長性的研究方向，這正是《三十‧三十書系》所看重與尋找的特
質 ── 全球視野下關於共和國六十年的前沿研究。

蘇陽在《文革時期中國農村的集體殺戮》中收集了大量地方檔案、
政府公開文件和一手訪談，首次提出極具解釋力的「社區模型」，深入了

西方主流種族屠殺研究使用的「國家政策模型」所無法觸及到的細緻層面。研究因其揭示史實與建構理論兩方面的傑出成就，獲得2012年美國社會學學會 Barrington Moore 最佳著作獎。

安舟的《紅色工程師的崛起》，首次關注到對中國當代歷史具有重要意義的技術官僚階級。該研究詳細展示了這個新興階級如何產生、發展並最終成為共產黨核心領導力量的過程。這一過程引發了中國權力格局的變化，也在融合了農民革命家與知識精英這兩個傳統階級之後，帶來了截然不同的領導思路和風格。

里斯的《崇拜毛》和白思鼎、李華鈺編的《中國學習蘇聯》都是首本將相關題材作為專題研究並進行了充分且多角度探討的作品。《崇拜毛》揭示了個人崇拜的力量如何被毛澤東、其他黨內領袖、軍隊等多方利用與引導，並從中共黨內與基層民眾兩方面追溯了那段政治動亂下的個人崇拜史。而《中國學習蘇聯》則幾乎覆蓋了該題材所有方面的討論，以最新資料和多元視角詳細分析了蘇聯模式對中國政治、經濟、軍事、文教、科技等方面長期的、潛移默化的影響。

文浩的《饑荒政治》體現了近年來歷史研究中的一種新興路徑：將中國史放在世界史中重新審視。大躍進導致大饑荒的現象並非中國特有，蘇聯在1931–1933年間也發生了同類的「大躍進饑荒」。作者將饑荒放在農業帝國進行社會主義革命這個大背景下分析，深化了對共產主義國家發展進程的理解。

彭麗君的《複製的藝術》則為研究文革中的文化生態提供了新的解釋工具——社會模仿。通過「模仿」這一概念，作者將文化、社會、政治串連起來，解釋了毛時期的文化複製行為如何助長人們對權力的服從，如何重構了獨特的時代文化。

在兩批十種著作之後，《三十 ‧ 三十書系》的第三批已在準備之中，兼收中、英文著作及譯著。本社一貫注重學術翻譯，對譯著的翻譯品質要求與對原著的學術要求共同構成學術評審的指標。因讀者對

象不同，中文出版品將以《三十・三十書系》標識出版，英文專著則以單行本面世。

「廣大出胸襟，悠久見生成」是香港中文大學的大學精神所在。以此精神為感召，本書系將繼續向不同的學術立場開放，向多樣的研究理路開放，向未來三十年開放，歡迎學界同仁賜稿、薦稿、批評、襄助。

有關《三十・三十書系》，電郵請致：cup-edit@cuhk.edu.hk

香港中文大學出版社編輯部

2016年12月

目　錄

圖片目錄

中文版序

　　2014年9月，我在香港中文大學的研究休假正式開始，我計劃好好利用這一年的安靜，把過去幾年累積的文革文藝研究整理出來。可是，香港社會同時進入極度的不安和躁動，我也變得神經兮兮，一方面盡量把自己鎖在距離當下很遠的中國文革中，努力尋找它的秩序和邏輯，但另一方面，我又無法不讓自己的情感被運動綁架。書就在這樣跌跌撞撞的環境中定調——紙上，文革跟雨傘一點關係都沒有，但我也知道香港的當下，或多或少影響了我書寫文革時應該擁有的泰然。

　　我寫文革的初衷很單純：出於簡單的好奇。我跟大部分在香港長大的同齡人一樣，對毛時代的中國一無所知，這是殖民者對被殖民者植入的無知。無知不是福，因為它會生根發芽，演變成愚昧和歧視。我想填補自己對中共的知識貧窮，也希望為自己既有的觀念帶來衝擊。是好是歹，這是一本沒有親歷文革的香港人所寫的文革書，這個位置自有它的視角。我選擇從文革入手，也隱隱帶著對革命的浪漫想像。當然，這想像很快被厚實和互相矛盾的史料所沒頂。到最後，我只希望，面對這樣一段暴烈的歷史，能夠寫一本溫柔一點的書。

　　雖然中國政府依然把文革定義為「不是任何意義上的革命」，但事實是，無論它最後如何失敗，也掩飾不了它亮相時所帶出的暴力、速度、義無反顧、連根拔起，它的能量在二十世紀世界各場革命中都毫不遜色。可是在五十年後的今天書寫這一革命，我們能否溫吞一點，多些轉

彎抹角，留自己也留歷史多些迴轉和對話的餘地？這書見證了自己對待這段歷史的蹣跚和關懷，有些話講得不清不楚，是自己力有不逮，也多少反映了我對當時(和現在)複雜世界的猶豫。但書寫文革，沒有讓我害怕政治，反而，我確信人們從私入公是一個實踐平等的過程，只是文革沒法堅持這個政治願景。也因此，雨傘運動在某程度可以是文革的一個反證，還看這一代人的定力，以及虛心的經營。

彭麗君

2016年5月

香港

鳴　謝

　　本書能夠以繁體中文出版，首先要感謝原英文版的出版商 Verso 慷慨讓予我中文翻譯版權，還有香港中文大學出版社同仁的熱情和專業，令中、英文版能於同年出版。李祖喬是本書的譯者，也是這研究項目最初期的助理，他見證了本書的起步，也成為中文版的最重要參與者，做了大量工作去援引和核實資料，用心琢磨一字一句，我由衷感激。其他曾經參與研究的短期助理包括鄧正健、張春田、魏萍、吳偉綿、陳倩玉、翁加惠、楊華慶和郭燕萍，她們的心力，點滴成為我研究的主要材料。我也希望在此向我的另一位學生袁夢倩送上最大的祝福，研究路上我們一起同行。

　　我特別感謝曾經給予我支持和意見的各位學者專家，包括上海社會科學院的金大陸和張練紅兩位老師、景德鎮陶瓷大學的曹春生教授、廣州中山大學的程美寶教授和謝少聰研究員、著名陶瓷學家羅敬禮、澳門藝術博物館中國陶瓷館館長盧大成、廣東粵劇院的梁彥蘭主任、中國傳媒大學的楊揚教授等。我的表兄郭健翎一路駕車從南昌送我到景德鎮，我的學生曲舒文也在成都把我牢牢牽到安陽的建川博物館，讓我沒有在路上掉失。我感激所有接受過我訪問的智者，她們的經歷、反省和洞悉，給予我最細緻的文革人文景觀。香港中文大學中國研究服務中心的文革收藏既豐富又整齊，我特別受益於中心無間舉行的講座，開啟我對文革研究的視野。香港教資會和中大文學院提供的研究基金，讓我得以

在一個資源充裕的環境下進行研究。還有香港和海外的各友好、同儕、學生、家人，我不在此細列，但你們對我的愛和容忍，我銘記於心。

　　但我必須在此再一次向母親吳榮和先父彭浩霆道謝，他們對我的愛、信任和尊重，開展我對世界的好奇，也讓我在這個世界當中學懂有尊嚴地自處。夾在父母和孩子中間，我體會愛的一脈相承，也互相回饋。我希望把書送給我的兩位兒子海服和海躍。我們對將來的期盼，是書寫歷史的最大動力。

導　論

　　如果我們用今天的眼光去看五十年前的中國，很容易會覺得毛澤東時代的中國人在外表上都一式一樣。早在1950年代，便已經有外國論者說，中國人就好像一群「藍螞蟻」：衣著一式，臉相一樣，走路方式也無異。[1] 到了1966年，中國宣佈無產階級文化大革命正式開始，就好像連人的思維都變得一模一樣了。人們的思想和言行，都好像跟毛澤東和整個革命群體連結起來。文革時期的中國，可以被視為一個絕對同質的世界，到處是千篇一律的複製品和互相模仿的行為。當然，總有人拒絕向主流屈服，但代價卻往往高得驚人。任何人要展示自己與眾不同，都必須背負極大壓力。在那個要求人民毫無二致的社會裏，作抵抗的人可說少之又少。

　　從中國外部去看，很容易得出這結論：當時的中國社會之所以如此同質，是因為中國有一種狂熱的政治文化、一個威權政府和一批順民，還有一段崇尚臣服與屈從的歷史傳統。這些問題，本書都會逐一討論。不過，只要我們細心觀察，也會發現那個同質的世界有各式各樣的文化經驗，甚至有一些難以名狀的自由感。文革期間，很多普通平民百姓大量閱讀，四處遊歷，參與了形形色色的文化活動，生活並不如我們所想像般窒悶。其實，我們認為今天比當時的社會更多姿多彩，主要是因為

1　Guillain, *The Blue Ants*, pp. 3–8.

我們被淹沒於各類貌似新穎、實質也非常公式化的文化產品和活動之中。那麼，我們可否從其他角度去理解文革，而不是單單把它視為一段只有「受難」和「傷痕」的歷史？不少在當時參與文革的人，既高度服從權威、卻又認為自己充滿自主性，我們應該如何解釋這現象？

讓我先從一個例子説起。在文革時期成長的一代人，今天已達六十前後。這代人中教育程度較高的，很多都曾緬懷文革時的閱讀經歷。例如韓少功、北島、朱學勤、魏光奇、王安憶和止庵等作家，都談論過自己當時如何讀書、換書和抄書。他／她們也列出詳細的私人書單，顯示自己在一個充滿政治壓迫的年代仍然能夠自行獲取知識，保有一定的自主性和獨立思考，毋須依附教育體制。[2] 當時，大量不同類型的書籍在民間流通，孕育出一種既獨立、又充滿活力的閱讀文化。不過，很多知識青年所翻過的書，其實也有不少是相同的，例如那些從 1950 年代開始從「內部資料」結集而成的黃皮書（文藝類）和灰皮書（政治類）。那些令知青們大感興奮的書籍，其實早已被中共篩選過。就在這些作家所分享的個人故事裏，我們可見個體性（individuality）和集體性（collectivity）之間的微妙辯證：一方面，文革表面上極之同質，但也仍然有足夠的空間讓個體去表現自己的特殊性格；另一方面，那些所謂的個體性又非常相似。很多在當時來説屬於離經叛道的行為，都可説是那個同質化社會的其中一環。每人的個人經歷和獨立行動，也同時為同一代人所共享。總之，那時代的人都好像既特立獨行、又如出一轍。

要理解文革時期的主體如何被形塑出來，不一定要單單集中分析它的「同質性」（uniformity），而是可以從「獨一性」（singularity）的概念

2　韓少功，《漫長的假期》；北島，《城門開》，頁 97–104；朱學勤，《思想史上的失蹤者》，頁 171–183；魏光奇、丁東，〈沒有空白——文革時期的讀書生活〉；王安憶，《王安憶讀書筆記》，頁 6–7；止庵，〈「文革」讀書與中國 60 年〉。北島回憶的，大部分是文革前的童年閱讀經驗，但是他的修辭和內容跟其他作家非常接近。印紅標也討論過文革的閱讀文化，見他的《失蹤者的足跡》，頁 218–233。

出發。「獨一性」此概念，又可以衍生出兩種互相對立的意義。第一，從集體的意義上來說，當時全體中國人民可以被視為一個獨一無二的整體（a singular whole）：中國人民互相追隨，並以此對照外部世界的其他人民。第二，從個體的意義上來說，當時很多中國人都真心堅信自己是獨立和清醒的主體，也相信文革直接或間接令人解放和明智，而非使人屈從。文革的幻象在後來破滅，我們因而看到各種恐怖和暴力的事件。但是，很多當時的人（特別是青年）又確實深信，遵從領袖和同志的指導，其實就體現了啟蒙和自由的真義。個體既是推動歷史發展的主人，又同時是可被替換的部件。文革期間，有不少人找到正常過活的方法，但也有無數信奉毛主義的個體要承受著主體化（subjectification）和客體化（objectification）這兩種極端地二分的壓力，而被撕成碎片。在本書接下來的章節，我會分析文革時期的各種主體。我會仔細分析不同文藝作品、檔案文件，以及深入訪談幾十位文藝工作者和平民百姓之後所得的資料。我也會展示各種主體如何在「解放個人」與「認同集體」、「革命」與「求存」、「樹立典範」與「複製樣板」等邏輯的張力之下形塑出來。在本導論，我會先討論全書的三個關鍵概念：主體的形塑（subject formation）、社會性的模仿（social mimesis）和宣傳（propaganda），然後介紹全書的進路和基本結構。

主體的形塑

本書所指的「主體」（subject）不同於個體（individual），而是指不同個體跟當權的意識形態（dominant ideology）互動、進而使人感到自我的存在。文革期間，當權的意識形態極為強勢。故此，一些在社會上普遍可見的元素，也在主體形成的過程中頗為顯眼。可是，當時的中國人民並不是一個同質的社群。我所關注的，是各色人等如何在那段既多災多難、又激情澎湃的時代中自處，努力以不同方式去掌握自己的生活和生命。我會先從一位紅衛兵的主體性說起。

阿杜塞（Louis Althusser）寫過一篇叫〈意識形態與意識形態的國家機構〉的經典文章。在文章末段，他寄望階級鬥爭這股政治力量可以轉動靜止的歷史。很多論者都認為，阿杜塞的主體在意識形態的壓迫之下是消極被動的。不過，他對主體形塑的理解，其實有兩部分：主體確實是消極被動的；但他也同時提醒我們，所有管治階級之所以佔據管治者的位置，首先是因為發動了階級鬥爭。[3] 所以，他在文章的結尾也無形中留下了一條問題：消極被動的主體（passive subjects）可以轉化成積極主動的革命主體（active revolutionary subjects），問題是轉化的過程是如何發生的。讓我分析一個文革的例子，去補充和豐富阿杜塞的想法。

這裏有一篇紅衛兵日記：

三月六日［1967年］：

下午，原準備去參加段大明的檢討會。去晚了，都散會了，一個人跑進大禮堂轉了一圈。這是我到山城五年多來第一次走進這個地方。

當我踏進這個雄偉壯麗的宮殿般的大廳的時候，心潮起伏，激情洶湧。我想起了一幅畫：十月革命攻打冬宮後，兩個水兵正在安靜的大廳裏吸煙。華麗的大廳在戰鬥之後，彈痕斑駁，滿地狼藉。這時候，我自己不也在走進一幅歷史的畫卷麼？看一看幾個月來大字報和標語的廢跡，我覺得，這些不就是一場激戰後留下的彈痕麼？

我非常高興。我沿高高的石梯奔跑，我真想迎著滿城的東風豪邁地歌唱：「我們獻身過壯麗的事業，無限幸福無上榮光！」[4]

這篇日記，摘自周孜仁的自傳。周孜仁寫自傳，目的之一是要展示自己在文革時如何少不更事。他寫了很多篇日記，卻只選了三篇（包括以上的一篇）跟讀者分享，大概是認為它們最能清楚表達自己。周孜仁

3　Althusser, "Ideology and Ideological State Apparatus," pp. 124–126.

4　周孜仁，《一個紅衛兵小報主編的文革記憶》，頁89。

是一個很典型的紅衛兵，在重慶大學主修科學，愛好文藝。他家庭背景不好，但有政治野心，很快便成為革命小組「造反派」的活躍分子。他有份編輯的小報，後來更成為甚具影響力的紅衛兵喉舌。對他來說，參與革命活動十分重要，因為這可以讓他跟家人的「反動」身份區分開來。從以上的日記選段可見，周孜仁對革命文化產生認同感的過程充滿活力和想像力。阿杜塞說，我們總是被意識形態召喚 (interpellated)。但是，其實主體也會渴求意識形態。在這篇日記中，我們看到周孜仁錯過了一次革命活動，便唯有通過回憶一張他曾經見過的革命油畫，把自己要成為一個合格的毛主義主體 (Maoist subject，下稱「毛式主體」) 的欲望實現出來。這個過程非常複雜，涉及不同人在不同時空所形成的張力。周孜仁日記所揭示的，是一位紅衛兵的主體如何在美學、歷史和世界的相互交織中形塑出來。

讓我進一步解說。周孜仁首先從牆上見到大字報的痕跡，然後聯想到某幅革命油畫中那些炮火的痕跡，間接證明他的「革命主體」是被「文鬥」所召喚的。文化大革命有兩種對立、而關係密切的階級鬥爭方式：文鬥和武鬥。所謂「文鬥」，就是在公眾集會上辯論政治議題、批鬥政治犯、自我批判和懺悔等等。最重要的是，文鬥是高度美學化的，文化生產在這種鬥爭中十分重要。至於「武鬥」，則是指革命者會在私底下殘酷地折磨階級敵人。當時武鬥盛行，派系互相打鬥，也往往傷亡慘重。中共的領袖經常強調文鬥的重要性，認為武鬥只能觸及皮肉，文鬥才能觸及人民的靈魂。[5] 印紅標等學者認為，中共領導人如此重視文鬥，只不過是替武鬥所造成的暴力提供一種藉口或補償而已。[6] 可是，即使我認同文革充滿肢體暴力，我仍然相信文藝活動及其鬥爭在文革裏極為關鍵，甚至正正是革命本身的目的，也所以是本書的焦點所在。

5　《人民日報》，〈要文鬥，不要武鬥〉。這篇社論在1966年9月5日刊出。但是，「文鬥」的概念在1968–1969年間被大力宣傳。當時，全中國正陷於無數區域性的內戰。
6　見印紅標，〈文化大革命中的武鬥〉。

周孜仁沒有提及那幅革命宣傳畫叫甚麼，但它很有可能是謝洛夫 (Vladimir Aleksandrovich Serov，1910–1967) 的《佔領冬宮》(*The Winter Palace is Captured* [1954]，下簡稱《冬宮》)（圖 0.1）。奇勒 (Toby Clark) 認為，《冬宮》是典型的史太林藝術，旨在馴化革命的能量。他說：

> 該畫的場景灰暗，以勻稱的構圖與生硬的學院風格去營造一種秩序感與和諧感。表面上，作畫的目的是向工人階級所建立的國家致敬，歌頌它誕生的一刻。但是，它的實際效果卻是把那一刻重構成陰暗、靜止的瞬間，抽空所有反叛和革命的能量。[7]

《冬宮》一畫，跟史太林剛死後的很多社會主義現實主義 (socialist realism) 的畫作一樣：軍人 (革命的勝利者) 置身於戰爭場景之中，而觀畫者則被引導去猜想這些軍人的想法，進而重新思考革命的意義。[8] 故此，「周孜仁回憶《冬宮》」一事，其實涉及幾個歷史層次：一，於 1917 年發生的十月革命；二，畫家在 1954 年以社會主義現實主義的方式重新挪用十月革命；三，周孜仁在 1967 年反思這幅畫作，進而想像一宗他沒有參與過的政治集會。畫作本身和周孜仁的回憶，分別充滿了戰爭和文鬥的痕跡。這些革命鬥爭的痕跡，在想像上連結現在與過去。《冬宮》成功把周孜仁歷史化，使他得以進入一個大歷史的敘事。所以，他在 1960 年代中在重慶所做過、甚至沒有做過的革命行為，都可以直接跟五十年前發生在莫斯科的十月革命扯上關係。不過，謝洛夫創作《冬宮》，目的是要人重新冷靜地思考蘇聯歷史。首先，當時的蘇聯必須重新審視史太林的政權，而十月革命不單單是使史太林政權得以形成的基石，也同時可以被用來質問史太林的功過。第二，當時史太林剛剛去世，蘇聯正急需尋找新的方向。因此，這幅畫呈現一種比較複雜的歷史思考，對照蘇聯的過去和將來，既互相支持、又互相質

7　Toby Clark, *Art and Propaganda*, p. 95.

8　Brown, *Socialist Realist Painting*, pp. 332, 336.

圖 0.1　謝洛夫，《佔領冬宮》，布面油畫，1954

疑。相比之下，我們可以說，周孜仁從自己身處的寧靜環境中聯想到他錯過了的政治集會，直接認同那些仍然正在不斷燃燒的革命能量。可以說，謝洛夫的作品和周孜仁的回憶，都同樣旨在重新開啟革命的各種意義。不過，謝洛夫為了國家的前途，呼籲大家壓抑革命能量，而周孜仁則想爆開歷史（blast history open）。這裏，我們可以看到1960年代的中國和1950年代的蘇聯的一個小出入：謝洛夫集中描繪的，是兩個軍人如何克制；可是，周孜仁卻把自己的革命欲望投放在牆上的槍彈（大字報）痕跡。《冬宮》並沒有引導周孜仁去冷靜思考革命的意義，而是刺激了他的革命激情。

周孜仁的日記，也證明了蘇聯對這場中國文化大革命的影響。謝洛夫專門繪畫這類由史太林大力資助的革命歷史畫。在他的得意之作《列寧宣告蘇維埃管治》（V. I. Lenin Proclaims Soviet Rule [1947]）中，他把本來不在場的史太林放了在列寧的背後，使史太林也有幸出席了這場歷史性的蘇共聚會。最後，謝洛夫在1947年得到史太林獎，畫作也成為象徵蘇聯成立的名作。[9] 1957年，北京熱烈慶祝1917年蘇聯革命四十周年，蘇聯政府把《列寧宣告蘇維埃管治》的原作送給毛澤東，收藏在中國國家博物館（有說作品後來神秘地消失）。從此，謝洛夫在中國成為藝術大師，他的作品也成為中國學生的模範之作。周孜仁可能就是在幾年前見過《冬宮》。文革期間，中國要走自己的路，蘇聯的模範作品都被批判。但是，當時的中國民族主義仍然受國際社會主義革命的牽制，並不像今天中國政府所鼓吹那種純粹服務政權的民族主義。所以，蘇聯在中國的影響依然隨處可見。值得一提的是，謝洛夫其實是蘇聯藝術體制的保守派代表。在1960年代，社會主義現實主義被一批更有創意和大膽的美學作品挑戰。面對這道浪潮，謝洛夫奮力捍衛正面和愛國的作畫題材及傳統畫作。[10] 但是，當他的作品被周孜仁這位中國的紅衛兵挪用，卻在

9   Johnson, "The Stalin Prize and the Soviet Artist," p. 831.

10   Brown, *Socialist Realist Painting*, pp. 306–307, 402.

政治上變得非常進步、甚至具破壞性，使這位熱血的革命者感受到一種國際間的連結，確立革命的熱情。

在那個年代，中國人被反覆提醒共產主義理想的重要性，對年輕的紅衛兵來說尤甚。而且，那些理想屬於全世界，非中國專有。當過紅小兵的學者許紀霖便說：

> 毛主席當年說只有解放了全人類才能最後解放自己，於是紅衛兵一代人思考的問題都很大，從中國到世界，都是宏大問題。有拯救世人的決心和野心。[11]

德里克 (Arif Dirlik) 也認為，文革是「毛澤東陣營的一次嘗試：沿著革命的路線向前邁進，超越民族視野所限定的目標，指向革命文化的創新」。[12] 文革可以被理解為一種對狹隘和功利的民族任務的超越，旨在帶來全人類的解放。一個普通紅衛兵的日記，細緻地反映出一個年輕人如何渴求跟世界革命的光榮歷史連接起來。他的個人利益考量 (社會身份、政治前途等) 以普世革命的姿態表達出來。周孜仁之所以興奮，因為他自身個人的「我」得以被提升為一個集體的「我們」。同時，我們也從他的寫作中隱約感受到主體的焦慮不安。個體要得到革命者的位置，便必須參與集體運動。周孜仁錯過了集會，故此得運用自己的想像力去參與集會，而這又使他「參與革命」的經驗更激情洶湧。

在當時，個體的解放被視為跟民族國家、甚至全世界的解放都有關連。正如德里克所說，文革最激進的地方，是它把自身寄託在這種文明的大變革之上，涵蓋所有層級的個體和集體。可是，不同個體和集體之間的張力，往往比它們之間的連繫更為複雜。不同層級和單位的「自我」也不容易和解。理論上來說，人人平等、皆有知識，把每個富自主性的主體加起來，自然就是一個新中國。可是，文革其實既是極權主義，又

11　許紀霖，〈我們這一代知識分子〉，頁130。

12　Dirlik, *Marxism in the Chinese Revolution*, p. 130.

不是極權主義。所以，即使它追求極強的統一性，卻也同時強調每一位革命者的能動性 (agency)。文革希望人民自主，只是社會不能多元全有礙革命的地步。

我們可以說，毛主義總是在從下而上的解放 (bottom-up liberation) 和從上而下的控制 (top-down control) 之間互換，使人在道德和政治判斷上感到混亂。這是文革一大特點。當時，馬克思主義者的口號「懷疑一切」被視為至理名言。反叛的氛圍使人勇於嘗試新事物，叫人相信自己的衝動，不要聽從權威的指示。可是，究竟「懷疑」有沒有底線？有沒有一種權力可以在「一切」之外？錢理群曾經說過，很多紅衛兵都會一面高呼「革命無罪」的口號，一面犯罪，間接揭示了他/她們承擔了怎樣的道德壓力和實質譴責。[13] 毛式主體往往被困在這些難以克服的張力之中，被處處約束，同時又被告知解放將至。

社會性的模仿

1942年，中共正式提出「一元化」的口號，以戰爭之名，要求所有地方單位和部門服從黨的命令。[14] 梅嘉樂 (Barbara Mittler) 以「一元化」的概念去證明文革藝術「價值單一」(univalent)，展現出絕對單一的內容，跟文革前後的中國藝術截然不同。[15] 梅嘉樂在全書中不斷強調文革的宣傳文化不應被視為同質。但是，她也強調一元化的邏輯要求文化絕對順從。這兩種相反的傾向有何關係，梅嘉樂沒有詳細解說。我認為施拉姆 (Stuart Schram) 的說法更細緻可取：他堅持「一元化」的英文翻譯不是 "to unify"（統一），而是 "to integrate"（整合），因為這是一個同位詞，把勞動的分工 (division of labor) 與統一的領導 (unified leadership) 結合起

13　錢理群，《毛澤東時代和後毛澤東時代》，卷二，頁30。

14　中共中央政治局，〈中共中央關於統一抗日根據地黨的領導及調整各組織間關係的決定〉。

15　Mittler, *A Continuous Revolution*, pp. 30–32, 126–127, 333–334.

來。用施拉姆的話來説：「如果要各個機構之間分工得宜、同時又不會因此威脅運動的統一性，便必須有一股統一的力量滲透和控制整個系統，而這股力量的具體形態就是黨。」[16] 如果「一元化」是毛主義的主要管治原則，它所指的應該是：一個整體的完整性（integrity of the whole）和各部件的自主性（autonomy of the parts），都要主動服從中央的精神。

施拉姆研究的是國家制度，但我認為他對「一元化」的解讀有助我們理解文革的宣傳文化：在主體形塑的觀念之外，我們應該輔以社會性的模仿過程，以理解當時中國對社會整合的強烈訴求。在我看來，社會性模仿不是一個平坦暢順的過程，人人都乖乖地變得一模一樣；相反，那是一個對個體來說非常困難的過程：人們被迫進入政治的秩序，也在激烈的競爭和對立之中渴求別人的認同。這在文革的情況尤其明顯。當愈多人被鼓動起來去相信自己有獨立思考的能力，這些人就愈需要一些可辨識的朋友和敵人，以建構自己的知識體系和道德規範。要把社會上所有成員都變得一模一樣，並不是輕而易舉的事。

"Mimesis"（模仿）一詞源自古希臘，也往往被視為一個西方文學理論的概念。但是，當代不少學者都詳細解説過，我們不應該把「模仿」當成一套純粹是屬於西方的再現理論。在不同的時代和文化圈，人們都總是透過互相模仿，來發展出親緣關係。吉哈（Gené Girard）和陶錫（Michael Taussig）等文化批評家和後殖民人類學家，便從「模仿」的概念出發，探索人們為何、又如何確立誰是代罪羔羊（scapegoat），使社會上各成員得以互相確認出大家的共同屬性，從而形成更堅韌的社群；二人也指出，「模仿」也可以是人類的求生策略，以推動更大型的社會變革。[17] 女性主義者也認為，「模仿」一詞可以用來探索女性主體的形塑過程。[18]

16　Schram, *The Thought of Mao Tse-Tung*, p. 89.

17　見 Girard, *Violence and the Sacred*；及 Taussig, *Mimesis and Alterity*。

18　例如，伊利加利（Luce Irigaray）提醒我們，父權社會也會把類似的男孩的恐懼和忌恨強加於女孩身上。當女孩被要求模仿男孩，陽具中心主義便得以延續。見 *Speculum of the Other Woman*, pp. 11–129。

大體來說，「模仿」是一個使社會得以形成和治癒的過程：它幫人們互相黏合，服從於當權的意識形態。如果說阿杜塞的意識形態國家機構理論幫我們點出了主體在形塑的過程有何缺失，那麼，我們也得探索當時的群體的動力學（group dynamics），才可一窺文革全貌。

文革是一個所有群體身份都受到挑戰的時期。很多學者都認為，有關血統論的論爭，反映了紅衛兵在身份認同上焦慮不安。紅五類的子女，堅持家庭出身是決定階級的唯一指標，拒絕把其他人等視為革命者，其實反映了紅五類憂慮自己會失去社會精英的地位。[19] 不論是在黨中央還是地方的層面，都是一片混亂，充斥各種血統的論爭。不同政治派系，也可以在朝夕之間迅速膨脹和分裂。一位遼寧的紅衛兵王朝天便記得，在文革頭兩年，他和同伴並不信任自身所屬的紅衛兵組織。由於毛澤東並不信賴任何制度化的組織（特別是黨組織），紅衛兵有很大的自由度，去決定追隨和退出哪些組織。[20] 吳一慶和印紅標也指，北京的紅衛兵派系缺乏權威性的協調機構，常常解散與重組。[21] 當社會愈不穩定，人們便愈渴求聚集在一起，希望在集體生活中獲得庇護，卻又因為集體的組織不停重組，使社會更為無常。

被信任及委以革命重任的，是群眾（masses）。早於1929年，「群眾路線」的概念便已被提出，最後成為中共最重要的革命原則。群眾應當超越一切制度，也擁有推動歷史的所有創意和動力。文革時，學校和監獄都被認為無法有效教育人民；人們應該自學和互相學習，而不是受社會機構牽絆。學校制度基本上在1966年被關閉，學生回到社會中向人民學習。毛澤東也相信，社會上的異類應該被革命群眾督促和教育，所

19　血統論是1966–1967年期間紅衛兵運動的主要論爭。這場論爭使不同家庭背景的青年革命者互相敵視和鬥爭，遇羅克就因為批評紅衛兵運動的血統主義，而被判死刑。

20　王朝天，《我是一個「紅衛兵」》，頁14–15。

21　Wu, *The Cultural Revolution at the Margins*, pp. 53–94；印紅標，《失蹤者的足跡》，頁5–124。

以很多罪犯從監獄被放出來，回到社會向群眾學習，卻因此為平民百姓製造不少暴力和麻煩。「罪犯」也不一定好過，因為脫離了國家機構，倒可能被群眾以更隨意的暴力對待。[22] 在1960年代後半期，勞改制度和勞教制度都受到挑戰。無疑，文革確實可以被視為一項現代性的工程，例如樣板戲就講求精確性和紀律（見第3章及第5章），文革也承諾發展科技以改善人民生活。但文革也有不少反現代的舉措，最明顯的，就是毛主義者並不信任現代的體制和社會分層。整體而言，我們可以把文革社會形容為一個革命實驗室，當中人人也可以相互影響、相互依靠去追求「真理」。同時，掌權者又極之恐懼解放所帶來的混亂，以強硬的現代規訓手段去回應自己所釋放出來的自由。

當時的人會基於各種原因和方式走在一起——可能通過對毛澤東的共同敬仰（見第7章），可能一起對抗階級敵人（見第8章），有些則依附在那些少數尚在運作的社會組織中（見第4章）。有些青年積極參與主流的文化和政治活動，有些青年選擇跟可信任的朋友讀禁書、談哲學、搞小眾藝術，兩批青年的互動又產生不少有趣的張力。[23] 文革末期，一些秘密舉辦的沙龍和地下活動也產生了一些獨立的知識圈子。[24] 不論是黨指揮的運動，還是民間有機形成的社群，都有明顯的模仿結構（mimetic structure），鮮有人能逃離。

模仿可以造成各種矛盾的影響。一方面，模仿意味著個人獨立判斷的失效，個人無力詮釋世界。主體得透過把別人觀念化（idealization）或跟別人競爭，才感受到世界。於是，「誰能操控體內的媒介（internal medium）去引導人們的希望、幻想、欲望和夢想等想像力的廣闊領域，

22　Dutton, *Policing and Punishment in China*, pp. 278–280. 也請參考丁學良如何形容那些被釋放的犯人如何組成黑幫、再騷擾地方民居，而紅衛兵卻不知如何應對。見丁學良的《革命與反革命追憶》，頁181–188。

23　詩人北島和歷史學者吳迪都說，宣傳文化毫不吸引他們。他們喜歡獨處或跟好友閱讀和寫作。見作者訪問北島及吳迪。

24　見Wang, "*Wuming*," pp. 183–199；及印紅標，《失蹤者的足跡》。

誰人便可以向別人施加權力」。[25] 但另一方面，模仿也涉及轉化。模仿包括認知和活動的元素：我看／聽，我學習，我模仿。模仿總是涉及表演和實踐的動作，也就是把被模仿的對象標示出來。[26] 模仿的操演部分可能維持文化秩序，卻也有可能促成改變。陶錫提醒我們，模仿不單單生產順從性（conformity），也生產他異性（alterity）。舉例說，中南美洲的印第安人喜歡製作殖民者的小雕像，並不是因為完全失去自我，而是要以標示出自己跟殖民者的距離。[27]

「模仿」此概念在本研究中特別重要，因為它可以把文革語境中的文化（高度重複的宣傳品）、社會（人們互動的方式）、政治（服從與抵抗）拉在一起。史太林政權透過體制去創造和規範社會主義現實主義的作品，例如設立史太林獎。不過，環顧整個共產主義陣營，都沒有任何一項文化工程像中國的樣板戲工程那樣嚴苛和全面：它小心翼翼地打造幾套最完美的劇作，讓它們成為所有文化作品都要跟從的典範（model）。很多人都說，樣板戲就是當時的人只能看到的幾套作品，這說法並不正確。一來，那時還有很多非樣板戲的文藝活動。更重要的是，樣板戲並不是單單用來被人看的作品，也同時是讓其他作品學習的典範。也大概是這個原因，才使它們地位崇高。蘇聯有大量有關史太林獎的公共討論，甚至有聲音質疑獎項的評審標準；[28] 但在中國，樣板戲的藝術性和政治性都至高無上，不容許任何質疑和挑戰。樣板戲的地位首先要變得神聖，才可以使典範化的過程（modeling process）變得合理。

圍繞本書的核心問題是：毛澤東時代大力鼓吹複製（copying），有多助長人們的順從性和他異性？文革最令人驚嘆的地方之一，就是整個時代都在努力不懈地製造典範，予人學習。典範引人模仿，但它所衍生

---

25 Gebauer and Wulf, *Mimesis*, p. 238.

26 同上註，頁5。

27 Taussig, *Mimesis and Alterity*, pp. 1–18.

28 Johnson, "The Stalin Prize and the Soviet Artist."

的大量複製品（copies），卻可以把典範扭曲和多樣化。我會突出文革社會恆常轉化的狀態，而不是把它視為一成不變的社會。「模仿」是一個理論性的概念，有助我回答以上的問題。

宣 傳

阿杜塞相信，意識形態得以具體地再現於人前，靠的就是國家的意識形態機構（例如教堂、學校、家庭、法律制度等）。這些機構上演不同儀式去召喚主體。但在文革的頭兩年，這些機構大部分都被打倒了，只餘下體制外的革命群眾。雖然黨中央仍然掌握一些宣傳的資源和工具，但是生產宣傳品的，主要是革命群眾。大約在 1968、1969 年期間，國家機構慢慢重新運作，宣傳才被重新體制化。我感興趣的文革宣傳品，不單單指官方的宣傳工作，也包括那些人民主動自發的宣傳活動，兩者的關係非常密切。

依路（Jacques Ellul）寫過一本有關宣傳的經典之作，把「宣傳」定義為社會力量對個體的內在控制，「使人失去自我」。[29] 依路認為，宣傳要有效，必須持續打斷人的思維與判斷力，使人易於被操控。跟依路不同，我在本書希望帶出宣傳的公共性：宣傳的形成過程，涉及大量論爭與協商。宣傳文化的接收和再生產，甚至可能為中央的意識形態製造漏洞。

文革宣傳最獨特之處，大概是其矛盾的任務——既要激發人民，又要馴化人民。文革要求人民起義，卻又要把人民塑造成順民。依路認為，毛澤東時代的宣傳文化，代表著中共從鼓動型宣傳（propaganda of agitation）過渡到整合型宣傳（propaganda of integration）。在他眼裏，1949年的中國是這樣的：

> 大量革命分子被整合到組織嚴格、儼如軍隊的新體制中，又被灌輸各種知識和道德價值。內戰勝利後的中國革命者，被監禁在一套整

29　Ellul, *Propaganda*, p. 87.

合型的宣傳系統裏，嵌進一個毫無自由和反抗的新社會之中。[30]

依路意識到兩種宣傳邏輯並不一樣，是正確的。可是，以1949年作為分水嶺，把該年視為中共宣傳系統從「革命」轉變為「反動」的年份，卻大有問題，因為兩種傾向都在中國同時維持到六十、七十年代。文革所體現的，恰恰是國家制度建構過程中最矛盾的時期：既要以最激烈的方式重燃革命精神，又要以宣傳去團結人民。更複雜的是，經過小心設計的宣傳文化，其實也不是一套從上而下的機制。平民百姓到處遊歷、學習宣傳，也會創造不同的宣傳資源和工具。文革的宣傳文化，並不單單干擾和阻礙了人類思維，也有其開放的特性。

依路也提到，雖然宣傳作品的對象往往是集體群眾，卻必須觸及群眾裏每一位個體，才得以成功。只有當宣傳品切身打動個人的感受，才能讓每一位受眾都可以感受到自己作為個體的性格、自主性和參與感。[31]但是，依路並沒有意識到宣傳也可以是文化，使集體得以形成。文革的宣傳品不單單服務黨，也真的受不少民眾所歡迎，把人連結多於把人分割。例如，大字報便既是宣傳方式，又是民間文化。作家余華曾經形容，當時的中國是有史以來「最大的規模的書法展示」。[32]國學大師季羨林也說，大字報使當時全國的整體書法水平提高。[33]大字報本來是政治活動，然後成為了大眾練習書法的場地；也可以反過來說，正正是因為書法有其藝術面向，某程度上推動了相應的政治活動。寫作與閱讀大字報，不單單只涉及政治訊息的傳播，也包括技藝和美學判斷的分享。除了大字報外，其他形式的宣傳都是如此。

文革的宣傳文化帶強烈的表演性，也使我們重新思考，在此文化邏輯之下的所謂「抵抗」（resistance）是甚麼意思。被欽定為典範的樣板作品

30　Ellul, *Propaganda*, p. 79.

31　同上註，頁6–9。

32　余華，《十個詞彙裏的中國》，頁28。

33　季羨林，《牛棚雜憶》，頁40–41。

被反覆表演，當中的意識形態被不斷強化，但另類的文化仍然可以找到空間去表現自身。這跟巴特勒 (Judith Butler) 提出、有關性別的操演性 (gender performativity) 的著名理論一致：穩住身份的表現，叫行為 (acts)；鬆動身份的，叫操演 (performative)。巴特勒指，性別主要是建構出來的，所以它要透過重複的行為，才會令人認為它是天生的。不過，操演的另一面，也能夠揭示性別有多受意識形態影響。所以，巴特勒也把「意識形態控制」和「政治抗爭」作了二分，把能動者的政治意識區分為「行動」和「操演」。我的文革研究不會強調政治能動者有意識的抵抗，原因是這類分析方法難以應用在文革之上。不過，儘管缺乏一些對當時絕大部分中國人來說屬於有意識的積極介入，我們還是可以在不同層次上把「抵抗」概念化。一，正如我所指，典範和複製品從來就不一定相輔相成，兩者的距離定義了文化的權力關係。二，宣傳文化是被用來鼓動革命的，故此總會涉及衝突，例如對抗階級敵人，或者對抗有礙人類經濟活動的大自然生態。這股破壞性能量的殘留物，可能會有一部分失控。另外，宣傳文化所強調的美學 (我在第 2 章會討論這點)，也可以歪曲政治訊息。我們也得明白，宣傳文化所承載的，不單單只有情感，還有具體的訊息。人們會把宣傳當成實用的工具，當成是有助認識和探索世界的有用知識；例如，有很多人不會把《人民日報》和大字報純粹當成是宣傳品，也會通過它們理解社會和世界的最新發展。宣傳既是藝術、又是新聞，既感動人、又通報訊息。有宣傳，人們才能夠作判斷。就正如康德說的，「判斷」總是既個人、又集體的事，兩者都不能完全取締對方的地位。

本書會同時探討中國語境下的三個層次的文化：作為宣傳的文化、作為藝術的文化，和作為文明的文化。1966 年，毛澤東的智囊陳伯達說，人類歷史上大多數文化革命，都先由藝術開始。故此，中國人應該先努力建立革命文藝，為更偉大的革命奠下基礎。[34] 陳伯達所指的「文

---

34 陳伯達，〈陳伯達、江青、周恩來、謝鏜忠、吳德在文藝界大會上的講話〉。

化革命」牽涉最廣義的「文化」，是所有人類活動和人際溝通的總和。但是，他也說明了文藝有能力去轉化廣義的文化。最重要的是，中國的「文化」概念，總是包含「影響」的意思——通過「文」去轉化和影響。因為「文」與「化」的關係緊密，所以「文化」往往是政治性的。文化與權力的微妙連結，傳統中國思想中便早已存在。文革時期更加激進地體現這種思想，直接把文化理解成政治。文革時期的宣傳，必須被視為一個文化與政治互相緊扣的競爭場所。

　　要加深理解文革文化及藝術的意義，我們可以對比中國的文革和其他類似的歷史事件。很多社會主義國家，都曾在不同時段發動過各自的文化革命。根據一些歷史學者，蘇聯最少有過兩次文化革命，一次在1928–1931年，一次在1950年代末。匈牙利共產黨在1956年起義之後，便慢慢停止對文化的高壓控制，讓藝術活動發展。古巴和阿爾巴尼亞，也在1960年代發動過針對文化的大規模政治運動。這些運動，也往往被稱為文化革命，只不過有其各自的形式、規模和成果，而且在激烈和暴力的程度上，均無法和中國比較。最重要的是，這些社會主義國家的文化革命，都主要是由黨領導、從上而下地發動，目的在直接或間接強化社會主義各方面的結構。但中國的文革，則是唯一一個由下層的人民所積極支撐的文化革命。

　　這些社會主義文化革命的起源，可以追溯至列寧。根據歷史學費柏積 (Sheila Fitzpatrick) 指，列寧曾經在文章〈論合作〉(1923) 鼓吹過一場「文化革命」。[35] 在該文中，列寧指出積極活躍的公民十分重要。按費柏積的說法，列寧認為文化革命並不等於政治革命，因為它「並非突然的衝動或暴力所致，而是一個一步一步轉化意識形態的過程。過程中，不論是文化傳統還是列寧主義，都不能取締對方，而是兩者互相尊重。」[36] 要人民積極參與建立國家的過程，便必須提升人民 (特別是農民) 的文

35　Lenin, "On Cooperation."

36　Fitzpatrick, "Cultural Revolution in Russia, 1928–32," p. 33.

化水平。只要達成這步，國家便可以成功進入社會主義階段。[37]

　　一般認為，列寧在1920年代初提出了一套新的管治邏輯，建議把注意力從狹義的政治轉到文化，把文化視為建設共產主義社會的重心。[38]假設當時蘇聯的政治結構已經成功進入社會主義階段的話，文化革命則旨在推動文化的民主化、文化機會的平等化、提高人口的教育水平，和凝聚一個關懷大眾的新知識分子階層。列寧發展文化的方向旨在建立，而非摧毀；是循序漸進，非一步到位。

　　1950年代初，毛澤東大體上跟從列寧的思維。事實上，中國政府在那年代也有著要進行文化革命的觀念，以表達新政權願意改善人民文化水平的承諾。[39]但到了1956–1957年的反右運動起，「文化」的觀念就被高度政治化，也就脫離了列寧所提議的「先摧毀政治制度、後重建文化」的政策時序。政治鼓動的邏輯主導了一切。1963年起，政府便開始賦予藝術界不同的政治任務，例如「厚今薄古」和「大寫十三年」（1949–1962）。文革在三年後開始，宣傳品都被注滿最具侵略性的政治意志。毛主義者首先做的，就是摧毀所有文藝機構。宣傳部更是第一個被打倒的政府部門。[40]儘管如此，我們也不應把「文化革命」僅僅視為一個毛澤東試圖直接控制文化的藉口；它打著的旗號——最低限度是1966年的旗號——是把權力回歸人民，孕育新的文明。

37　不過，費柏積最近承認，列寧的「文化革命」是她在1970年代的「發明」。列寧確實用過「文化革命」一詞，但他所指的跟中國的文革有很大差別。她決定用這詞，主要因為中國的文革當時在西方很受注視。雖然她的用法有誤導之嫌，但她依然強調，即使列寧沒有發動過類似中國的文革，但列寧確實提出過某種可以比較的、轉化性的文化工程。見Fitzpatrick, "Cultural Revolution Revisited"。

38　Khestanov, "The Role of Culture in Early Soviet Models of Governance."

39　王威孚、王智，〈1956–1976：技術革命與文化革命思想的揚抑軌跡〉。

40　文化部最初並沒有完全關閉，只是無法運作。直到1970年6月22日，文化部才被下令關閉，工作被國務院直接接管。但跟1966年不同，這次行政改動，更多是為了強化政府在控制文化上所扮演的角色，而不是下放權力予革命者。

正如柯瑞佳 (Rebecca Karl) 所相信的，文革的關鍵元素，是政治和文化不可分割。[41] 這種對政治和文化的理解，並非忽然從天而降。在中共建國之前，便已經有大量就現代中國文化的深入反思。在中國民族主義萌芽之初，不少新一代知識分子早就不滿中國傳統文化，相信中國必須建立新文化才得以進入現代。文革的邏輯其實也很相似，它不單單在破壞文化，也在重構文化。二十世紀的中國，也一直存在著認為文藝可以改變社會的想法。我相信，只要我們仔細研究文革的宣傳藝術，便可以同時進入文革所承諾的未來新世界，也可以了解它所帶來的極端暴力。我不希望把宣傳文藝簡單地看成是社會的反映；相反，我覺得文藝為當時的政治帶來了巨大的能量，讓文革的理想和暴力走向極端。

本書的方法與結構

在解釋本書的方法與結構之前，我想先約略解說文革的歷史發展。大多數歷史學家，都把文革視為中共內部權力鬥爭的結果：1960 年代中，毛澤東無法忍受既存的中共體制，於是發動文革去鏟除劉少奇和鄧小平等毛澤東不滿的領導人。1964 年，毛澤東妻子江青及其盟友（例如張春橋）開始一連串牽連高級官員的文化批判。毛澤東也逐漸對當時由劉少奇主理的「四清運動」（清政治、清經濟、清組織、清思想）產生懷疑。1966 年 5 月，官方正式宣佈文革開始。暴力率先在學校開始，很快擴散到社會。此後，毛澤東先後八次於天安門廣場接見過一千多萬紅衛兵，而這些「幸福」的青年又把革命精神從北京帶回家鄉。隨著局勢急速失控，黨在 1967 年開始下令解放軍介入，壓制當時遍及全國的小型內戰。但當軍隊也被捲進鬥爭之後，人們更有機會取得武器，使中國在 1967–1968 年間陷入半內戰的狀態。

1968 年，大量青年在上山下鄉運動中被送到農村。作為破壞社會

41　Karl, "Culture, Revolution, and the Times of History."

秩序的主力的紅衛兵被送去「再教育」，代表文革已達其政治目標 (事實上，這也可以代表文革完全失敗)。中國各地也成立五七幹校，以體力勞動對官員及知識分子再教育。1969 年 4 月，由於有可能跟蘇聯開戰，毛澤東在中共第九次全國代表大會上宣佈文革已取得成功，指出此後應該重建黨組織和國家制度。雖然部分學校在 1967 年已開始復課，但要到 1969 年，全國教育才回復基本正常，政府各機關也逐漸回復正常運作。大部分由民間自行組織的群眾團體被解散，代為行使管治職責的，是在 1967 年逐漸成立的革命委員會——它按「三結合」的原則組成，由軍方、黨政幹部和群眾組成。[42] 但是，即使毛澤東要求回復秩序，文革的慣性仍然持續。

1971 年，中共副主席林彪去世。林彪本來一直被視為毛澤東的接班人，卻以叛國者的身份墜機身亡，使全國萬分驚訝。不少人對革命的幻想因而幻滅。毛澤東年事漸高，江青集團也開始逐步奪權。一般的理解是，1966 年的理想主義精神在 1971 年已消失殆盡。共產主義的理想被威權主義取代。本來自發的各種自主藝術，都被政府組織的大型表演 (例如政治晚會和詩歌朗誦表演) 取代。同年，美國總統尼克遜的國家安全顧問基辛格秘密訪華，為其後尼克遜的歷史性訪華奠下基礎。

毛澤東被林彪背叛、健康又惡化，更關心接班人的問題。1973 年，鄧小平從江西的流放地回到北京，成為國家副總理。1974 年，江青集團發動批林批孔運動，可被視為其集團鞏固自身權力位置的最後一擊。很多運動的參與者都馬馬虎虎，官方的權威也逐步削弱。很多平民百姓都懷疑、甚至鄙視狂熱的政治，冷眼旁觀地看待文革。

眾所周知，1976 年是官方聲稱文化大革命結束的年份。但是，實際上很難說清文革何時結束。很多經歷過文革的中國人，在 1976–1978 年期間都沒有明顯感受到一種歷史的斷裂；相反，那更像是一個既複雜又

42　文革有很多不同版本的「三結合」原則，例如「工－農－兵」結合、「老－中－少」結合、工廠的「工人－幹部－技術人員」結合等。

模糊的時期，期間發生了幾件大事。毛澤東及其最忠誠和重要的支持者
周恩來去世，當然是重要的大事。可是，這其實並不等於四人幫自然失
勢。毛澤東離世後，江青等人迅速被捕，出乎當時很多人（包括許多中
共高層領導人）的意料之外。1976年的唐山大地震，造成超過35萬人死
亡。這並不單是一宗自然災難，不少人都認為，這是帝國崩潰的先兆。

　　以上所簡述的，大部分是無甚爭議的事實。不過，以上事件的很多
細節其實尚未清楚。中國政府仍然視文革為禁忌。幸好，有關文革的研
究從未停頓。在中國，圍繞文革的學術研究、出版和教學工作都受到政
府種種直接或間接的阻撓，既缺乏資金，也面對各種審查壓力；但是，
人們仍然找到方法書寫歷史，相關的網上平台更尤其活躍。[43] 很多新近
的學術著作，也在中國以外出版。大體來說，現時在中國和西方的文革
研究，都傾向強調「歷史」。即使是研究文革的文藝，也強調要重建文藝
的歷史。[44] 我們仍有很多尚未清楚的歷史細節。而且，由於中共嚴格審
查，更間接激發學者書寫文革的道德責任。我的研究受益於過去多年累
積的文革研究，可是，我採用的是一種更反覆的辯證方法——本書力求
把文革歷史化，卻不希望把歷史寫死。詹明信（Frederic Jameson）曾經說
過：「不論你能否做到，辯證寫作就是要求作者把所有事同時說出來」。[45]
在辯證的理性之中，任何事物都在歷史之中：根本就不存在一個完整的
此在和當下，也不存在一個已截然清楚地、徹底地結束的過去。

43　有些數碼化的期刊只流通在小圈子之中，以拯救文革記憶為宗旨，例如《昨
　　天》和《記憶》。《昨天》於2012年1月創辦，編者為何蜀；《記憶》於2008年
　　9月由吳迪創辦。《地方文革研究網》是一個以加拿大為基地的公眾網站，
　　負責收藏和出版文革發生的事件。還有數個中國大陸的公眾網站也歡迎有
　　關文革的投稿，例如《人文與社會》、《觀察者》、《共識網》。過去一段日
　　子，中國政府對網上發佈的文革回憶或自傳算是寬容。可是，網上的出版
　　自由在近兩年迅速收緊。《昨天》和《記憶》受到很大的監控，《共識網》也被
　　關閉。

44　Clark, *The Chinese Cultural Revolution*, p. 2; Mittler, *A Continuous Revolution*, p. 384.

45　Jameson, *The Modernist Papers*, p. ix.

　　我希望以辯證的態度來看待我所關心的對象和方法。文革是一個極之辯證的時代——沒有甚麼完全靜止不動的東西，事物和權力總是在極端地左右搖擺。任何人嘗試以單一的詮釋角度去理解文革，都是破壞了文革本身充滿辯證和矛盾的性質。不過，我所指的「辯證」的進路，並不單單指文革時期的各種辯證。更重要的是，我希望我的研究也不會處於一種靜止的狀態。華提莫（Gianni Vattimo）和沙巴拿（Santiago Zabala）說過，在學術而言，能夠帶來改變的是詮釋，不是描述。因為詮釋能開放事物的意義，而抱著詮釋的態度的學術書寫，就必然可以帶來更多討論。[46] 詹明信也曾經批評指，很多辯證的哲學根本並不辯證，把變革的動力學變成生硬的定義，以工具理性把抽象的動力固化。[47] 明顯，本書不能達到詹明信的要求，因為沒有學術作品能夠完全避開對歷史轉變的系統整理。但是，在書寫的過程中，我清楚意會文革根本就是一個充滿各種矛盾、激烈又快速轉變的力量的語境。即使文革的辯證精神永遠不能被完全掌握和解釋，我也希望盡力捕捉和詮釋它們。

　　文革使無數人家破人亡。不少青年前途盡毀，飽受折磨。人們的忠誠與熱情，被利用來作各種政治上的策略和操控。任何研究毛主義的人，都不能忽視毛澤東直接和間接利用的殘酷手段。[48] 學者紀錄的大量屠殺和恐怖的暴力行為，也許不是事實的全部；但是，很多真真實實發生過的大災難，卻不能以各種冠冕堂皇的藉口被抹掉。只是，單單聚焦在那些災難，並不會為我們帶來重新認識歷史的新視角。舉例說，不少文革研究都很希望找出最準確的死亡人數。[49] 可是，不論這些數據有多

46　見 Vattimo and Zabala, *Hermeneutic Communism*, pp. 11–26。

47　Jameson, *Valences of the Dialectic*, p. 50.

48　例如見 Su, *Collective Killings in Rural China During the Cultural Revolution*（編按：中文版見蘇陽，《文革時期中國農村的集體殺戮》，香港：中文大學出版社，2017）；Goldstein, Jiao, and Lhundrup, *On the Cultural Revolution in Tibet*；及楊海英，《沒有墓碑的草原》。

49　一個最廣為引用的數據，據說來自全國人大常委會會員長葉劍英的話。他

「科學」和精準，過分關注這些數據，卻可能會墮入某些意識形態的圈套。這些統計數據仿似不證自明，證明了獨裁者有多殘暴不仁。結果，透過計算死亡人數，我們可以比較希特拉和史太林的暴行，又可以分析墨索里尼和毛澤東的動機。無可否認，受害人和死者不計其數。因為暴行而帶來的憤怒和傷痕，直到今天也沒有完全磨滅。而且，中共仍然不敢正視文革，也間接激發研究者以最認真和嚴肅的態度去書寫人民承受的苦難和痛楚。但不管如何，文革研究如果單單只想恢復過去的原貌，就無法激活新的討論。過分集中於描述文革的事實，會讓我們難以超越道德譴責，也使我們的看法流於簡化，難以認識我們的批評對象有多複雜和矛盾。

其實，除了中共的批評者之外，就連中共也會認同這種「歷史主義式」（historicist）的視角。當文革被視為過去的歷史，人們就可以蓋棺定論，否定今天和過去的任何關係。中國官方對文革的評價是：「文化大革命……根本不是任何意義上的革命或社會進步，而只是一場由領導者錯誤發動，被反革命集團利用，給黨、國家和各族人民帶來嚴重災難的內亂。」[50] 這種結論，意在說明文革的野蠻只不過是歷史的例外，今天不應再把革命視為一個值得考慮的選擇。很多作者有志描述一種真實和已過去的文革歷史，可能有意無意成為了官方的共謀，強化了管治的邏輯。

在1978年12月13日一個中共中央會議上聲稱，文革的死亡人數是2,000萬人。政治學者拉梅爾（R. J. Rummel）估算，共有7,731,000人直接因為文革而死亡。比較近期的估算者是金鐘，數字是342萬人死亡。馬若德（Roderick MacFarquhar）和沈邁克（Michael Schoenhals）的研究則集中於農村，認為有75萬到150萬人遇害，而魏昂德（Andrew Walder）的最新估算，是文革直接導致110萬到160萬人死亡。見葉劍英，〈中央工作會議閉幕會上的講話〉；Rummel, *China's Bloody Century*, p. 263；金鐘，〈最新版文革死亡人數〉，頁48–50；MacFarquhar and Schoenhals, *Mao's Last Revolution*, p. 262；以及 Walder, "Rebellion and Repression in China."

50　中共中央黨史研究室，《中國共產黨歷史·二卷·1949至1978》，頁752。

　　我並不是要把「描述」和「詮釋」對立起來，畢竟兩者是互補多於互不關連。而且，我強調「辯證」，也不代表我拒絕運用某些歷史材料。我也同樣依賴現存的資料和個人回憶，盡力仔細地分析脈絡和詮釋歷史。本書會以最忠實的態度，貼近文革時代那充滿辯證的氛圍，把那種辯證的精神延續到當下。透過本書，我希望重新激活那些既推動文革、又被文革背棄的辯證精神。

　　在本導論之後的兩章，我會探索文革藝術的政治及經濟意義，解說文革文化如何編織起人們不穩而破碎的日常生活。**第1章**勾勒文革藝術的美學原則。當時所有的作品都採用這些原則，使所有作品都極之可以預測，以對抗當時在意識形態上的反覆矛盾。但同時，我們也看到一種獨立的美學驅力 (aesthetic drive)，可以超越藝術的工具化。**第2章**處理文化與經濟的關係。當時的社會瘋狂地鼓吹人們去消費宣傳文化，以展示另一個現實世界，讓人們可以從中衍生快感和意義。這章聚焦於文學這特殊的文化產品，以討論作者性 (authorship) 和讀者性 (readership) 的概念如何形成。我也會討論毛主義如何理解上層建築 (superstructure)，以作為第一部分的總結。

　　第二部分是本研究的主體。各章節要處理的，是主體形塑與社會性模仿之間各種關係。在**第3章**，我會先簡介典範與複製品文化 (culture of models and copies) 的生產和接收。我會解釋典範如何被樹立，又如何被展現和複製。這章也會同時提供一些歷史背景，讓我們在之後幾章深化討論，理解文革有多保守、又有多進步。接下來的五章 (第4–8章)，是實際案例的研究。我之所以選擇這些案例，不單單是因為它們是典範與複製品文化的例子，也因為它們也彰顯了那個時代。雖然文革前的十七年時期 (1949–1966) 跟文革有很強的連續性，但文革也使文化有了新的發展和劇烈轉化。在各章中，我會討論赤腳醫生、樣板戲、芭蕾舞的普及化、毛澤東崇拜，和對知識分子的批判。

　　第4章的主角是赤腳醫生。這模範人物的再現，反映了當時中國的務實管治。赤腳醫生的女性化，揭示了人們如何通過不同方法去理解和

實踐革命。雖然站在樣板戲舞台上的赤腳醫生被去性化（desexualized），可是，她們也被再馴化（redomesticated），同時維繫著家庭和社群。

最有趣、也最有力量的典範化和複製的機制（modeling and copying mechanism），是樣板戲的製作及其改編——即文化作品的移植（transplantation）和再媒介化（remediation）。在**第5章**，我會討論廣東戲曲。我們會看到，要建立一個讓全國都跟從的民族戲曲典範有多困難。在地的聲音（這裏指音樂和方言），成為樣板工程最難以包納和同化的元素。要建構一個嶄新而統一的革命文化，並不如想像中容易。**第6章**要討論的是芭蕾舞劇。出於種種原因，這種外國的經典藝術被選為樣板戲工程的其中一種載體。在這藝術形式中，其刺激情欲的女性身體在政治上最為複雜。這章也會展示，劇照和陶瓷如何捕捉舞者的動作。它們既實現了文革嘗試建立的典範概念，也同時破壞了它。

在最後兩章，我會進一步探索這套典範文化（model culture）背後的邏輯。**第7章**的主角是毛澤東——一個超越所有典範的崇高人物。毛澤東不僅是革命領袖，也同時是被宣傳的圖像。我會分析這兩個「毛澤東」有何交疊和相異之處。我們總認為這兩者是重疊的，理所當然地認為人們崇拜圖像中的「毛澤東」就是崇拜他本人。該章會引入 "doxa"（我譯為「社會道統」）的概念，解說「毛澤東」可能只是人們日常生活裏眾多法則的其中一部分，而毛澤東聲稱擁有的巨大力量，其實也是轉瞬即逝。**第8章**的重心，則是一種完全相反的再現對象，即革命時期被敵視的知識分子。我們會看到知識分子如何被批鬥，佔據了「牛鬼蛇神」的位置。不過，「鬼」一向都在中國傳統的民間文化中極之重要。知識分子成為文革中的代罪羔羊，也可以被理解成是文革整個社會性模仿的過程中的重要機制。把兩章一併討論，我們可以看到：對毛澤東的神化和對知識分子的妖魔化的互相辯證，為普通平民百姓提供了一種想像性的支柱，成為人們在文革時代裏生活的參考依據。在總結的章節，我會分享自己的反思，討論文革在今日的意義。

　　文革期間，毛澤東是神，知識分子是鬼，兩者被徹底二分。但是，我們現在把這兩種再現對照並讀，可以找到其密切關係：兩者都是被人民消費和閱讀的影像。有關宣傳畫中的赤腳醫生和芭蕾舞女性舞者的研究則顯示，當時容許的女性形象可能比我們想像中更多元。我們也可以看到，同一件宣傳作品的聽覺與視覺部分，不一定和諧共鳴。地方的民間文化與國家的革命精神，也不一定能好好並存。今天，中國官方努力叫人忘記文革。正因如此，我們便更應該拒絕遺忘，並持續閱讀和書寫文化大革命。能夠為我們提供最多空間去閱讀、寫作、創作和思考文革的，正正是文革的文化領域。

第一部分

藝術、政治與經濟

第1章

毛式美學

文革藝術必須絕對服從政治，為狂熱的政權服務，這早已是老生常談，我不必再落俗套去論證。事實上，毛澤東也經常提醒他的人民，藝術如何能夠服務政治。1962年，毛澤東在批評小說《劉志丹》時便強調：

> 利用小說搞反黨活動，是一大發明。凡是要推翻一個政權，先要製造輿論，要搞意識形態，搞上層建築。革命如此，反革命也如此。[1]

這句話，經常被引用來證明毛澤東把藝術當成政治工具，追逐不同的政治利益。可是，毛澤東以及後來的許多學者，都沒有追問小說為甚麼可以用來「搞意識形態」，也沒有探究藝術為何那麼吸引那些有政治志向的人。

文革宣傳藝術的首要功能，是承載官方的意識形態，我當然同意這點。本書的餘下部分，就是把那些藝術作品置於當時的社會脈絡之中，理解它們如何跟人互動。但在本書的開首，我會先討論「毛式美學」（Maoist aesthetic），以此證明藝術和政治的關係複雜，無法簡單地僅僅以功利主義的框架去解釋。正如很多論者所指，毛主義非常唯心。[2] 美學

1　毛澤東，〈在八屆十中全會上的講話〉。

2　毛澤東常常運用「心」和「精神」之類的概念，去闡釋和實踐他的政治理念。見 Larson, *From Ah Q to Lei Feng*, pp. 90–95。

處於馬克思的唯物主義和毛澤東的唯心主義之間，扮演著一個十分重要、卻難以用三言兩語說清的角色。激情的文化大革命，更直接地推動政治的美學化，甚至是社會的美學化。毛式藝術不僅僅吸引群眾的感官，也同時忠於純粹的形式；它既努力追求美感，也力求完善抽象的價值。對當時的中國人來說，文革不單單承諾會帶來一個更好的世界，也為未來提供了一幅充滿美感的圖像。在本章，我們就是要理解文革時期的「美」是甚麼意思。

毛式浪漫主義

文化大革命是高度美學化的時期：專業藝術家的作品大量流進群眾之中，而群眾本身也成為藝術家。例如在西安附近的鄉郊城市戶縣，人口約50萬，便有超過2,000位農民畫家。這些畫家的作品，在國內外都被關注。[3] 山西省的陽泉是一個人口35萬的中型工業城市，在1966年之前，只有寥寥無幾的業餘藝術家。但在文革時期，一個由150人（主要是礦工）組成的藝術團體成立，極之活躍，其作品不只在市和省展出，也在國家級的藝術展覽登場。[4] 以上的數字很可能被誇大，誰是作品的真實作者也難以考察，但中共要推動業餘藝術的企圖，卻明顯不過。

當然，這批藝術創作者並不是甚麼都可以畫的。在中國，革命式的美學從延安時期便已經開始發展。但是，文化大革命才是革命美學的高峰。不少美學原則，都是在當時發展出來。最有名的是「三突出」法則，強調「在所有人物中突出正面人物；在正面人物中突出英雄人物；在英雄人物中突出主要英雄人物」。[5]「三突出」也有其補充法則，例如「高、大、全」以及「紅、光、亮」的美學技巧，便清楚解說如何展示重要的英

---

3 見段景禮，《戶縣農民畫沉浮錄》。

4 見陽泉工人業餘美術編創組編，《陽泉工人美術大字報、壁畫選》。

5 「三突出」的概念最先由于會泳提出，刊於1968年5月23日的《文匯報》，文章題為〈讓文藝界永遠成為宣傳毛澤東思想的陣地〉。很快地，此概念成為所有藝術家都要跟從的官方規定。

雄人物。還有「十六字訣」，強調「敵遠我近，敵暗我明，敵小我大，敵俯我仰」。在塑造人物方面，「三對頭」的原則被運用來製作樣板戲，規定所有劇場和音樂元素都要吻合角色的思維、情緒、性格和時間感。不同類型的角色，都只能以千篇一律的方式去呈現。所有美學上的操作，都必須以支持角色為依歸。以上的官方原則，在1969年開始確立。不過，早在1966年之前，這些美學結構便已經被文化工作者廣泛實踐。這當然造成創作上的僵化。不過，很多接受過基本藝術訓練的人都知道，不少原則並非由中共發明，而是承襲自西方經典藝術。

　　中共也頗尊重民俗藝術，鼓勵文化工作者多運用相應手段。畢竟，宣傳藝術要成功，首先必須是民眾所喜聞樂見。很多毛式藝術，都是建基於當時的民俗及大眾文化。我們可以感受到很多作品中有熙來攘往的人民，音樂豐富，色彩斑斕，充滿生命力，氣氛「熱鬧」。敘事藝術的故事則總是十分煽情，但又易於明白，以大團圓結局來激發觀眾的情感。可以說，推動毛式藝術的，不單單有置於民間日常生活現實之上、而又富歷史深度的崇高感，還有一種致力跟廣大百姓溝通的堅持。所以，毛式藝術依賴民俗戲曲和民俗想像（我將會在第5章及第8章討論）。同時，中共的文化工作者也以西方的經典敘事藝術去確保作品的統一性。在樣板戲中，線性結構和穩定的人物性格，就取代了傳統中國文學和戲曲中的章回結構及人物類別。

　　當然，蘇聯美學的痕跡也清晰可見。健壯的身體、金屬般的意志、烏托邦的光芒和人民的讚頌——這些都是社會主義現實主義的特徵。1934年，社會主義現實主義成為史太林政府認可的藝術形式，用以展示社會的正面形象，也試圖打動人民相信蘇共。當它成為蘇聯官方的美學政策後，很快便由周揚等左翼文人引入中國。延安時期，中共按中國的情況鞏固社會主義現實主義的實踐，並由毛澤東於1942年的講話確立其地位。[6] 1950年代，中國剛剛解放，蘇聯的美學原則也就和它的文化

6　毛澤東，〈在延安文藝座談會上的講話〉。

一樣，備受中國人追捧。一些獲中國政府信任的藝術家，也嘗試把社會主義現實主義中國化。

但到了1950年代末，社會主義現實主義不再可行。第一，中蘇關係急劇惡化，中國要「去蘇聯化」，發展自己的民族藝術形式。第二，中國經驗又確實跟蘇聯經驗有不少差異。就正如很多學者所指，蘇聯提倡社會主義現實主義，是出自該國獨有的文化背景。俄羅斯擁有根深蒂固的宗教信仰，還有大量在二十世紀初冒起的前衛藝術，兩者發展出一種繼承關係，使藝術幾乎等同一種可以幫人救贖和改變命運的精神力量。格羅斯（Boris Groys）說，在1920年代的蘇聯，很多前衛藝術家都相信，當自己謀殺上帝後，便可以得到造物主般的神奇力量，掌控世界，把一個新世界引入社會秩序之中。[7] 後來發展的社會主義現實主義，就是既要對抗前衛藝術、又要重新挪用藝術的魔力。古堅（Irina Gutkin）也指出，蘇聯的社會主義現實主義是由兩大計劃交織而成——布爾什維克為革命性的轉化提供了時間表和路線圖；蘇聯的藝術家，則提供有關未來和新人類的視野。[8] 毛主義者並沒有繼承以上的宗教信仰和前衛藝術傳統。到了1958年的時候，中國人決定用其他元素，去打造自己的意識形態框架。

雖然官方在1950年代末起便不再宣傳社會主義現實主義，不過，頗多社會主義現實主義的原則卻仍然被保留下來。藝術並不單單被用來粉飾和歌頌權力，也負責掌控生活裏的物質，把它們組織成可以指引新社會的文化形式。文革期間，我們便看到一些既現實、又充滿意識形態的人物造型。在同時展示工人、農民和士兵模範的宣傳海報裏，工人和士兵幾乎必然是男性，農民則往往是女性。這就製造了一種既政治正確、又在文化上可被接受的性別定型。

某程度上說，把外國美學和本土美學結合，以發展自身的新民族風

7　Groys, *The Total Art of Stalinism*, pp. 64–65.

8　Gutkin, *The Cultural Origins of the Socialist Realist Aesthetics*, pp. 12–21.

格，並不是甚麼新鮮事。很多要追求文化現代性的地方都有此傾向。毛式藝術的獨特之處，是它由統一的革命意志負責協調各種文化傳統和記憶。在這段時期的戲曲界和音樂界中，我們看到個體的音樂指導負責監督創作，取代了傳統上由音樂家與表演者所組成的集體創作，使作曲家于會泳這類藝術界的政治家得以冒起。[9] 這些藝術指導者，多是因為其政治取態而非其專業才被選上，確保意識形態正確。

我會用「毛式浪漫主義」(Maoist romanticism) 一詞，去形容這個既要服從意識形態、又要完善意識形態的美學結構。1958年，毛澤東和周揚要拉下蘇聯的社會主義現實主義，提出了一句口號：「革命的現實主義和革命的浪漫主義相結合」，以此作為中國無產階級文藝的指導原則。「革命的現實主義」，強調了新原則跟社會主義現實主義有一定的連貫性；而「革命的浪漫主義」，則是真正定義新原則的關鍵元素。

在中國的現代文學和藝術裏，「浪漫主義」並不是一個新名詞。1920年代，浪漫主義在五四的一代極具影響力，但很快就被1930年代的左翼文化運動批判為自戀和小資。很多人都研究過毛澤東和五四的關係，在此不贅。這裏值得注意的是：毛澤東重新認可浪漫主義的地位，把它視為一種政治正確的理想主義，從而鼓勵人民想像種種跨越的可能。五四之後，浪漫主義被左翼批判為個人主義和情感泛濫；但到了1950、1960年代，革命的浪漫主義則被歌頌成有利國家建設的集體主義。在1930年代，浪漫主義被視為不利啟蒙；但到了二十年後，浪漫主義和啟蒙又不再被視為對立，而且更被認為是相輔相成。從那時起，浪漫主義就被視為一種讚頌人類的主體潛能的藝術形式。

這套論述上的改變，有其歷史肌理。尤其在1958年，「浪漫主義」一詞更加有戰略上的重要性。革命的浪漫，不僅僅被用來提高人民的士氣，還負責鼓勵人民去投入誇張的文化及社會生產，說服人民全身

9　有關于會泳對樣板戲的貢獻，見戴嘉枋，《走向毀滅：「文革」文化部長于會泳的沉浮錄》，頁 280–291。

投入難以置信的大躍進運動。在這套新原則的背後是這種信念：「只有這種文藝能夠完滿地反映出躍進再躍進的現實，鼓舞人民向更新更美的目標前進。」[10] 雖然以上用了「反映」一詞，但這種新形式的藝術，明顯是為了「鼓吹」而非「反映」，因為這個「現實」暫時尚未存在，仍在未來。大躍進和文革的藝術，都有強烈劑量的浪漫主義，明顯有別於蘇聯的官方藝術。[11]

我們可以把毛式浪漫主義跟歐洲浪漫主義對照。兩種浪漫主義當然有分別，但也有值得比較之處，特別是兩者都認同想像力的重要性。德曼 (Paul de Man) 曾經談及想像力在歐洲浪漫詩裏所扮演的角色，指出「自然」與「自然物」這類被反覆運用的主題，往往演化自一種跟人類意識 (consciousness) 所形成的辯證關係。[12] 不同的浪漫主義詩人，都會以不同的方式，去處理這組自然與文化之間的辯證關係。一種最有趣的傾向是，詩人會把文化進一步問題化，把它放進其他基於思維 (thought) 和語言的張力之下所衍生的不同對立之中。很多詩人都會掙扎於人的思維、人的語言和物 (things) 的三角關係，而且思考語言在中介和生產意義時所扮演的角色。語言可以描述物嗎？語言可以反映思維嗎？德曼用華茲華斯 (William Wordsworth) 的《序曲》(*The Prelude*) 為例，解釋詩人如何糾纏於這個三角結構之中。德曼認為，華茲華斯透過書寫自然而展示出，「意識有可能完全靠自身存在和為了自身而存在，從世間的一切關係中獨立出來，絲毫不受世間的意向所動搖」。[13] 值得注意的是，這種獨立的意識並不是思維本身，因為這種意識不會被任何人的意向 (intent) 所影響；獨立的意識有可能存在，完全是靠詩化的語言。語言和物構成了一種另類的美學關係，顛覆了思維的宰制。

10　《文藝報》，〈掀起文藝創作的高潮！建設共產主義的文藝！〉。

11　有指浪漫主義總是在社會主義現實主義裏，佔據一個微妙的位置。見 Dobrenko, *Political Economy of Socialist Realism*, pp. 57–66。

12　De Man, "Intentional Structure of the Romantic Image," pp. 1–18.

13　同上註，頁16。

德曼如此解讀華茲華斯，明顯是為了推動自己所推崇的解構主義，也所以引來專家的論爭。但儘管如此，很多人都會同意：歐洲的浪漫詩人和藝術家的共同驅力，就是沉溺於語言的形式，以此挑戰啟蒙運動中的「理性」。相比之下，中國的浪漫主義者既沒有把人的思維問題化，也沒有興趣討論語言在形式上的力量。中國的浪漫主義者傾向讚頌人心（human mind）。這是因為人心可以參與塑造物質世界，甚至改變物質世界。語言也鮮有被質疑：例如，黨的宣傳口號就毫不含糊地直接向人民下達指引。很多毛澤東的語錄更被譜曲，方便傳播。但這些長句通常在音調或節拍上都沒趣乏味，為難了譜曲者。很多人也覺得不好唱、也不愛唱，卻又可能被迫要唱。那是一個高度美學化的社會，卻無人深究其美學化的邏輯（logic of aestheticization）。文藝的中介角色，也總是不被察覺。

其實，強烈地意識到藝術形式和人類思維斷裂的，並非只有歐洲的浪漫主義者。幾乎所有西方的現代文藝運動都有此意識。即使是現實主義的小說和藝術，也會十分重視那些無法被意義命名和挪用的形式和情感。[14] 這個長達兩個世紀、橫跨不同界別、在意識與無意識之間徘徊的美學計劃，可以被視為一個包括了眾多藝術家的共同工作，目的是要去回應一個由理性管治和被消費驅動的現代社會。自十八世紀起，西方很多不同路向的藝術運動都有類似的反思和實踐：它們共同探索那些在秩序和理性世界之下的豐富意義；它們感興趣的，是新資產階級社會中大量無以名狀之物，還有那些無法被秩序收編的感覺。

相比之下，文革藝術的社會及政治背景，並非理性和消費品橫行的新現代中產階級生活。恰恰相反，文革藝術的背景是混亂的政治狀況。人們需要連結，卻難以連結。就正如王紹光、裴宜理（Elizabeth Perry）和吳一慶等歷史學家所指，毛澤東從來沒有成功控制他自己所發動的文化大革命。最清楚的例子，是1967年的上海一月革命和武漢事件。當中

14　Jameson, *The Antinomies of Realism*, p. 46.

工人接管革命，甚至把革命轉往中央無法控制的方向。[15] 十年文革，幾乎所有穩定的體制和權威都被顛覆，一丁點平衡的狀態都很快被鬆動。雖然有利裙帶和貪污的非正式網絡仍然存在，但那些網絡關係無法牢固地體制化。大部分於1949年後建立的新權力結構，都被不斷革命的驅力所破壞。教育機會被隨機地分配給人民，學校成績與工作前景變得毫不相干，不再存在讓人在體制中拾級而上的流動方式。學校成績等「客觀」準則不再被人信任，權力流往不同方向。個體只能用自己的方法，去掌握和追求向上流動的機會。

正如一些學者所指，中共管治的特色，是它對各種歷史處境和挑戰都能夠作出快速和適切的回應。「中國的漫長革命，造就了『游擊隊式的政策制定』（guerrilla-style policy-making）的方式，證實了它有能力產生一連串有創意的進退策略，管理任何突變和不確定性。」[16] 在文革期間，這套適應式的管治（adaptive governance）達到頂峰。我們無法辨識任何一項連貫一致的政策，給予文革一個整體身份及存在的理由（raison d'être）。文革政治的特色，是權力秩序結構的恆常斷裂。權力過於不穩，無法闡釋一個清楚的秩序。即使是政府和黨的完整性也經常被挑戰和破壞。在政治領域裏，沒有任何東西穩定、可靠和一致。董國強和魏昂德（Andrew Walder）就曾經指出，在那個快速轉變、日新月異的高危處境裏，人們更難形成相近的政治決定，使社會更動盪。[17]

這或者可以解釋，為何新中國建立初期的新美學實驗會在建國十年後消失。馬克思主義者相信，藝術生產由社會及經濟基礎決定。當新的統治階級出現，便無可避免會衍生出新的藝術形式。在1920年代的蘇

15　Wang, *Failure of Charisma*；Perry and Li, *Proletarian Power*；李遜，《大崩潰：上海工人造反派興亡史》；及 Wu, *The Cultural Revolution at the Margins*, pp. 95–189。

16　Heilmann and Perry, "Embracing Uncertainty: Guerrilla Policy Style and Adaptive Governance in China," p. 7.

17　Dong and Walder, "Factions in a Bureaucratic Setting," p. 5.

聯，就有大量有關新藝術理論的辯論和實驗；在1950年代的中國，我們也發現一些有趣的藝術實驗。例如，一些重要的畫家經政府推動，嘗試把社會主義現實主義引入到傳統國畫之中，而不是把蘇聯的美學直接照搬到中國。[18] 在音樂界，人們創造了五聲浪漫主義（pentatonic romanticism），即一種混合了傳統中國五聲音階與西方和聲結構的音樂風格。但踏入1960年代，不少實驗都很快被體制化和形式化，使藝術更為穩定和合乎預期。諷刺的是，浪漫主義在毛式社會變成了一種保守的力量，以藝術為代價去歌頌革命主體──這也解釋了為何當權者仍然強調現實主義的重要性。

秩序與失序

如果現代的歐洲藝術靠詩和藝術去觸及秩序世界的背後，毛式藝術的任務卻是相反，是要去建構秩序。毛式藝術的責任，是要在一個高度散亂的政治現實中，提供一些情感和美學上的碇泊處（affective aesthetic anchorages），建構一個相對於政治混戰來說比較連貫的存在領域。毛式藝術試圖為人們提供一個安穩的象徵，讓人確信萬物的背後存在一個超越性的結構。如果法國大革命是打造出歐洲浪漫主義的催化劑，所回應的是人們對啟蒙理性的幻滅；那麼，毛式浪漫主義則要呈現一種「準理性」（quasi-reason），作為一種可以合理解釋現實生活為何如此混亂的想像力。可以說，高度不穩定的政治環境，是文革藝術充滿力量的原因，因為它們有助把分散的政治能量拉在一起。

毛式浪漫主義有其超現實主義的面向。即是說，這種美學能夠超越物質性的現實。例如，在電影《紅色娘子軍》原版本的處決一幕中，我們看到男主角洪常青在飽受折磨後，拖著滿身傷痕的身體就義。但是，在樣板芭蕾舞劇中，江青要求製作團隊把他刻劃成強壯有力，給他安排

18　Lin, "Challenging the Canon," pp. 41–53.

一些充滿力量的舞蹈，如同一隻準備一飛衝天的鷹。[19] 我們看到一個超現實的洪常青，面對死亡仍然充滿力量和勇氣、不屈不撓，展示出強大的毛澤東精神。這種安排，肯定會使那些稱許《聖女貞德蒙難記》(*La Passion de Jeanne d'Arc*，1928 年由德萊葉 [Carl-Theodor Dreyer] 執導) 的西方觀眾感到煩厭。不過，《紅色娘子軍》卻是在當時被確認為既「現實」又「浪漫」的新中國模範作品。我們可以說，刻劃洪常青的整體的情感強度違反常理。但是，不屈不撓的英雄和壯觀的美學，可以為迷失方向的社會提供一層額外的現實，使人在其中找到慰藉。如果說，對大部分中國人來說，1964 年到 1979 年是最變化無常的一段時期；那麼，宣傳文化中所展示的浪漫氛圍，則穩定和持久得多了。

不過，不論毛式浪漫主義有多穩定，藝術所帶來的強烈想像力，也難免會使人越界，讓平民百姓探索日常之外的世界。在毛式藝術中，我們都可以感受到秩序和失序之間的巨大張力。不論毛式浪漫主義有多偏離歐洲浪漫主義，毛澤東之所以提出這觀念，畢竟是因為他相信想像力可以提供全新的視野，而他也希望鼓勵人民去探索陌生和難以預知的領域。說到底，這正正是大躍進和文革背後的精神。文革的浪漫，確實是無法徹底表達真正超越的震撼和感動，因為真正的浪漫有可能直接威脅革命的獨一性和權威。但是，浪漫主義可以加深個體跟歷史和人民的關係，讓人看到自己的種種可能。恰恰是主動投入集體，個體才得以感受到無拘無束的自由。歐洲浪漫主義提供新的方法，去想像和連結語言和自然；相比之下，毛式藝術則著重人民的超越性統一 (transcendental unity)。

讓我舉一個例子。於文革時期，陳益南是一個在長沙市積極參與政治活動和派系鬥爭的工人。按他憶述，在 1967 年 2 月、3 月期間，各派佔領長沙市的街道以表達政見，非常刺激。[20] 在當時，大型武鬥尚未成

19　方耘，《革命樣板戲學習箚記》，頁 36。

20　陳益南，《青春無痕：一個造反派工人的十年文革》，頁 115–121。

為主流，各方仍然以宣傳活動去爭取支持。兩個鬥爭的派別，由高師（主要由大學生組成）和湘江風雷（主要由工廠工人組成）主導。高師的教育程度比較高，更懂得寫大字報和演講。但有趣的是，即使高師在宣傳活動中較有優勢（而且在後來得到黨中央的支持），工人卻會在晚上佔據街道，反佔上風。在晚上，大部分工人下班，就會把平常的餘暇用來參與政治活動。那些在白天被精英學生排擠的人，到了晚上便活躍起來。一些工人裝飾自己的宣傳車，裝上麥克風和擴音器，巡迴全市宣傳政治訴求。其他人則在街上聚集唱歌，躺在街上，阻止敵對派系的宣傳車靠近自己的宣傳車。陳益南回憶時說：

> 用骨肉之軀阻止了對方隆隆車輛的進攻；
>
> 以不畏死的決心保衛了我們造反派的聲音；
>
> 當時，我覺得自己很有點「英雄」的味兒，也感到了悲壯的衝動。[21]

白天，大學生藉秀麗的書法和觸目的畫作引人注目；到了晚上，則是唱歌和叫陣的時間。在這些視覺與聲音的戰鬥之中，我們可見美學能夠產生迷人的力量。不同感官之間的競賽，為革命賦予動力。

藝術被用作毛主義者的工具，固然十分明顯。但一不小心，這種美學性的力量便會失控：人民可能安於現狀而缺乏革命熱情，但也有可能被激發得要挑戰終極權威。基於這種既要挑撥情感、又要平息情感的矛盾，我們有時候可以察覺到文革的宣傳藝術裏有一些「自我反省」（self-reflexive）的時刻，這也證明了當時的藝術有多混亂。以下是1974年的小說《劍河浪》裏的其中一段：劉瀏是一個剛剛下鄉的青年，被派去負責為農民煮飯。有一次，他太過投入看著名的革命小說《豔陽天》，燒焦了窩窩頭。第二天，他在煮晚飯時又再看《豔陽天》，突然看到一隻狼（後來被發現是一位找食物的階級敵人所假扮）。劉瀏隨手拿起一件東西敲打，以聲音把狼嚇退，卻拿錯了全村唯一一件水準儀，因而被批判。

21　同上註，頁120。

後來，下鄉青年的領袖、也是小說主角的柳竹惠，跟劉瀏開展了一場平和的長篇對話。柳竹惠告訴劉瀏，她自己小時候也曾經沉迷繪畫。但是，她在最後卻從老師身上明白到，每人也需要忠於黨、聽黨的命令，而且無可避免要放棄個人利益和野心。[22] 柳竹惠説，如果藝術活動有助革命，當然值得鼓勵。但是，劉瀏如此沉迷小說，卻必須被斥責，就正如柳竹惠自己小時候過分投入繪畫一樣。原因是藝術會使人忘記了全心為人民服務的責任。這是一段複雜的後設文學情節：一本革命小說（《劍河浪》）正在嘗試批判革命小說（劉瀏過分沉迷的《豔陽天》）。小說的作者汪雷，本身是下鄉青年。我們也可以保守假設，小說的讀者有不少下鄉青年。故此，柳竹惠批評劉瀏，可被視為青年間的自我批評。這展示出當時的藝術和青年如何共同糾纏於一起，既相輔相成、又互相拖累。如果宣傳文化（小說中以《豔陽天》為代表）僅僅有政治傳播的功能，那就沒有理由不讓青年沉迷下去。正正是由於藝術同時可以安撫讀者、宣洩情感和產生快感，才證明藝術存在一些逃離意識形態支配的殘留物。這些殘留物，恰恰是宣傳文化最害怕的東西。

盧卡奇（Georg Lukács）説過，西方小說往往傾向完滿地完成英雄的整個生命，展示出一種史詩般的統一結局。[23] 文革小說卻似乎展示出不同的傾向：意識形態是統一的，代價卻是各種自我否定，包括藝術形式和英雄主角的自我完成，使小說和主角都無法順暢地提供一種完滿的感覺。如果歐洲浪漫主義可以跟毛式浪漫主義比較，我們可以看到，後者比前者更渴望追求思維先行，更傾向以思維去決定和框定藝術的感官面向。不過，那些潛藏的政治意向永遠無法完全控制感官和想像的世界。毛式藝術的作品，的確永遠不會被容許涉足那豐富多元的語言和美學；但是，浪漫主義負載了那些可以觸及抽象美和超越日常的志向。故此，毛式藝術也有潛能去克服意識形態。

22　汪雷，《劍河浪》，頁379–399。

23　Lukács, *The Theory of the Novel*, p. 129.

美學的驅力

詹明信曾經討論過文化在革命中的重要性。他認為,中國的「無產階級文化大革命」不太像一般的文化革命,而是一段個別的歷史經驗。據詹明信所言,中國的文革有一個其他文化革命都沒有的特點:世代衝突。文革身處於一個繼承了舊封建制度的世代制度之中。青年以暴力去宣示自身的不滿,認為老人的權威和儒家的家庭系統難以忍受。[24]

雖然詹明信的看法簡短和簡化,卻可以和我的文革研究互相參照。詹明信強調的世代衝突,就意味著結構性的美學轉化。青年往往以其風格 (style) 去標示自己跟體制有所不同。不過,文革並沒有展示出一種真正全新和令人震撼的美學。詹明信在另一本著作中也說過:「即使是我們最狂野的想像,也必須依附於既有的經驗,所以通常是當下東拼西湊的建構物。」[25] 很多激進的另類想像,往往只是投射了我們的集體時刻、歷史處境和主觀位置,再加上一點點其他元素。所以,對所有革命來說都極之重要的烏托邦敘事 (utopian narratives),其實是反映了我們當下的想像的限度,也間接揭示了有甚麼是無法被想像,又有甚麼是無法被理解。[26] 對詹明信來說,烏托邦敘事最政治性的地方不是內容,而在於它們能夠重新組織當下的世界。

文化大革命清除了文化傳統,批判了藝術自由。文革也把某些舊文化活化,以展示新世界的新形象。但這些「新」的風格實在不算新。例如,在1966–1967年期間,大部分出版社停工,而革命群眾卻可以實踐其出版的自由,出版自己的報紙、小冊子和海報。木刻版畫成為最主要的視覺形式。技術所限,蠟紙油印成為最易找到的印刷技術。但是,這種「新」的風格,其實也是把延安的宣傳文化循環再用,使人感到革命

24　Jameson, *Valences of the Dialectic*, p. 273.

25　Jameson, *Archaeologies of the Future*, p. xiii;也請參考Jameson, *The Political Unconscious*, p. 289。

26　Jameson, *Valences of the Dialectic*, p. 413.

既新鮮、又熟悉。除了革命群眾因技術原因而運用以上的風格之外,復工後的出版社,也同樣採用了木刻版畫去展示新世界的秩序(圖1.1)。這些作品的實際內容,可能不太重要。更重要的,是那些經循環再用而成的新外觀可以造成的效果。

胡志德(Ted Huters)認為,中國自晚清起,便開始打造「民族特色」的文化工程,但一直是聲勢浩大,卻不著邊際;文革聲稱創立和發展了中國式的風格和精神,可算是這項民族特色工程的終極體現。[27] 施拉姆在其討論毛澤東思想的著作中,也提醒過我們「風格」在毛主義的思維中有多重要。他引用毛澤東在1959年3月的的一篇演講辭:「有些東西不要甚麼民族風格,如火車、飛機、大炮,但政治、藝術可以有民族風格。」[28] 在這裏,毛澤東不只展示了「中國特色」的重要性,他也指出了政治和藝術的相似之處,即兩者都要找尋風格,都要以獨特的方式去展示和組織。吳一慶也指出,毛澤東往往以獨特的方法理解平等主義。毛澤東比較少關心實際的權力分配,而是更喜歡控制人民展示和表演權力的方法。他更感興趣的,似乎是人民公開地表演權力的各種方式,而非瓦解權力的層級結構。[29]

那時候,新形象既被壓抑、又被提倡。時裝大致上被壓抑。人們也清楚知道,只要穿得稍為標奇立異,也有可能帶來政治上的風險。[30] 但革命也往往就是對新形象的追求。於是乎,重整外觀(reordering of the appearance)就是可以最有力地表達意識形態和物質世界需要被重整的方法。受當時的社會條件所限,人們也許無法想像一個極之不同的世界。但是,人們嘗試把當時既有的詞語和觀念重新展現和包裝,以確立自己的視野。

---

27 Huters, "Between Parxis and Essence," p. 335.

28 Schram, *The Thought of Mao Tse-Tung*, p. 135.

29 Wu, *The Cultural Revolution at the Margins*, p. 36.

30 見孫沛東,《時尚與政治:廣東民眾日常著裝時尚(1966–1976)》,頁142–157。

圖 1.1　吉林魯迅美術學院，吉林魯藝革命造反大軍，《向工農兵學習、
　　　　與工農兵結合》，宣傳畫，長春新華印刷廠印製，1967

幾乎所有「十七年時期」的知名藝術家、作家和文化政策制定者，都因為散播創作自由和美學主義而被批評。但新的文化建制集團，卻更認真看待藝術形式和感官的重要性。全中國被引進一個滿是錘子和鉗子的宣傳文化——它被認為可以開展新的歷史和未來，把不可能變成可能。典型的文革藝術，可以缺乏具體的革命意義。但美學的驅力，卻有助把革命驅力合理化成無窮無盡的力量。江青的第一部樣板戲《紅燈記》，講述中共黨員在二戰期間自我犧牲以保護軍事機密。令江青感到特別自豪的，是她一絲不苟地構思人物形象，而那形象並非單單由意識形態所驅動：

> 我用的設計師從前是為有錢人製作絲綢衣服和時髦套裝的，現在第一次為窮人量體裁衣，就直接把補丁縫到上衣前襟。這說明他們不知道勞動人民是如何勞動的。我告訴他們，補丁應該縫在肘臂、膝蓋和領子的部位上，那些最容易破損的地方。補丁形狀看起來要美觀。顏色的運用對塑造人物形象同樣重要。勞動人民的穿著基本都是最便宜和顏色灰暗的。但是，劇中的鐵梅卻穿著鮮艷的紅色中式上衣，戴著我挑選的迷人的髮夾。[31]

江青在處理美學與意識形態的關係時，似乎很矛盾。在這個例子中，她批評了服裝設計師沒有設計出現實可見的服裝，認為這不夠現實主義；但另一方面，她又把最漂亮的服飾和髮叉送給自己最喜歡的角色，其實也不很現實主義。《紅燈記》是首部樣板戲，也是所有革命藝術的模範。它沒有浪漫的人物關係，講及寄養家庭中的一個小女孩，甚至把有可能產生裙帶感覺的血緣關係都淡化了。觀眾也只能透過鐵梅的革命精神去產生認同感。但是，《紅燈記》也傳達了美的抽象感覺。迷惑的髮叉，跟鐵梅的階級地位和她所經歷的壓迫毫無關係，而是獨立於意識形態以外的美學細節。

31　江青，《江青自傳》，頁328。

　　江青對各種文化形式皆有豐富的認識，而且對顏色的看法也非常獨到。根據芭蕾舞者薛菁華（她曾在1969年的電影版《紅色娘子軍》出演吳清華一角），江青清楚了解各種技術問題，更加對膠片和沖洗的質素特別講究。[32] 在電影開拍之前，江青邀請了團隊中的主要創作人看一套荷李活電影。放映期間，江青著大家留意電影能夠捕捉的翠綠色，指明她未曾在任何中國製的電影中看過這種顏色。她提醒電影工作人員要「出綠」，把綠色帶出來——這在後來成為衡量中國電影成就的一個指標。[33]

　　1973年，江青會見文化工作者，批評樣板戲《海港》的色彩運用：「（角色高志揚的）圍巾可以改成淺米色，你們都是白的。現在陸上是紅的，海水是藍的，沒有中間過渡色，調和不了。」[34] 江青也花了不少時間去解釋「出綠」的意思，又批評《白毛女》的製作團隊，認為團隊雖然聽她的話更著重綠色，但那綠色又太過顯眼，層次不夠豐富。在很多視覺性的宣傳材料（例如海報和樣板戲）中，紅色都承擔了意識形態的工作，以顯示出何為對錯。裴開瑞（Chris Berry）也指出，文革樣板戲電影裏的紅色有強烈的含義，經常和黨有關，但也有「吸引」和「感動」之用。[35] 可是，相比紅色的說教性，江青更愛變成了新技術標準的綠色。綠色比紅色更難好好地呈現。或者因為技術上的挑戰性，江青沉迷於綠色遠多於紅色。對顏色的沉迷，可能是顯示美學有其自主地位的其中一個指標，即使當時是一個狂熱的政治化時期。

　　不過，江青也很憂慮，那些並非直接受她掌控的藝術作品。1969年，江青向全國文化工作者發表講話時聲稱：

> 4月14日看了電視新聞，全夜不能睡眠。報導「九大」新聞之前，加了一段所謂文藝節目，沒有宣傳毛澤東思想，泛濫資產階級黑

32　作者訪問薛菁華。

33　同上註。

34　江青，〈中央首長接見電影、戲劇、音樂工作者座談會上的講話〉。

35　Berry, "Every Color Red?," pp. 240–244.

貨，採用資產階級手法，用民間小調，實際用的是黃色唱調。跳的
舞蹈，實際上是搖擺舞。穿上軍裝，還有各民族的服裝，跳這樣的
舞，叫人氣憤。宣傳糜爛至極，跳舞不講藝術，下流至極。[36]

當時是 1969 年 4 月，正值毛澤東宣佈文革成功的時期。我們很難
想像，這類「資產階級」和「下流」的東西，竟然可以在中央電視台播出。
或者，江青的講話，只可以反映她的不自信。江青明顯憂慮那些不是受
她直接管轄、又會向全國廣播的文化表演。她躁動不安，或者是因為她
很清楚掌控藝術的權力，很容易從她手上溜走。那時候，所有革命者都
自視為新文化的生產者。快感、焦慮和想像都十分強烈，使這時期的藝
術充滿情緒。

感 官

這種美學混合了虛構與現實。我們可以說，整個文革的宣傳文化，
首先是一個重整現實的計劃，使現實在美學上和政治上毫不含糊。例
如，大字報本身便既是事實的證明，又是事實的判斷：文字一旦被寫在
大字報上、貼了上牆，就成為已被判定的「事實」，書寫因而可以成為殺
人的利器。[37] 同一時間，再現物也可以美化現實。由於難以改變物質條
件，文化工作者便被委以政治重任，通過再現去把現實轉化。據說，小
說《金光大道》的作者浩然，曾如此形容他的寫作技巧：

> 我在構思小說時，對在生活中遇到的事情，常常從完全相反的角度
> 去設想。例如……一個生產隊員懶惰消極自私自利，我就設想一
> 個勤勞積極大公無私的形象。[38]

---

36 轉引自梁茂春，〈讓音樂史研究深入下去：淺談「文革」音樂研究〉，頁
 20–21。
37 Wang, *The Cultural Revolution and Overacting*, pp. 9–20.
38 李輝，《李輝文集》，卷一，頁 295。

　　浩然是忠於中共的文化工作者。他清楚知道，要完成政治責任，就必須再現一個既忠於現實生活、又同時創造生活的文學。他所描繪的世界，得比起實際的、物質性的現實更好。即使是當時的學生也知道，自己的日記都是宣傳文化的一部分，會被老師閱讀和評分。[39]

　　虛構和現實（或各種不同的、複數的現實）之間互相競爭，乃社會主義現實主義的主要特色。除了中國，很多社會主義政權都不斷叫人民不要相信物質性的現實（material reality）。宣傳文化的工作，就是要建立一個比起（未經媒體中介的）日常的現實（everyday reality）更加值得相信的政治性的現實（political reality）。根據杜賓高（Evgeny Dobrenko）的說法，社會主義現實主義本來是蘇聯生產的一種「商品」，原先是為了世界革命這一「市場」而生產，後來外銷轉內需，為蘇聯政權提供合法性。此商品以另一層現實去把蘇聯的經濟大災難埋於地下。[40] 因為實際的經濟太差，政府才需要創造另一個世界去掩飾人民的不幸。如果說史太林式的宣傳文化旨在掩飾那個既存的現實，那麼中國的文革卻展現了不同的張力。黃宗智指，在文革期間，再現性的現實（representational reality）和客觀的現實（objective reality）有具大的斷裂。[41] 但我的看法卻是：兩種現實互相滲透，幾達無法區分兩者的地步。

　　兩種現實的重疊得以在美學和意識形態之間發生，最關鍵的元素在感官（sensorial）。如果我們採取拉康（Jacques Lacan）的世界觀，把世界分成真實界（the Real）和符號界（the Symbolic）的話，感官始終屬於符號界，也無法為我們提供一扇通往真實界的窗口（不論感官如何不受媒介影響）。但是，感官接近真實界，容易被美學化的手段操縱，影響主體對世界的取向。我認為，文革不斷把感官美學化，好讓它被意識形態直接利用。同時，美學重構現實，也可以創造一組新的感覺，有利現實與意識形態的隱性重疊。

39　范世濤，〈文革日記：規訓、懲罰和日常記錄〉。

40　Dobrenko, *Political Economy of Socialist Realism*, pp. 8–9.

41　Huang, "Rural Class Struggle in the Chinese Revolution," pp. 111, 132.

　　「憶苦思甜」是一種在當時到處可見的文化實踐，我就以它為例。任何政權都懂得透過闡釋歷史去獲得合法性，又或者讓人民團結起來，以一致對抗國內或國外的威脅。綜觀中國歷史，每一個新朝代出現，就意味著會重新解讀歷史，而中共也不例外。只是中共異常激進：它以一種僵化的感官形式來詮釋歷史，並植入大眾的心理：過去必須被感受成「苦」，而當下則必須被感受成「甜」。

　　「憶苦思甜」不單單只是政權塑造歷史的一種方法，它也讓意識形態機器得以在再現和現實之間跳來跳去。「憶苦思甜」的論述強調兩點：第一，由長輩分享國民黨時期的生活有多困苦，以此提醒青年身處共產革命和被黨領導是幸福的事。在一本當時出版的「憶苦思甜」的故事集中，我們看到一個敘事者首先抱怨在國民黨治下當工人有多痛苦，然後歌頌這一代工廠學徒的前途一片光明，最後以一句白得沒法再白的話作結：「今天的幸福是黨給的！」[42] 這句話，特別針對青年而寫，也為那本出版於1964年的「憶苦思甜」故事選畫上句號。一套總體性的歷史觀，就是如此簡單地建立出來。

　　第二，人們得為自己的錯誤懺悔，以轉化自身成為新社會主義的國民。最明顯的例子是「兩憶三查」運動。「兩憶」是指「憶階級苦」和「憶民族苦」；「三查」則是指「查思想」、「查工作」和「查作風」。有一本出版於1970年、教導地方幹部如何執行運動的指導手冊。手冊要求幹部要先努力尋求群眾「憶苦」，才可以真正完成「三查」的工作（「兩憶上下功夫，三查上見效果」）。為確保群眾被正確鼓動，手冊也建議「憶苦」的環節可以維持五天，而「三查」的工作則可給予四天。幹部也得安排特別的「憶苦」活動：吃憶苦飯、唱憶苦歌、看憶苦戲，甚至整個環境都得以「憶苦」的風格來裝飾。[43] 這些措施，被認為是使人更投入懺悔的有效方法。個體的私人世界和政權掌控公共世界的欲望，本來有著無法克服的距離，現在兩者卻被融合起來了。

42　薛勤生，〈「小鬼」造反〉，頁111。

43　同上註，頁4。

　　大體來說，這個簡單的教學法很依賴儀式和感官的元素，靠它們去傳遞訊息。參加者要唱〈想起往日苦〉和〈不忘階級苦〉等歌曲；在活動高潮，也要高喊口號如「不忘階級苦，牢記血淚仇」和「翻身不忘共產黨，幸福不忘毛主席」。有時候，人們要一起吃憶苦飯。換言之，「苦」這概念不單單透過敘事者的理性說服去傳遞，也透過歌曲與文字所構築的美學經驗，還有味覺的直接感官所刺激 —— 這些都使人們集體地認識到歷史，明白它如何從「過去的苦」進步到「現在的甜」。

　　我們可以說，「憶苦思甜」是很有效的教育工具，因為它懂得同時運用理性和感官。但是，主觀的感受也可以輕易逃離集體的框架。毛主義等意識形態，並不總是能夠完全吞併主體的感覺。舉例說，王曉明便記得一些「憶苦思甜」的講者上了台卻不說話，成了「肚子裏有倒不出來的『悶葫蘆』」，使主持非常尷尬。同一場合，另一些講者卻可以慷慨激昂、滔滔不絕。一位老農民更在一群學生面前憶起一個婦女被土匪強姦，使那些處於禁欲狀態的少男少女上了一堂「性啟蒙」課，「女生們全都低著頭，臉一直紅到了脖子根，男生們則一個個交頭接耳，有些壞小子還時不時地發出怪笑做鬼臉。弄得主持會議的老師臉紅耳赤，乾瞪著眼不知該怎麼辦。」[44] 分享受難史，本來是為了證明政權的合法性，卻變成了一種倒錯的快感。至於學生都討厭的憶苦飯，本來是為了確保正確詮釋歷史的方法，卻收效甚微。

　　「憶苦思甜」不單表現在各儀式中，它也可以是一種修辭，被放進不同的宣傳品中。我們可以看看「憶苦思甜」的原則，如何在文革中最流行的官方小說《金光大道》中展現。小說主要描寫從 1949 年到 1970 年代的農民生活。但它有一篇很長的序文，向讀者介紹主角高大泉如何從 1932 年的小童成長到 1949 年的青年。我們看到高大泉家境貧困，在地主和階級敵人的壓迫下生活悲慘。大泉別無選擇，為生計而離鄉背井。按照「憶苦思甜」的結構，這篇序文提醒了讀者 1949 年革命的合法性，也同時暗示了 1966 年文化大革命的合法性。

44　王曉明，〈憶苦思甜眾生相〉。

不過，《金光大道》也描寫了「苦的過去」過渡到「甜的現在」的中介時期。這是整部小說最含糊和美學化的情節。在序文的結尾，高大泉在1949年的10月1日坐高速火車，回到他的新家鄉芳草地。他看到一個幹部正在嚴肅地向乘客演講：

> 在熱烈的掌聲中，那位老幹部的講話開始了。儘管距離很遠，而且根本看不到他的容貌，那聲音卻如同敲擊鋼鐵一般高昂宏亮，震動人的心弦⋯⋯高大泉坐在猛進的火車上，在潮水般的掌聲和歡呼聲裏，陷入了一種從來沒有過的奇妙的嚴肅的沉思裏。[45]

透過幹部的聲音，高大泉和讀者都進入了這種像被催眠般的反思。值得注意的是，雖然幹部的講話內容之後被寫出來，但文字內容的力量及不上幹部那鋼鐵般的聲線。一道純粹的聲線，與群眾的歡呼與拍掌產生共振，引導主角進入自身的內心世界，跟那奔向開放的未來的高速火車重疊起來。只要拋棄了資本主義的舊時代，便可以得到這種沒有內容的、抽象的美學崇高感。這一段情節，也展示出意識形態如何可以在沒有具體政治內容的情況下運作。在這裏，美學的驅力不能被視為承載特定意識形態的工具，因為美學是在沒有內容之際才是最有威力。透過空洞的聲音，主體被召喚到一個仿似由自然契合、中國社會主義現代化的政治目的之中。準確點來說，內容既存在、也缺席，因為它即使一直都在，卻無甚意義。

「憶苦思甜」不單單是一種儀式，也可以是一套知識與美學，教導人們應該如何透過感官去認識歷史，又應該如何感受當下。「憶苦思甜」也促成了新的革命美學教學法。過了幾年無政府的狀態後，政府決定參照新近發明和實踐過的活動，鞏固一種新的美學共同感，把集體經驗中的部分元素體制化。1969年，上海一份具影響力的革命報章《文藝戰報》，就曾經報導過一個中學老師設計的革命文藝課程：

---

45 浩然，《金光大道》，頁48。

學習毛主席著作《中國社會各階級的分析》……以這篇光輝著作為思想武器……

……充分認清剝削階級的兇面目……聽革命樣板戲芭蕾舞劇《白毛女》唱片，並學唱選曲《序曲》、《哭爹爹》、《太陽出來了》等。

學習寫美術字和放大、複製圖畫的能力。搞革命大批判的報頭，在下廠下鄉時運用。

下工廠，請老工人談歷史、家史和資本家剝削工人的罪惡史。下農村訪貧問苦，請貧下中農講村史、家史、社史和地主剝削農民的罪惡史。

整理訪貧問苦的材料，開展編寫三史的活動。並由感受較深的同學，編寫說唱，話報劇、小型話劇等短小精悍的文藝節目材料。

班級開憶苦思甜大會。

小結：寫作學習《中國社會各階級的分析》的體會。[46]

這個課程極之政治化。但是，課程綜合了各種藝術形式與藝術創作，把它們置於「憶苦思甜」的政治之下，其實也是頗令人印象深刻的藝術教育。課程涉及的藝術形式很多元，包括音樂、書法、繪畫、寫作甚至訪問。但是，視覺、聲樂、文學和表演藝術被放在一起，卻又沒有支離破碎。這是因為課程是建基於「憶苦思甜」這計劃之下，由毛主義理論所支撐，配以地方考察，再以學生的自我反省作結，讓學生明白一開始所學的毛主義理論。課程是實踐主導，各種教學活動必須有社會「用途」。所以學書法並非為了個人修身養性，而是為了在政治鬥爭中寫大字報。課程把不同藝術形式都整合到階級鬥爭這公因數之下，禁止藝術的自主性。

不過，要解讀課程中的藝術和意識形態的關係，我們也可以作相反

46　南匯縣八一中學一教師，〈我們開設革命文藝課的嘗試〉，頁4。

的詮釋：藝術藉階級鬥爭來表現自身。課程本身可能紀錄了一位藝術老師如何在政治化的環境下，盡力教導藝術。她的學生也可能在毋須關心政治內容的情況下，享受寫書法、畫卡通和唱革命歌。在這些活動中，我們很難區分意識形態和藝術，因為快感總是高度滑溜地抵抗控制。「憶苦思甜」要求學習者重新整理和包裝歷史，使歷史更容易被當權的意識形態所用；但是，它其實也可以同時提倡學生對藝術的興趣。

現實與虛構

意識形態、美學和感官三者互動，既複雜又流動。我們可以說，生活在毛式浪漫主義下的人，往往很難面對現實。就讓我們檢視另一個例子，看看中共如何回應安東尼奧利 (Michelangelo Antonioni) 的電影《中國》(*Chung Kuo, Cina*，1974)。1972年，這位世界知名的左翼意大利電影人被中國政府邀請，去製作一部可以向世界「正確」介紹中國的電影。但部分中共領導人看到尚未向公眾放映的製成品之後，都不認同電影中的模糊影像，而且認為這位意大利「同志」背叛了中國人民的好意和友誼。就正如康浩 (Paul Clark) 所指，這部電影之所以被批判，主要是因為極左毛派想批判周恩來及其同僚跟外國的聯繫。[47] 宣傳機器早早就開動，掀起了全國的大批判。電影本身卻要到2004年，才被准許在中國國內放映。

1974年，一篇《人民日報》的社論先為全國性的批判定調。該社論為《中國》寫了一篇詳盡而仔細的文本分析，指出安東尼奧利刻意選擇拍攝那些會傷害中國的負面影像，迴避了中國那些「正確」的現實：

> 在整個影片中，看不到一部新車床，一台拖拉機，一所像樣的學校，一處熱氣騰騰的建設工地，一個農業豐收的場景……而他

47　Clark, *The Chinese Cultural Revolution*, pp. 234–235.

（按：安東尼奧利）認為可以用來污蔑中國和中國人民的東西，則又是全景，又是特寫，不厭其冗長。[48]

在另一個刊於北京《光明日報》的訪問，一位中國評論人說：

我們曾多次去上海工作，看到這個在解放前曾經是殖民地半殖民地畸形發展的城市，如今已經被改造成我國的一個工業基地，新建了許多規模很大的工廠和整齊舒適的工人住宅。對這些新生事物，安東尼奧利一概視而不見，卻懷著不可告人的目的，專拍些簡陋的廠房，零散的機器，舊社會遺留下來的破房矮舍。[49]

這篇評論之後大量重複《人民日報》的社論。我們甚至不知道究竟評論人有否看過戲（因為大部分中國人其實都沒看過）。這也許不打緊，因為宣傳機器最需要傳遞的訊息，是評論人觀察到的那個反映社會主義有多進步的上海的「現實」，並不是安東尼奧利所拍下的邪惡影像。

這場動員全國批判《中國》（一套從未上映的電影）的運動，證明了當時已全面恢復的文化機器力量強大，也說明了人民可享有的自由何其少。如果文革始自各種啟蒙的承諾，那到了1970年代初，這種理想主義已是油盡燈枯。我在這裏更關注的是，這場大批判證明了電影評論可以跟實際的文本和它所聲稱的「現實」分離，而文本與現實兩者也愈來愈難以區分了。在這場批判中，我們看到文革時的人並沒有天真地認為再現就只不過是現實的反映，而是認為不同人可以對同一個現實生產不同的觀點。雖然《人民日報》的社論批判了電影中的一幕有擺拍之嫌，評論文章的主要部分，卻沒有（或不敢）批評安東尼奧利做假鏡頭，也沒有質疑紀錄片所呈現的不是上海的城市景觀和百姓的日常生活。整個批判《中國》的輿論的方向，並非針對安東尼奧利「建構」了甚麼，而是

48　人民日報評論員，〈惡毒的用心 卑劣的手法 —— 批評安東尼奧尼拍攝的題為《中國》的反華影片〉。

49　鍾科文，〈戳穿反華小丑的卑劣伎倆〉。

針對他選擇了甚麼「現實」去紀錄：他有意選擇了中國落後的現實，對抗中國官方希望他所呈現的喜樂、進步而且可被全球消費的一面。就正如《光明日報》那篇評論所顯示，中國的評論人嘗試呈現一個跟安東尼奧利不同的上海。兩個「上海」都可以是「現實」的，只是其中一個比較「正確」而已。論戰就是圍繞著這「正確性」而開展，而究竟甚麼是「現實」，卻似乎不如我們想像中重要。

在這宣傳文化中，「虛構」與「現實」同等重要和合理。杜賓高認為，從社會主義現實主義的角度看，再現可以扮演一種半自主的現實 (semi-autonomous reality)，去掩蓋百姓在實際上的日常生活，或與此日常生活競爭。在中國人回應《中國》這件事上，我們看到相反 (雖然也完全是互補) 的機制：當文化的再現物並不合乎當權者的期望，社會的現實就會被召來介入。但是，這個現實同樣是經過精心選擇的。某程度來說，安東尼奧利之所以來華，是因為他想拍攝一個相對「現實」而沒有意識形態操控的中國；但是，中國的政權卻認為，安東尼奧利的計劃是徹頭徹尾的意識形態。

這場安東尼奧利與中國官方之間的鬥爭，不只違背了柏拉圖那認為現實高於虛構的看法，也違背了馬克思主義者的分析傾向——它一向重視由真人勞動所打造而成的物質世界，多於由影像所構成的非物質世界。事實上，《中國》得以開拍，主因之一是中國在1970年代初希望向世界展現較佳的國家形象。也許令一些馬克思主義批評家感到更為煩惱的是，中國政府不單在1972年非常歡迎電影開拍，更在1974年因為電影不合乎其國家形象，而粗暴地批評它。安東尼奧利是中國的好朋友，被給予一切信任、協助和款待，是因為中共預期電影會成為另一部社會主義宣傳電影。中共領導人 (幾乎是天真地) 疏於防備，後來才意識到電影的拍攝方向跟自身的議程並不相同。電影把意義多元化，而非投射出一個連貫和正面的社會主義中國。中國政府唯一可以做的，就是全面否定《中國》，發動一場批判運動，對抗這場失敗的宣傳。

藝術和政治關係密切，這已算是陳腔濫調的看法了。真正的問題，

是兩者如何互動，如何互相支援和互相牽制。洪席耶 (Jacques Rancière)
説，儘管美學與政治屬於不同的獨立領域，卻都牽涉「感知的分配」
(distribution of the sensible)。政治把權力、空間、人和物按等級分配；
藝術則可以揭露和介入這種被隱瞞的分配。[50] 換言之，藝術的最重要功
能或最有威力的屬性，是它可以干擾政治。這種能力由藝術的自主領域
所賦予，使它可以抗衡那些總是試圖壓抑它的控制型政治。[51] 某程度上
説，我們需要把洪席耶的理論倒轉，才會明白藝術和政治在文革中的關
係。洪席耶強調藝術的各種擴散化效應，以之相對於政治的壟斷性傾
向。[52] 文革的藝術則傾向相反：它呈現出一個穩定的屏幕，讓中國人進
入那個高度無定向的世界。這並不代表文革的作品較少藝術性，因為藝
術仍然緊密地和人連結 —— 中國的當權者努力不斷地生產和挪用藝術，
一次又一次地詮釋藝術，便是最佳的證明。藝術總是能夠吸引權力，間
接展現了兩者之間有一段無法克服的距離。從個體的角度看，藝術也不
能算是私人領域；相反，藝術可以讓個體整理自己跟世界和他人的關
係。這些「主觀」的元素，是使意識形態得以有效發生作用的關鍵。[53] 恰
恰就是這段隱晦的距離和張力，驅使我研究文革的藝術。

50　Rancière, *The Politics of Aesthetics*, pp. 12–19.

51　Rancière, *Aesthetics and Its Discontents*, p. 44.

52　見Bosteels的評論。Bosteels, *The Actuality of Communism*, pp. 129–169.

53　Althusser, "Ideology and Ideological State Apparatuses," p. 111.

第2章

文革的文化經濟：
文學的生產與流通

上一章提到，我們必須仔細研究文革宣傳作品的美學，才可以重新確立美學和宣傳兩者所固有的緊密關係。可是，如果我們完全依賴這種研究方法，卻有可能把作品從群眾中抽離，把作者及其社群分割開來。毫無疑問，宣傳藝術是由崇高的革命精神和意識形態所推動的；不過，它們也同樣是在民間流通的文化物品，讓人作觀賞和娛樂之用。本章承接上章，仍然會討論文革的宣傳藝術。但以下的重心，將會轉為放在藝術作品的經濟面向。這裏指的「經濟」，並非指藝術品可以帶來多少利潤，而是指它們如何被人生產、流通和接收。換言之，本章的重心是文革的文化經濟（cultural economy）。當然，毛澤東時代的經濟學家不會把宣傳藝術當成經濟商品。畢竟，宣傳品的價值，向來並不在於它們可以生產多少利潤，而在於它們體現了怎樣的政治價值。對很多人來說，要衡量一件宣傳品的價值，唯一的方法，就是看它有多忠於和反映灌注於其中的意識形態。但是，我也相信人們的互動會左右宣傳品的價值和意義。雖然這些文革的宣傳品不是市場經濟商品；但只要研究它們所涉及的生產、流通和接收活動，我們也會看到，政治永遠無法徹底壓制經濟，而無論是政治的價值，還是經濟的價值，也往往只能以相對的方式確立。一方面，宣傳品是政治價值的堅定載體；另一方面，它也是在社會上流通的物品。以下要討論的，就是宣傳藝術在此兩種屬性之間的複雜張力。

毛式文化經濟

先說一個例子。幾年前，韓國流行曲〈江南Style〉風靡中國。一些年長者半開玩笑說，音樂影片中的騎馬式舞蹈，其實抄襲了一場曾經在文革期間流行的歌舞表演：〈草原上的紅衛兵見到了毛主席〉。這場歌舞表演，表達一群蒙古族紅衛兵在天安門見到了毛主席有多興奮和幸福。網上後來出現不少討論。有些當過紅衛兵的網民，借機緬懷當年表演和練習的愉快經驗，卻很少提到甚麼政治意識形態。這裏，我們看到圍繞著這場歌舞表演所建立的兩組價值：故事內，紅衛兵見到毛主席而感到無比幸福；故事外，群眾自行學習和表演宣傳文化，建立情誼，產生一種節慶式的快感。四十年前，毛澤東的力量可能主導了作品的價值；但在四十年後，大部分在網上留言的紅衛兵，都只是在分享自己和同伴唱歌跳舞的群體經驗。曾經被萬人敬仰的毛主席，似乎早已被拋諸腦後。

文化大革命所建構的社會，既徹底地貫穿上下，又激烈地廣泛連結，同時作縱向和橫向的發展。一方面，毛澤東及在他旗下工作的少數領導人，從上而下地主導了人們的思想和言行；另一方面，人們也深受身旁的同代人所影響。如上章所述，文革的日子變化無常，人們很難規劃出一條可以平平穩穩、按部就班地向上流動的路徑；相比之下，個人嗜好反而有更多發揮空間，甚至有機會使人發掘出自己的真正天份，實現自己的價值。當時，不少共享文化知識和興趣的圈子相繼形成，維繫著不同文化社群。縱向和橫向的力量同樣強大，共同支撐著文革的文化場域 (the field of culture)。

我們可以用布迪厄 (Pierre Bourdieu) 的框架——它經常被用來研究世界各地的文化經濟——去跟文革社會加以比較。有些中國研究學者就認為，布迪厄提出的「文化資本」(cultural capital) 可以是一個有用的概念，去理解毛時代的文化和階級有何關係。[1] 不過，布迪厄對文化和政

1　Andreas, *Rise of the Red Engineers*, p. 9.（編按：中文版見安舟，《紅色工程師的崛起：清華大學與中國技術官僚階級的起源》，香港：中文大學出版社，2017。）

治資本的理解，或者只能啟發我們思考1950年代的中國社會。如果要以它來理解文革時期，我們必須面對剛才提及的兩組力量。一，在毛澤東的威權之下，一組十分穩定的意識形態價值被灌注到文革的文化產品；二，在當時的中國，朋輩關係的結構主要強調整合人群，而非區分差異。布迪厄的社會學，確實是建基於一套橫向關係的框架。在這框架中，社會由人們各種相對關係和千變萬化的活動所組成。可是，布迪厄預設這橫向框架為一個開放和不斷更新的結構，而文革所推動的人際關係，則旨在整合社會，而非促進人們在社會裏的流動性。而且，布迪厄是受自由資本主義社會所啟發的。這種社會一向把個體尊崇為有意識和自主的能動者，在社會中追逐自利。在這點上，壓抑個體的毛式社會可說是截然不同。毛式社會並不鼓勵個人在計算自身利益後建立社交網絡，而是強調所有人都一概是革命群體的成員。個體的概念如何被理解，其實會直接影響一件文化作品如何被衡量。

　　對布迪厄來說，自主的能動者（autonomous agents）是構成社會的基礎。從這點出發，他把文化作品的價值分成兩個層次。第一，文化的生產者，會透過自己的作品去賺取聲望和市場份額，也會在文藝場域佔據一個位置，跟其他處於同一場域的能動者構成相對的關係。第二，文化的消費者，則會圍繞著某群作品去建立自己的品味和知識，進而發展自己的階級地位。[2] 布迪厄對藝術的內在價值無甚興趣，傾向把藝術視為文化資本的載體，理解它如何體現社會的需要，把人群劃分成不同階級。相比之下，文革宣傳都被灌注絕對權威的毛澤東思想，就是試圖確保所有文化生產者和接收者都有平等的地位，以免形成布迪厄筆下那種透過文化生產及消費而形成的階級社會。在文革時代，文化是要把人連結，而非把人區分。文革要以獨一無二的革命文化，去創造一個新的革命群體。

2　這兩個層次，可以在布迪厄的兩本重要著作中見到，即 *The Field of Cultural Production* 和 *Distinction*。

在布迪厄的世界，生產者和消費者可以透過文化得到財富、名聲、自由等等。相比之下，文革並沒有「文化資本」的概念，並不鼓勵人去透過生產和消費文化產品，來累積各種個人利益。1966年，文化部一份報告指出，大部分作者、藝術家、科學家都已經是政府機關的全職僱員，已有基本月薪，所以毋須為這些人的作品給予額外酬金。報告又建議鼓勵平民百姓創作。但假如這些平民百姓已有全職工作，政府也毋須資助。應該得到資助的，只有極少數自由工作的作者和翻譯者。[3] 如果說，自由民主制的社會主要以金錢為回報，去鼓勵文化生產及創意，那麼，在毛式社會，創作者所重視的收穫則是榮譽和尊重。不過，此榮譽和尊重並非以個人為單位，而是屬於集體的，這就跟布迪厄的理論更不同了。毛式社會被理想化成一個徹底融合和連貫的社會，當中每人都是可被置換的螺絲，既有其價值，卻又可被替換。如果說，布迪厄筆下的文化經濟，是建基於文化作品的可交換性 (exchangeability)；那毛主義的文化經濟，則相信作者的可交換性。理論上，這些作者創作的文化產品都既體現革命精神，又同時被革命精神所統一。這些宣傳文化產品得以衍生和流通，背後的動力並非文化生產者或能動者的自利意識，因為這些作者如不是匿名者，就是被融入到集體的工作單位之中。我並不認為一個社會可以完全壓抑文化資本。即使在文革時期，仍然有專業的藝術家和文化人努力維持自己的名譽和影響力。只是，當時的民眾始終要盡量隱藏自己的個人努力。文革是一個集體淹沒個體的時期。

但我得強調一點：即使文革的文化作品被注滿意識形態，而當時也欠缺積極和功利地累積文化資本的能動者，我們仍然看到文化經濟的存在。仍然有人生產、買賣、流通文化產品，也有活躍的能動者去負責這些交易活動。布迪厄的文化經濟框架之所以無法應用在文革時期的中國，並非因為當時的中國完全沒有能動者，也不是因為中國沒有資本這

3　中華人民共和國文化部，《文化部黨委關於進一步減低報刊圖書稿酬的情勢報告》，頁331。

觀念，而是因為文革中的「作者」和「讀者」都只能以「服務人民」的方式
去呈現。文化作品被生產和交換的目的，並不是為了讓個體能動者在特
定的場域中尋找自己的位置或路向，而是為了使革命群體更強大。毛主
義者相信，不斷努力地生產、流通和接收革命文化，才能壯大革命。在
這種文化經濟下，個人自由也必須為了政治需要而犧牲。就好像印紅標
的研究所指，在文革青年之中滋生的所有思想流派（不論是正統還是另
類），都沒有鼓吹私有產權。這些思想流派，都讚揚社會主義的公有
制，認為它實踐社會平等。即使自由主義式的思想在1970年代中期冒
起，它也沒有提及私有產權，而是聚焦於社會主義和自由主義應該如何
合流。[4] 我們得明白，這種強調集體作者、公眾參與權、以及由政治絕
對主導的文化經濟，跟我們熟悉的文化經濟體系並不一樣。

文學與出版的控制

　　為了要完成社會整合的目的，文革集合各種力量去壓制人民的欲
望，不讓民眾表達獨特的自我。明白何為藝術生產的人，都會知道這項
任務有多困難。以下，我會聚焦文學及出版界的情況，理解文革的文化
經濟如何運作。

　　文革時期的文學景觀，可以粗略分為兩個時期，以1969年為界。
1969年之前，所有的出版單位都在搞階級鬥爭，出版業幾乎全面停頓。
仍然從事文藝工作的，可能只有兩人：毛澤東自己，以及作為單一群體
的「革命群眾」。官方的出版資源，都全力集中處理毛澤東的作品。在
1966年6月，尚未倒台的文化部便發出全國通告：

> 初版新書凡是不應出，或可出可不出的，堅決不出；再版圖書，暫
> 時一律不印。一般刊物，性質相同的可以合併，有的可減少篇幅或

4　印紅標，《失蹤者的足跡：文化大革命期間的青年思潮》，頁548–550。

延長刊期，有的可以暫時停辦；報紙不要隨意增加印數。要把一切可以用於印製毛主席著作的紙張全部拿來印製毛主席著作。[5]

毛澤東的作品，都被標以極低的價格，盡量使平民百姓負擔得起。例如，在1966年，官方把《毛澤東選集》的價格從3.25元降到2元，政府要津貼4,300萬元。[6] 而且，任何涉及毛澤東作品的生產活動，均不可以徵收稅款和運費。[7]

1967年5月，中共中央成立了「毛主席著作出版辦公室」。[8] 辦公室規模不大，屬臨時性質，有13人。雖然這13人不准參與任何政治活動，也不可以加入任何政治組織，卻可以調動全國的相關機構。所以，即使北京和上海的出版單位被革命群眾把持，辦公室仍然可以在1967年末出版8,000萬套《毛澤東選集》（每套四冊）。1968年，辦公室的出版目標，是要每一位受教育的國民和每一戶農村家庭都要有五件「珍貴禮品」：一套《毛澤東選集》、一本《毛主席語錄》、一本《毛主席詩詞》、一本毛澤東的相片集或是另外一本毛主席著作。為求達標，官方調動全國上下的各種資源。[9]

在1966–1968年期間，政府全力出版毛澤東的著作，確立他獨一無二的作者地位。可以說，文革的文化經濟是受政府大力資助，並不是自負盈虧的。但是，當這些作品流通和再生產，也會成就新的社會和經濟關係。可以用兩點說明：第一，革命群眾像毛澤東的學生，也像毛澤東的延伸。在國家機構以外，冒現了不少並非由官方機構出版的民間刊物，從小冊子到期刊都有。革命群眾運用在學校、出版社、報社裏被丟棄的設備，又向工作和教育單位申請資助，購買紙和墨。當

5　方厚樞，〈毛澤東著作出版紀事〉，頁78。

6　劉杲、石峰編，《新中國出版五十年紀事》，頁99–100。

7　同上註，頁101–102。

8　方厚樞，〈毛澤東著作出版紀事〉，頁84。

9　方厚樞，〈「文革」十年毛澤東著作〉，頁256–271。

時，《毛澤東思想萬歲》就有眾多版本，當中包含一些官方版本沒有的毛澤東作品，在革命群眾之間流通。[10] 我們看到那些民間刊物有大量被編輯過的痕跡，反映出這些刊物的作者不僅僅只有毛澤東一人，也包括參與編輯的革命群眾。1967年，出版小報的風氣也達到頂峰。小報有自己的發行鏈，涉及各種各樣的組織，也有不同的名號。一些小報免費派發，一些則收取成本價。在很多城市，甚至有買賣小報的地下市場。一些人從中獲利，甚至激怒政府，例如在1967年9月22日，上海市革命委員會便發出〈關於禁止非法印刷、設攤買賣宣傳品的通告〉，聲稱會處決那些參與小報市場的人士。[11] 可見，即使是大力批判資本主義的宣傳刊物，本身也會成為一種商品。當然，有人可能以此牟利。但在大多數情況下，販賣小報所衍生的利潤，都會被再投資來出版更多小報。

　　第二，文革也因此而有很多自發的文藝創作（即使很多都沒有留下紀錄）。在本書的第1章，我提過「文鬥」是革命的核心邏輯。而「文鬥」的特徵，就是得漂亮地大量引用毛澤東的作品。毛澤東的作品既高於一切政治活動，又是所有政治活動的基礎。毛澤東的作品經不同的人作不同方式的詮釋和挪用，也成為了空洞無物的符徵（empty signifier）。敵對的兩派，可以按自身需要引用和詮釋同一份毛澤東的作品，甚至引用相同的選段，以作為支持自己的論點。但除了引用毛澤東的作品之外，人們也有創造自己的口號和大字報。其效用如何，很視乎作者的文字造詣。不少工人和農民都覺得，文藝練習可以提升自己的地位，得到別人敬重，因而感到鼓舞。大部分的書寫材料並非文鬥者所原創，而是經挪用得來；但是，文鬥者卻也有意無意地，替被挪用的材料賦予新的意義。口號和大字報的作者，也同時是讀者。這些作者兼讀者，共同受革命精神感染而開闊視野和更具創意，也因而連結起來。這些民間自發

10　李曉航，〈文革時期群眾組織編印的《毛澤東思想萬歲》考略〉。
11　〈關於禁止非法印刷、設攤買賣宣傳品的通告〉；見金大陸，《非常與正常：上海「文革」時期的社會生活》，卷2，頁246。

的文藝作品，在同輩圈子間廣泛傳閱，甚至可能比印刷物產生更強大的能量。

1969年，全國的出版業慢慢重新運作。根據一些可靠資料，文革前的中國有87家出版社，大部分都在1967–1969年期間停業。官方出版社先恢復運作，到1971年時，已有52家出版社重新營業。[12] 正如其他文化機構一樣，出版業得以重新運作，是因為它們在1960年代末被賦予宣傳樣板戲的工作。據估計，1970–1972年期間，單單是在北京，六部樣板戲便出版了各種讀本，共3,100萬冊。[13] 這些讀本的印刷成本高昂，附有彩色照片，但售價不高。一本樣板戲讀本的成本是0.7元，卻只賣0.25元，就是為了讓民眾負擔得起。[14]

很快地，其他類型的文學作品也相繼出版。1970年代初，詩集是其中一種最受歡迎的消遣讀物。根據一些紀錄，1972–1975年期間，官方出版了超過390種詩集。[15] 另外一些人則估算有360種。[16] 這些詩主要由工廠工人、農民和士兵所寫。拜文革所賜，工農兵被稱為國家的新主人。不過，這些詩作的生產背後，都有官方嚴格把關。例如，江青就親自欽點天津小靳莊為全國的意識形態模範村。小靳莊的農民詩之中，就有「天比黨恩天亦小，黨比娘親黨更親」這種詩句。[17] 該首詩的詩人是王新民，但王新民所代表的，並不是他自己一人，而是整條村。這些詩作，都要按照「三合一」的方式創作：領導人提供主題，群眾提供經驗，專家提供技藝。結果，投入創作最少的，往往是被稱為「作者」的工、農、兵。近來的研究發現，大部分曾經在小靳莊參與作詩比賽的老婦，

12　宋原放編，《中國出版史料：第三卷 (現代部分) 上冊》，頁252。

13　方厚樞，《中國出版史話新編》，頁351；也見莫偉鳴、何瓊，〈「文化大革命」時期的「樣板戲」圖書出版物〉，頁4–8。

14　方厚樞，《中國出版史話新編》，頁350。

15　楊素秋，〈「文革文學」與「新時期文學」的關聯研究〉，頁69。

16　王家平，《紅衛兵詩歌研究》，頁180。

17　一隊副隊長王新民，〈親人來到咱們村〉，頁16。

其實都目不識丁；她們的作品，都是由識字的家人或政府派來的專業編輯反覆修改而成。[18] 然後，當局收集和出版詩作，再以低價出售或免費派發。

1971–1976 年期間，也有很多新小説出版。一些研究紀錄到當時出版了 126 種小説，[19] 一些研究則認為是 187 種。[20] 很多小説都以工農兵和下鄉青年的生活為主題。原因不單是這些人被視為新中國的新主人，也因為小説的作者和主要讀者都認同這些經驗。跟詩作一樣，小説的生產同樣是集體的。但是，把關工作則主要由出版社編輯負責，出版社得監督作家（被監督的主要是青年作家，因為老一輩作家很多都已被清算）。以張抗抗為例，按她的憶述，25 歲的時候，上海人民出版社就接納了她的作品《分界線》(1975)，並邀請她親自到上海重寫小説。在出版社提供的辦公室裏，她花了五個月重寫小説，過程中更有兩位資深編輯大量參與。而當時出版社最著緊的問題，就是如何處理「三突出」的原則。張抗抗得根據編輯的建議，重新構思整部小説，特別是角色的形象。[21]

大體來説，當文化生產在 1970 年代正常化之後，官方的文化經濟體系裏有兩類「作者」。當時，大部分作者都已經可以用自己的姓名出版，但當中有不少是有待幹部悉心指導的業餘作家，例如張抗抗之類的青年作家。另一類作家，則是得到平反、經中共「寬大處理」後，再次有機會服務黨的作家。這些作家一般都欣然接受各種寫作機會，感到十分光榮，因為得以用自己的姓名出版，就代表黨重新接受自己的價值。其中一個例子，是復旦大學教授、廣受尊崇的文學史家劉大杰。文革開始的時候，他被打倒。到 1970 年代初，他得到平反，而且被委託重寫他最著名的《中國文學發展史》，以儒法鬥爭的角度重塑兩千年的中國文

18　王家平，《文化大革命時期詩歌研究》，頁 186–188。

19　Yang, *Chinese Fiction of the Cultural Revolution*, p. 5.

20　肖敏，《文革小説的神諭話語功能》，頁 189–197。

21　張抗抗，《大荒冰河》，頁 266。

學史，以配合當時的政治意識形態。劉大杰忠心耿耿地完成任務，可惜卻在文革之後又被清算為四人幫服務，於1977年去世。[22]

翻譯方面，當時的翻譯刊物主要集中在科技領域，文藝出版則備受限制。例如外國文學，就是把關極嚴的領域。[23] 相對而言，那時卻出現了許多由中共資助、署以集體作者或無名的出版物。有幾個「寫作組」由黨組職成立，負責向人民發放訊息。組員被安排到不同部門，負責歷史、文學評論、馬列主義和外交關係等領域，工作跟今天的智庫有點相似。[24] 上海市革委會寫作組，就是一個惡名昭彰的例子。該寫作組在1971–1976年期間運作，由姚文元統領，輔以一班江青集團的學者和作家。五年裏，寫作組以無數筆名出版了800篇評論和小說，包括《初春的早晨》、《第一課》、《金鐘長鳴》。[25] 出版這些作品，都是出於政治目的，包括要打倒某個階級敵人、發動群眾運動、宣傳政策等等。例如短篇故事《初春的早晨》講述的，就是1967年春天、即文革高潮時發生的一個故事。工人領袖郭子坤並沒有去批鬥階級敵人和抵制規管，而是到群眾裏去教育老工人秦昌寶。郭子坤又向年輕的紅衛兵小蘭解釋，文革的目的不是要破壞生產，而是團結95%的好的中國人。[26] 這篇寫於1973年的短篇小說，明顯是要協助政府重新恢復國家秩序和恢復生產（即使此方針很快又會被其他勢力挑戰和推倒）。

由於國家機構的全力支援，獲官方批准的出版物得以用各種方法發行全國。新華社本身就有全國的發行網絡，獲批准的刊物，不難通行全國。據估計，單單是《金光大道》便印刷和發行了1,000萬本。直到今天，它仍然是1949年後最多中國人看的小說。根據這些刊物的版權說明頁，我們得知張抗抗的《分界線》首印60萬本，汪雷的《劍河浪

22　吳中杰，《海上學人》，頁12–16。
23　見何維克，〈「文化大革命」時期外國著作翻譯出版情況概述〉，頁442–445。
24　丁東，〈「文革」寫作組興衰錄〉，頁4–11。
25　楊素秋，〈「文革文學」與「新時期文學」的關聯研究〉，頁56。
26　這個故事見於上海人民出版社編，《序曲》。

(1974)印了40萬本。兩本小說，都屬於上海人民出版社的「上山下鄉知識青年創作叢書」系列，都是由第一次寫小說的作家執筆。在今天基本上已沒人認識的《劍河浪》，在1975、1976年重印，估計共印了141萬本。[27] 這些小說平均每本不多於1元，不算便宜，但也算是可負擔的價格。在1976年的上海，1元可以買到1.2斤（600克）豬肉。[28] 當時的人缺乏娛樂，渴求文學，仍然有不少人買這些小說。雖然到了最後，很多文革時期的出版物都留在倉庫，並沒有被賣出；[29] 但其中也有不少在市場上流通，被受過教育的國民閱讀。一些小說甚至可以觸及文盲者。例如《分界線》出版後，便被上海電台的播音員朗讀而廣播。[30] 浩然的《金光大道》，則被改編成電影、卡通和戲劇。

流通的力量

以上所展示的，正正是獨一性的邏輯 (logic of singularity)：一方面，毛主義的文化機構是一股極之強大的力量，可以規管文化。但儘管個體作者身處在宣傳的語境之中，似乎也有機會表達自己。在文革文學史的兩個時期，都是如此，只是方式有別。在1969年之前，革命群眾既獲授權去造反，但也要服從崇高的權威；1969年之後，文化控制則以比較「傳統」的方式進行。不過，當時還是有不少新作家冒起，獲得不少出版機會。這裏，我感興趣的並不是此文化經濟如何帶動和生產各種資本，而是互通的主體性 (intersubjectivity) 如何被建立起來。

其實，官方的書寫文化比我們想像中更積極和包容，並不是單單只有陳腐和刻板的宣傳。但儘管如此，它仍然是透過強力的政治控制而形

27　國際文化出版社，〈疾步向前的背影〉。
28　金大陸，《非常與正常》，卷2，頁125。
29　方厚樞，《中國出版史話新編》，頁344。
30　趙國春，〈張抗抗的第一部長篇小說《分界線》〉。

成的。在統攝型 (unifying) 的毛主義和擴散型 (pluralizing) 的文化經濟之間，總有大量張力存在。就讓我們聚焦於詩歌——一種被人視為最能體現個人主義的藝術形式。我的問題是，作者如何跟讀者建立關係？讀者與讀者之間，又如何透過作品互相連結？首先要說的是，在1966–1968年期間，有過百萬首詩由紅衛兵所創作，透過前述的小報流通全國。[31] 這些詩歌，並不是由政府事先安排的創作，很多都表達出作者的個人感受，很強調「我」一詞。只不過，這個「我」是用來強調作者認同毛澤東和革命精神。我們可以說，那些作者的革命詩歌是可以被置換和交換的。那些詩歌作者，不斷複製其他同類型的詩歌的觀念和風格，大部分極為相似。

1968年後，紅衛兵被送到農村，很多下鄉青年仍然繼續寫詩。那時起，紅衛兵的詩歌便不再是天真幼稚的複製品，而是經常展示出一種掙扎的狀態：一方面，「我」要忠於本來的革命精神；另一方面，「我」面對荒涼的現實與令人不快的政治，又隱然表達出絕望和怨恨。以下有兩個比較極端的例子：

（一）
農村
　　需要我，
我，
更需要農村。
為了共產主義事業，
我願在這裏　終身奮戰；
為了實現階級的理想，我願在這陝北的土地上
迎接十個、二十個　戰鬥春天！[32]

31　見王家平的仔細分析。王家平，《紅衛兵詩歌研究》。
32　王力堅，《回眸青春：中國知青文學》，頁67–68。

（二）

當珠網無情地查封了我的爐台，

當灰爐的餘煙嘆息著貧困的悲哀，

我頑固地鋪平失望的灰燼，

用美麗的雪花寫下：相信未來！

當我的紫葡萄化為深秋的淚水，

當我的鮮花依偎在別人的情懷，

我仍然固執地望著凝露的枯藤，

在淒涼的大地上寫下：相信未來！

……

不管人們對於我們腐爛的皮肉

那些迷途的惆悵、失敗的苦痛

是寄予感動的熱淚、深切的同情

還是給以輕蔑的微笑、辛辣的嘲諷

我堅信人們對於我們的脊骨

那無數次的探索、迷途、失敗和成功

一定會給予熱情、客觀、公正的評定

是的，我焦急地等待著他們的評定。[33]

　　第一個例子，是長詩〈理想之歌〉的選段，它由「北京大學中文系七二級創作班的工農兵學員」於1974年集體創作。第二個例子，節選自郭路生（食指）著名的長詩〈相信未來〉，寫於1968年。兩首詩都由下鄉青年所作，卻反映兩種作者的概念，以及兩種表達「我」的方式。〈理想之歌〉是集體創作，當中甚至連「我」的位置也失去了。「我」之所以存在，是因為它願意融入農村和國家的集體之中，成為未來的烏托邦的一分子。這裏的「我」究竟有何獨特之處，其實並不重要。每位下鄉青年的「我」都可以被交換和取代。甚至連「我」的生命的價值，也取決於「我」

33　收錄於 Shizhi（食指），"Nine Poems," p. 13。

如何可以貢獻共產主義的未來，如何以「我」去換取有利共產主義的事物。1975年，〈理想之歌〉被全國廣播（更配以原創音樂伴奏），再被刊於《人民日報》。

對比之下，〈相信未來〉是極稀有的「另類」詩歌。它的署名是單一作者，呈現出固執的個人視野和聲音。它在廣大下鄉青年間流傳，甚至惹來江青親自批判。後來，郭路生入伍的時候被「特別照顧」，有傳這間接使他在1970年代初患上精神病。[34] 郭路生的「我」很獨特，無法跟任何人和物交換：「我」相信未來，因為那個未來屬於「我」。但也有一點值得強調：當「我們的脊骨」被帶出，那「無數次的探索、迷途、失敗和成功」就成為一種屬於集體的經驗。詩歌中本來頑固的「我」，最後也被集體的「我們」所接管。〈相信未來〉是獨特的詩歌，也經常被視為文革時期的地下文化的代表；但是，它仍然無法表達一個跟「我們」劃清界線、完全獨立自主的「我」。在郭路生這首1968年的詩作裏，我們得見兩個「我」之間的張力：第一個是要展示自己的「我」；另一個是既構成集體、又由集體所孕育的「我」。這股張力，就是「政治」之所在。

文革的意識形態結構，力圖壓制個體的作者性，卻又無可避免使它要打擊的元素更加警醒。在兩首詩作中，「我」和「我們」之間的微妙張力，以不同方式顯現，見證了內在於當時所有文化生產的、互通的主體性。我們可以把「我們」解讀成一個集體寫作群的顯現；但是，此「我們」也同時代表著一個無法被化約的位置。可以用一個例子去說明這點。當時最權威的詩人，當然只有毛澤東一個。他的詩全國皆見。據說，當時共有21億張紙被寫上毛澤東名句和詩作，用來印成海報。[35] 而官方在1964年出版的《毛主席詩詞》，卻只收錄了30首毛澤東的作品，自然遠遠無法滿足市場需求。到了1966年，人們忽然發現，原來尚有一本毛澤東詩集，收錄了24首從未出版的詩作。當時的人便認為這是毛主席

34　王力堅，《回眸青春：中國知青文學》，頁83。

35　方厚樞，《中國出版史話新編》，頁344。

帶給人民的珍貴禮物，讓人民可以一起讀毛詩、背毛詩，甚至組織工作坊一起學習。[36] 據估計，單單在北京大學，詩集便已經被編成十種版本，而且很快以手抄本和油印本傳遍全國的院校和文化單位。一開始，沒有人懷疑這24首詩是否真的出自毛澤東本人。詩作所散發的浪漫風格，跟毛澤東的詩十分接近。但很快地，人們發現真正的作者叫陳明遠，是一位知識青年。他寫了十多首詩，卻不知何解，被當成是毛澤東的詩。陳明遠是郭沫若的門生，而郭沫若的寫詩風格，跟毛澤東也有很多相似的地方。陳明遠的詩被當成毛澤東的詩，可以被視為一種打擊郭沫若的政治手段，[37] 但這宗歷史事件的詳細資料仍未被官方公開，是無數文革懸案的其中一宗。我們只知道，陳明遠在當時立即被捕，而且被判反革命的罪名。

故事未完。被發現「假冒」毛澤東的詩歌後，陳明遠的詩仍然繼續在地下流傳，甚至在全國各地引來不少詩迷。當時一位叫路丁的作家認為，下鄉青年之所以喜歡陳明遠的詩，有可能是因為青年們可以投入去認同一個真實存在的作者。[38] 但最重要的是，陳明遠那些被認為是「假冒」和「亂來」的詩，其實就是一整代中國青年的註腳，諷刺地反映了無數青年的命運。在中國當時的文化經濟裏，陳明遠的詩從官方領域轉移到地下領域，本身就如同下鄉青年們的命運，他／她們也是由城市的院校被貶到農村——不論是詩還是人，都已經在政治上失去利用價值。故此，官方的文化經濟和非官方的文化經濟有一種隱含的連續性。兩種文化經濟的內在關係，並非來自不同能動者之間的定位和策略，而是視乎那無所不能的政權的隨意判斷。最後的結果是，毛澤東仍然代表「革命」的權威本身，仍然是唯一崇高的作者。所有個體如果要被歷史確認，就必須認同這個被獨一的、想像的主體位置，也必須要被這個位置認可。

36　路丁，〈轟動全國的偽造毛主席詩詞冤案〉，頁7。
37　陳明遠，《忘年交：我與郭沫若、田漢的交往》，頁55。
38　路丁，〈轟動全國的偽造毛主席詩詞冤案〉，頁78–79。

　　陳明遠的個案，也示範了宣傳文化如何失效。陳明遠的詩所展示的，是毛澤東的風格。他本意並不是要突出一個獨特和詩化的自我，而只是跟隨當時最權威的毛主席風格。但是，當他的詩作被指責為「假冒」毛澤東，卻又使他獨特的作者性被彰顯和放大，進而被批判。恰恰是這個原因，才使他的詩更受歡迎、到處流傳，使作者名氣更大。最諷刺的是，在文革期間，幾乎人人也是以毛澤東的詩為學習對象，很多詩作也被視為毛澤東詩作的仿製品。複製毛詩，本來是心照不宣的做法，是公開的秘密。但它被「揭發」之後，本來的體系就立即崩潰，也突顯了人們只能「模仿」毛澤東（writing-like-Mao），卻不可以「成為」毛澤東（writing-as-Mao）。這意識也促使讀者重新發現自己與朋輩的連結，進而認識到他／她們在政治體系之外的獨立存在。

　　文革時代要求全部個體主動服從毛主義，社會統一。那麼，毛主義教條由上而下的縱向傳播，就應該跟同儕間的橫向分享高度一致。由於作者性和讀者性是互相重疊的，所有文化作品都可以聯合起來，代表當時的集體聲音。不過，在陳明遠的個案，縱向的力量跟橫向的力量卻無法合一，使宣傳的結構崩潰。陳明遠本來就緊緊跟隨毛澤東的風格，卻忽然被視為離經叛道的作家；然後，一些朋輩就繞過毛澤東，形成主體互通的連結。這就證明了縱向的文化控制和橫向的文化經濟，不能完全重疊。就好像本章開首那批被〈江南Style〉重新召集的老紅衛兵：這些長者選擇透過回憶同輩間的情誼（而非透過回憶毛澤東），去重訪因為〈草原上的紅衛兵見到了毛主席〉所帶來的滿足與喜樂。同樣，陳明遠的案例也證明，只要環境容許，人們便會很快地規避不平等的威權秩序，自行構築更平等的社會關係——這是人類對民主的期望。

毛式宣傳的價值

　　馬克思的商品理論，是按資本主義社會的特性而發展出來的。馬克思也強調，商品要被交易和逐利，首先要掏空其使用價值（use value）。在資本主義社會，交易非常重要。所以，商品不一定被使用，而是更多

被不斷流通來衍生資本，就像一具幾近空洞無物的載體。不過，一件產品要夠資格成為商品，終究還是需要一種能夠「被使用」的價值。詹明信就如此解釋：

> 商品要得到交換價值，必須擁有使用價值。但是，使用價值的內容絕對是無關重要的。真正重要的，只是使用價值本身需要存在。所以，使用價值的內容的功能，有點像一個空洞無物的符徵。[39]

這裏，詹明信從馬克思所區分的三種價值出發，精準地描述了資本主義如何運作：由於要衍生剩餘價值 (surplus value)，便需要把使用價值抽象化成交換價值 (exchange value)。馬克思主義的價值理論的核心，正正在批判這種剩餘價值的邏輯。因為這邏輯，交換商品的價值統治了使用商品的價值，使所有價值都仿似是可比和可換的。所以馬克思主義的學者常常說，資本主義使所有價值都貶值了。

馬克思並沒有闡釋更多。不過，我們總認為資本主義的反面就是一個理想的、十分重視使用價值的共產經濟。在共產經濟，每一個工人、社群、甚至整個社會，都可以先思考產品對自己或群體有何使用價值，才決定生產甚麼。但事實上，在大部分社會主義社會，人們仍然會交換商品。毛澤東時代的中國也一樣。即使在大躍進的高峰期，毛澤東也提醒他的同志，得抓緊生產和交換商品。理論上，這種共產經濟並不是由利潤所推動，而是旨在把生產多樣化，回應人們不斷改變的需求。簡言之，不論是資本主義還是社會主義的社會，都一樣有人生產、交換和消費各種商品。兩者的分別是：資本主義的商品交換以生產剩餘價值為目的；社會主義的經濟，則不一定要追逐利潤，而是致力促進人類社會的多樣性。[40] 在一個現代的自由主義和資本主義社會，事物的價值往往被

39　Jameson, *Representing Capital*, p. 37.
40　這是理論上的說法。現實中，毛澤東時代的中國政府不斷操控價值，把農產品的利潤轉移到工業製品，讓工業發展。

簡化；所謂「價值」，是指社會成員在建立各種社會地位時所衍生的各種
關係，例如這個學位比那個學位對我將來的發展更有價值。相比之下，
一個共產主義社會最著緊的，似乎並非交換商品和相關的勞力，而是每
位社會成員的勞動狀態。共產主義社會試圖從商品的交換關係中，贖回
每一位成員自身的內在價值。

其實，馬克思不僅沒有闡釋何為共產經濟，他也沒有把文化產品當
成商品來討論。這可能是因為，在馬克思的時代，資本尚未大量入侵文
化生產的領域。但是，這也有可能是「使用價值」這概念本身的問題。
文化產品並不能被「耗盡」（used up），要以「使用價值」的概念去解説文
化產品，會衍生很多問題。要分析社會主義社會的文化經濟，古典馬克
思主義的價值理論並不是有用的分析工具。在分析社會主義社會時，我
們很難套用「使用價值」去分析文化產品，因為那根本就不能被使用；
「交換價值」和「剩餘價值」的概念也不合用，因為社會主義社會根本就
不是為了利潤而建立的。我們應該緊記，馬克思主義可以有力地批判資
本主義經濟，卻不一定可以幫我們好好理解社會主義。其實，文革的文
化經濟，可以使我們認識到馬克思的框架有其根本問題：馬克思主義似
乎假設了商品的價值（commodity value）和社會關係（social relations）之間
只有一種頗為簡單的關係。在資本主義社會，當一件商品的交換價值跟
其使用價值分離，價值變得相對，社會關係的穩定性就被鬆動，也會被
用來累積資本。但在文革社會裏，社會關係的鬆動，其實可以衍生新的
政治連結。正如我展示的，文革文化商品的價值，在於它能否縱向地傳
遞革命的命令，和形成橫向的革命社群。兩組價值並不總是一致，而是
往往形成一股南轅北轍的張力。毛式宣傳本身就內置了一種力量，此力
量可以透過人民之間的流通，反過來挑戰宣傳品要傳遞的意識形態價
值。換言之，只要宣傳品在社會上流通的過程中把價值相對化，被高度
壓抑的社會多元性便得以重新建立。馬克思批判對商品交換價值的崇
拜，認為它使資本主義的社會關係自然化了；相比之下，文革卻展示另
一種情況：「交換」（exchange）可以干擾極權主義社會的運作。

　　我們可以從更宏觀的層次，去進一步探索所謂「改變」在毛式社會而言是甚麼意思。毛式社會從來就不是單單由意識形態決定一切，而是由文化、政治、經濟的密集互動和制約而形成。這可以有助我們重新審視古典馬克思主義理論 —— 它最為人詬病的，是它頑固地預設了一個決定性的經濟基礎，以及一個非決定性和非物質的上層建築。物質的現實被置放在首要位置，成為推動歷史改變的唯一領域。上層建築的元素，則被視為是次要的，只依附經濟基礎。很多馬克思主義理論家 —— 特別是對文化感興趣的 —— 都反駁這種機械式的閱讀，指出馬克思與恩格斯從來沒有如此僵化地理解經濟基礎和上層建築的關係。[41] 但最有力挑戰經濟決定論的，是一些真正的政治實踐。早期的史太林主義和毛主義都偏離了馬克思主義，因為它們都宣稱人類有能力去改變經濟上的條件。

　　毛澤東清楚指出，在「生產力」可以改變和改善之前，必須先轉化「生產關係」。換言之，就是上層建築的轉化先於經濟基礎。[42] 毛澤東更指，資產階級並不是在工業革命之後才建立國家，而是在之前先透過改變上層建築，才發展出資產階級的國家機構。[43] 他認為，生產領域要有實質上的改變，必然首先是一系列上層建築的、政治和文化的轉變。這種對歷史進程的看法，和經典的蘇聯教條相反。毛澤東一方面強調政治在治國上的超然地位，但也十分重視文化。他特別強調宣傳的重要性，認為它可以替革命做好準備。政治訊息必須以扎根當地的文化詞語去表達，才能作有效溝通。

41　見 Williams, *Marxism and Literature*, pp. 75–82；Eagleton, *Why Marx Was Right*, pp. 119–120。

42　Mao, "Reading Notes on the Soviet Union's 'Political Economics,'" p. 259；也見於 Mao, *A Critique of Soviet Economics*, p. 51。毛澤東沒有留下自己的筆記，筆記是他的同事紀錄的。這批人在 1959–1960 年期間，被召集一起讀蘇聯教科書 *Political Economy: A Textbook*，筆記後來被出版成《讀政治經濟學教科書筆記》，其英文版本首刊於 1974 年的 *Miscellany of Mao Tse-Tung Thought*，後來被翻譯和加進 *A Critique of Soviet Economics*。

43　Mao, *A Critique of Soviet Economics*, p. 66.

　　毛澤東偏離了蘇聯的政治教條。但是，蘇聯的社會主義現實主義被引入中國，則顯然使毛澤東的政治理念得以更容易實踐。正如我在之前的章節所說，社會主義現實主義是建立在「藝術可以改變生活」的前設上。所以，藝術被直接用來打造社會現實。的確，中國沒有蘇聯的宗教傳統，中國藝術也沒有足以救贖人類的半宗教功能。不過，儒家「文以載道」的傳統一直流傳下來，並在毛主義下重新被激活起來。藝術被視為一種無所不包的道德指引。宣傳藝術就被用來承載這些道德和政治價值，以建立一個無階級的新社會。

　　例如，文革的文學和電影，往往會強化生產和消費之間的對立，誇大生產的重要性，壓抑人們的消費欲望。[44] 在當時的宣傳文化中，我們幾乎看不到「購買」這動作，只有高高興興地樂於生產的人民。這種把生產和消費對立的處理手法，跟反對個人主義的論述結合。文革的宣傳品裏有很多例子，大力批判人們自私的想法，認為「自私」是所有邪惡的根源。在樣板戲《海港》裏，韓小強想當水手的人生目標，有甚麼問題？故事很快會向觀眾揭露，因為韓小強的個人理想令他分心、無心工作，讓階級敵人有機可乘，把玻璃纖維混進準備運到非洲的小麥之中。韓小強的個人野心，也就成為劇中所有貪腐和體系崩壞的根源。他必須放棄這種「自私」的想法，實踐毛澤東理論的第三世界國際主義。在《紅燈記》的「赴宴鬥鳩山」一場，日本憲兵隊隊長鳩山引誘主角李玉和轉投敵陣，努力說服他，指出所有人的最高道德原則都是「為我」和「為自己」。作為邪惡的化身，鳩山清楚顯示「自私」就是帝國主義和資本主義的最高原則，所以也是最墮落的思想。

　　不過，宣傳文化也必須讚揚發展主義。革命得以發動，前提也是它承諾最終可以增加國家的財富。其實，有目的性的發展論述 (teleological

---

44　有關文革時代如何壓抑消費的仔細分析，見王寧，《從苦行者社會到消費者社會》，頁42–127。

discourse of development）影響毛主義的程度，可能比它對資本主義的影響更深。樣板戲對意識形態的規管較嚴，必須展示毛主義的意識形態。但是，當時有不少電影和小說都聚焦於農業和工業生產。這些故事往往以生產力為最終目的，使發展成為毛主義的目的，而不是手段。衍生這些宣傳品的，是毛主義者對未來的想像，希望那將會是一個不愁衣食的天堂。毛主義者清楚知道，要刺激革命，暫時無法以即時的經濟回報來吸引群眾，便轉為以未來的全國財富來作招徠，聲稱每人也將會分一杯羹。毛主義的烏托邦，是由意識形態和經濟基礎共同推動的。但最重要的是，在那個難以決定和表達道德性的時代，此烏托邦要也需要道德上的論證。

宣傳文化所描繪的「經濟活動」，介乎於「讚揚社會主義」和「批判資本主義」兩者之間。集體主義的經濟活動可以貢獻國家發展，當然要被讚揚。但是，如果過分談論人民的物質生活，又可能會使人意識到自己物質貧乏的真相。所以，宣傳文化在讚頌社會主義的同時，又往往要更強烈地批判個人私利，批判那些造成貪腐的自私自利者（都是資本家）。「發展」和「經濟主義」被二元化，成為「集體主義」和「自私」的對立。仔細看，我們可能會赫然發現，很多文革宣傳藝術原來都是以經濟活動為題。雖然，這些經濟活動仍然被附上強烈的道德判斷，不斷被借用來批判所有政權眼中的麻煩，或用來解決所有難以化解的政治衝突。

我們絕對可以把宣傳當成服務政權的工具。但說到底，毛主義者所相信的，其實是一些比政治更高層次的東西。要理解這種想法，我們可以透過一個有趣的案例——文革的宣傳文化如何描繪水（特別是在農業中的水）——去理解毛澤東的社會主義。一方面，水可以用來代表稀有、被人們欲求和競爭的自然資源。另一方面，水也是自然界的獨裁者，代表絕對崇高的道德力量。水既孕育貪婪，也會被用來懲罰貪婪。就正如大寨模式所展示的，在農業社會中，沒有東西比水更珍貴。在很多小說和電影中，我們也看到農民按自己的利益來用水和灌溉，發展出個人的各種計算。不過，大自然的災難也常常被用來要毀滅和淨化人民

的經濟主義，而水(河水泛濫和豪雨)也是最常常被運用的比喻。[45] 一場大洪水，可以被視為毀滅舊世界、帶來新社會的超越性力量。很多電影和小說，都圍繞著大洪水來建構敘事。很多導演和作家也費盡心機，以最震撼和奪目的方式來描繪大洪水，成為敘事中的美學標誌。洪水可以富侵略性地淹沒所有東西，也可以被視為一段經過美學化的歷史進程。[46] 但同一時間，人類也可以控制水。很多文革時期所構造的英雄人物，也有能力去控制水，或找到新的水源去發展農業。中共最自豪的政績，一向是其透過現代科技與動員群眾所構築而成的水利工程。

水本身屬於經濟、倫理和政治領域，這些領域會互動地形塑水的文化意義。水是國民經濟必須的自然資源，它也會惹來貪念，必須輔以道德批判和政治控制，以達成經濟發展的最終目標。水的半神聖的力量，加上中共要控制水的意志，一起被發展經濟的欲望推動，共同運作。但水也可以超脫政治的控制，野性難馴。不論是政治決定論還是經濟決定論，都無法解析水的複雜形象。毛主義其實是在一個環環相扣、甚至偶爾自我矛盾的宇宙觀之中運作的。

毛澤東放棄經濟決定論，以此釋放革命的意志，是很明顯的。但他終究又相信人的意識，沒有把政治視為完全獨立自主。毛主義的宇宙觀，既唯物，也唯心。它在心理上的面向並不明顯，但奠定了主體如何形塑和社會如何構成的條件。對比之下，古典的馬克思主義並不相信人類的意志足以獨力改變歷史。可以說，古典馬克思主義一早便限定了人類意志可以走多遠。巴里巴 (Étienne Balibar) 指，馬克思沒有把政治當成是獨立自主的領域，總是認為政治必然嵌進特殊的歷史處境裏，究其原因，是他拒絕把政治置放在優先的位置。所以，古典馬克思主義所理解的「經濟基礎—上層建築」，其特色其實並不在於它盲目崇拜經濟

45　有關的文革小說有長正的《中流砥柱》、陳大斌的《奔騰的東流河》、程賢章的《樟田河》、劉懷章的《激流》、張峻的《擒龍圖》及張抗抗的《大荒冰河》。

46　見 Pang, "Colour and Utopia"。

(fetishization of economy)，而是在於它沒有把政治視為獨立自主的領域（autonomization of politics）。[47] 按巴里巴的思路，馬克思大概會認為毛澤東嚴重偏離了古典的馬克思主義，犯了大錯。不過，我們也可以説，毛主義其實並沒有把政治放在我們想像中那麼高的位置，而是希望跟一個更廣大的宇宙（內裏包括文化、政治及經濟的密集互動）溝通，並嘗試控制它。毛主義的政權意識到，人類的多元性及其控制萬物的欲望存在著張力：前者既把後者實現，也同時抵抗後者。

　　所以，傳統馬克思主義的「上層建築—經濟基礎」的框架，肯定不足以理解毛主義。我認為，要比較恰當地形容毛主義，便得留意它非常強調天地萬物的互動。這套毛式宇宙觀，包含兩種互相競爭的特性：第一，是相信人類擁有無窮無盡的力量（不論是體力上還是智力上）；第二，是相信天地萬物，而人類不過是天地萬物其中之一。我們都知道，毛澤東不單單受馬列思想影響，也同樣受儒家經典和道教民間文化影響。他總是把各家思想共冶一爐，形成他有關矛盾和實踐的理論。我曾經在另一篇文章提及，毛澤東總是強調實踐和知識的互動，不喜歡任何大敘事，也常常提醒人們沒有任何理論可以解釋歷史。但是，毛澤東也是一個鋭利的思想家。他的辯證哲學，也可以被視為一套抽象的框架，用來整合他變化不定和延綿不斷的思想。[48] 他並不介意思維上的矛盾，甚至認為它們對其哲學十分有用，讓自己的政治哲學轉化成一個可以不斷回應時代的智性工程，總是可以用來解決實際問題。毛式社會的特性，就是它要把所有矛盾集合在一起，以追求徹底的平等和社會團結。舉例説，舒喜樂（Sigrid Schmalzer）就曾經指出，中共官方科學論述中最經常引用的文件之一，其實是毛澤東在延安文藝座談會上的講話。[49] 雖然毛澤東在談話中沒有提及科學，但是，科學家和藝術家一樣，都同樣

47　見 Balibar, *Politics and the Other Scene*, pp. 8–13。

48　Pang, "Mao's Dialectical Materialism."

49　Schmalzer, *The People's Peking Man*, p. 56.

從講話裏學習到知識是雙向流動的：知識分子向群眾散播文化和學科知識；而群眾則運用自身的經驗，貢獻和豐富制度化的知識生產。根據這觀念，社會上每位成員都會被其他成員所啟發和監督，科學家和藝術家也總能理解對方，成就一個緊密交織的社會。

這也把我們帶回價值的問題。現代社會一大特徵，正正是價值的相對化 (relativization of value)：價值不再是引導人們言行的超越性單位 (transcendental units)。人們不再相信絕對的普世價值。要清楚區分何謂是非對錯，變得愈來愈難。資本主義的興起，被視為把標準 (standard) 瓦解成關係 (relationships) 的主要元兇。我們可以説，毛式宣傳的功能，就是要替社會重新引入超越性的價值，使人們找到某種永恆的政治和倫理指導，以此作為生活的依據。於是，價值相對論在經濟和倫理上都變成罪大惡極。文革宣傳掏空了市場因素，灌注毛主義的真理價值，能夠體現新世界秩序的具體形象。但同時，由於毛主義本身內置了「天地萬物乃互相連結」的文化想像，又難以建立任何直接簡單的道德和政治原則。如果説，在資本主義社會，一件文化商品的交換價值，視乎它如何反映消費者的身份；那麼，毛式宣傳藝術的交換價值，則視乎它們跟天地萬物可以發生多少和多大的關係，而不斷重塑的毛主義又有多大程度上，可以被應用在人類生活的所有領域。在這宇宙觀之下，一件文化作品可以被政權利用，作為有效的管治工具；但由於毛主義結構下的天地萬物乃環環相扣，又使任何政治對文化的單向控制都不可能成功。即使是在毛澤東治下的社會，價值也不可能被固定下來。

第二部分

典範與複製品的文化

第3章

典範與複製品的藝術與文化

　　本書要探討的，主要是文革的社會性的模仿——它由各種樹立典範和複製典範的文化機制所組成。我所指的典範，包括不同的模範人物和樣板文化，它/他/她們讓人們努力模仿和學習，指引平民百姓轉化自身，以達成當權者的期望。但在現實裏，模仿的行為總是難以完全被當權者操控。文革的主體，往往掙扎於「追求自主」和「服從權威」的張力之中，也深深嵌進綿密的權力網絡之中，跟各種不同主體糾纏不清。那些作為媒介的文化產品，極之單調乏味，卻又不如想像中簡單。雖然被樹立的典範數量十分有限，但人們學習和複製典範的方法，卻是五花八門。「複製」這行為，會造成文化的多樣化和擴散化，總是會擾亂典範的光環，過程中使人們與再現物的關係糾纏不清：被欽定的典範有如鳳毛麟角，典範的生產者也寥寥可數，但複製和學習這些典範的平民百姓多如牛毛，而這些人在複製典範的同時，又成為別人眼中的典範。在文革的混亂時期，幾乎所有人都被捲入不斷生產和複製文化的漩渦之中。

　　本章概述這套文化機制的邏輯，闡述相關的文化生產和文化接收如何具體操作。在之後的章節，我會仔細檢視不同案例，展示人們身處宣傳文化裏的實際經驗。本章則分為兩部分，一部分關於典範，另一部分關於複製品。我們必須一併討論兩者，原因是典範之所以被樹立，本來就是為了讓人複製和學習，而複製者和複製品也在不同程度上忠於典範。更重要的是，把兩者並讀，可以讓我們看到，即使是最強硬的當權

者，也無法完全阻止文化的擴散效應。即使是經政治精心設計的宣傳訊息，一旦透過文化去傳播，便必然會走出當權者的政治操控範圍。以下，我會以不同進路去研究典範和複製品：在討論典範的上半部分，我會分析當權者的意識形態；下半部分的重心，則放在文革群眾的實踐。我會用幾個例子去討論人民如何挪用宣傳文化，又如何享受宣傳文化。我想揭示宣傳文化的複雜性：它既是控制人民的工具，也是民間裏眾多日常生活的實踐之一，總是可以逃離政治的徹底控制。

樹立典範

我認為文化大革命的典範文化有兩種不同、卻又互相關連的典範：第一種是「模範」，指值得他人仿傚的傑出人物和工程；第二種是「樣板」，指那些被虛構出來的完美形象的體現。模範人物的良好行為，經政府宣傳而廣為人知，在文革地位相對次要；樣板戲工程則代表著另一種邏輯，不僅涉及宣傳，也要在文化作品中建構樣板的英雄人物。讓我先討論「模範」。

在古代漢語，「模範」本意指生產器皿的模具。後來此詞語逐步演化，開始涉及「規律」和「教導」等意義，而且特別跟藝術生產有關：「模範」指人學畫時必須學習的藝術原則，也可以指人學習和模仿的行為。故從詞源學去看，「模範」的字義見證了人類從生產工藝品到生產藝術的歷史發展。「模範」也涉及教育，既指涉抽象的原則，也可以指「老師」。「模範」是定義倫理道德的原型和範例，用來確保社會凝聚力。正如白肯（Børge Bakken）說，中國是一個範例社會（exemplary society），其「生產」的個體都要合乎標準的範例。在這個以「模仿」為核心概念的社會秩序下，教育不單單是一種「指導」，也同時涉及管治。[1] 有學者指，即使是在後毛澤東時代，中國教育仍然很依賴有關概念。[2] 不過，毛澤東時代

1　Bakken, *The Exemplary Society*.

2　Kipnis, *Governing Educational Desire*; Kuan, *Love's Uncertainty*.

的中國是以最激進的手法去實踐這種精神。根據孟旦（Donald Munro）的估算，「在1959年，全中國選出了300多萬『先進生產者』和30多萬『先進單位』」。[3] 中共總是把模範人物和有關文藝視為管治原則的一部分，以達到教育民眾和宣傳的目的。

這種典範文化，可以追溯至中國共產黨形成的初期。有學者認為，樹立模範人物的政策得以正規化，始自1943年於延安舉行的勞動英雄大會。[4] 不過，在1941年的報章，早已有報導提及模範工人如何被媒體關注和嘉獎。[5] 最明顯的例子是農民吳滿有。他成功在土壤貧瘠的延安種出良好收成，在1942年4月被中共黨報《解放日報》確認嘉許為模範農民。[6] 五個月後，《解放日報》又報導了趙占魁的故事，形容他是位全力以赴的鋼鐵工人，每天在欠缺保護裝備的情況下，在超高溫的大熔爐前辛勤工作。[7] 這兩份報導，都旨在使讀者學到模範人物堅持不懈和自我犧牲的態度。

我認同孟旦的説法：中共建立模範人物的方針，跟傳統中國哲學（特別是教人成為模範、以影響別人的儒家思想）一致。「模範」被設想成教育者，獲得尊重。[8] 程映虹也認為，傳統中國道德的模仿觀念，影響了中共理解何為「新人類」。[9] 毛澤東那有具大影響力的〈老三篇〉，就可以被視為這類模範文化的其中一種文類，旨在樹立供人學習的道德模範。在中國，儒家思想比佛家和道家入世。但這三種思想的主要流派，都鼓吹建立一個實踐道德智慧的自我。而且，一旦此自我得以確立，便會順理成章成為眾人的老師。這套模仿理論涉及兩個過程：一是樹立模範，二是鼓勵眾人按模範去轉化自身。但是，這兩個過程也會合二為

3　Munro, *The Concept of Man in Contemporary China*, p. 147.

4　孫雲，〈中共英模表彰制度的肇始及演變〉，頁71。

5　《新中華報》（延安），〈關於迎接五一生產大競賽的各項辦法〉。

6　《解放日報》，〈模範農村勞動英雄吳滿有〉。

7　《解放日報》，〈向模範工人趙占魁學習〉。

8　Munro, *The Concept of Man in Contemporary China*, pp. 135–138.

9　Cheng, *Creating the "New Man,"* pp. 48–49.

一。畢竟，模範終究只是催化劑。最終的理想，是要達到「人人皆成模範」的理想狀態。

所以，這套模仿理論早已深深植根於中國人的意識裏。每人都被鼓勵把典範內化，自我探索各種道德的可能性。歷史學家高華就曾經說，延安的整風運動運用了儒家哲學有關內化的概念。中共要求幹部深入反省自己的思想，其實是把中國傳統哲學的自我修身，轉化成一套懺悔論述，而這對中共後來的管治非常重要。[10] 不過，高華忽略了一點：這種似乎非常私人的個人懺悔，也帶有模仿別人的性質。所有懺悔都極為相似，幾乎就等於一種衍生自既定模式的虛構文類。換言之，這種懺悔文化包括了兩種模仿：在內容上，人人都需要按同一套抽象的道德價值來自我評估；在風格上，這種懺悔也是千篇一律。

但是，我們也不能把毛澤東的做法，當成是直接體現了傳統中國的教育哲學。第一，中共樹立模範公民、把模範當成人民學習的對象，明顯跟蘇聯非常一致。根據班頓貝加（David Brandenberger），在1920年代末，蘇聯的宣傳機器在論述上有所改變，把推動社會進步的核心從「階級」轉變成「個體」。最初，蘇共認為「樹立個人英雄」是資產階級文化，並不符合歷史唯物論。後來，高爾基（Maxim Gorky）等頗有創見的知識分子認為，蘇共意識形態機構的做法，並不能成功促進大眾認同蘇共。於是蘇共轉為把工人、士兵和幹部樹立為英雄。很快地，這些被廣泛宣傳的模範人物四處可見，編織出一個虛構的空間，讓每一位社會主義的新公民都得以代入，想像自己有可能成為國家英雄。[11]

在這段宣傳史裏，其中一件重要事件，大概是所謂的「斯達漢諾夫運動」（Stakhanovite movement）。在第一屆「蘇聯斯達漢諾夫會議」上，蘇共讚揚工人斯達漢諾夫（Aleksei Stakhanov）和其他被稱為「斯達漢諾夫們」的工人。全蘇聯的工人都被要求跟隨他，努力尋求新的生產方法，

10　高華，《紅太陽是怎樣升起的》，頁436。

11　Brandenberger, *Propaganda State in Crisis*, pp. 67–81.

增加全國生產力。[12] 斯達漢諾夫的故事，也被收錄進一本叫《聯共(布)黨史簡明教程》(*History of the All-Union Communist Party (Bolsheviks): Short Course*) 的宣傳歷史的教科書裏。這本書在1938年出版，之後很快被譯成中文，成為中共延安時期的教科書，讓人宣傳和學習馬克思主義。[13] 以上提及的農民吳滿有和工人趙占魁，就被視為中國版的斯達漢諾夫。

第二，我們必須明白，在國際主義和托洛斯基的「不斷革命論」裏，各種互相教育和學習的過程一向極為重要。社會主義無法單單在一個國家之內實行，而是要各國的共產黨互相連結、互相指導和啟發對方。而且，蘇聯又總是被預設成各國共產黨的權威導師，所有社會主義國家都需要學習蘇聯的經驗，確保社會主義陣營團結。堅尼斯 (Peter Kenez) 也提醒我們，在蘇聯宣傳機器形成的過程中，馬克思主義的思維傾向十分重要。由於社會主義者相信自身擁有分析歷史進程的「科學知識」和工具，所以「革命者無需尋找真理，因為這個過程已經完成。革命者的工作，是要把馬克思主義的分析成果帶給無產者。」[14] 羅文索 (Richard Lowenthal) 也說，蘇共一直意識到自己的經驗是其他社會主義國家的典範，而中共緊跟其後，一方面與蘇聯這位老大哥糾纏，一方面又把自身想像成其他更落後的國家的典範，認為自己有能力指導其他國家的民族解放運動。[15] 共產主義在二十世紀得以傳遍全球，「典範」實在是一個關鍵的觀念。

最重要的是，毛主義之所以異於儒家思想，恰恰在於前者始終強調行動。儒家認為，我們愈了解內在的道德傾向，愈可以把自我轉化成更好的人。假如每個人都如此重視道德，社會便會變得更好。相反，激發毛主義的，是劇烈的社會轉化。在毛主義中，任何個人修身的論述都只

12　Siegelbaum, *Stakhanovism and the Politics of Productivity in the USSR*, pp. 66–98.

13　聯共(布)中央特設委員會，《聯共(布)黨史簡明教程》，頁372。

14　Kenez, *The Birth of the Propaganda State*, p. 5.

15　Lowenthal, *Model or Ally?*, p. 285.

是工具，目標只有一個：參與革命。儒家的「入世」觀念，多多少少有
點悲觀成分，認為歷史無法逆轉，人可以做的事十分有限。當儒家自唐
代起經佛家思想的影響及挑戰之後，這點更為明顯。相比之下，毛主義
的主體遠遠比儒家思想倔強，隨時準備義無反顧地挑戰歷史。毛主義會
認為，只有清空了各種內在於自我的負面或不利因素，人才可以去正面
抗衡社會和歷史。從中國思想的角度去看，真真正正前所未見的，是毛
主義的主體在後來開展的各種行動，而這些行動又成功以人民之名去改
變和領導歷史的發展。

　　不過，我們也必須明白這一點：中國共產黨所實踐的典範文化，
展示了一種個人性和集體性之間的微妙張力。這股張力，在毛澤東的政
治理論中也是一個核心的意識形態紐結。毛澤東不信知識分子，也不信
大部分黨領導。他鼓勵人民自學，以免既得利益者的階級壯大。但毛
澤東也不完全相信群眾的自主性，因為任何人都有可能腐化。忠於毛澤
東的幹部或追隨者，成為了直接連結領袖和人民的鏈條，而大部分模範
人物也屬於這個範疇。毛澤東也下令，這些擁有權力的地方幹部不可以
脫離群眾，必須讓群眾監督，以防腐化。[16] 基本上，我們可以說，毛澤
東的國家制度建基於一條由「信任」和「不信任」扣連起來、卻支離破碎
的鏈條：官僚不能信，但群眾也不能完全自由放任。一些中介人物，被
確認為真正體現毛澤東的命令的人，卻也有意志動搖的時候。自延安時
期起，中共便經常樹立和宣傳模範人物；但不同於儒家的一般做法，毛
主義同時會批評那些被視作高於群眾、有別於群眾的模範人物。模範人
物的建立往往是臨時性的，其存在目的不是要被敬仰，而是為了協助群
眾積極轉化自身。正正是由於個體始終不被信任，使模範人物總是充滿
曖昧。

　　文革時期，政府不斷積極地樹立模範工作單位和模範人物。從組織
的角度去看，宣傳一些成功的工作單位，可以有助提升國家的生產力，

16　Schwartz, "A Personal View of Some Thoughts of Mao Tse-tung," pp. 187–207.

提倡正確的意識形態。當時就有不少模範的工作單位。最著名的例子，是大寨的生產隊成為全國的農業模範，而大慶油田則成為全國工業模範。此外，還樹立了六家模範工廠。西安的十九糧店則成為模範商店。[17]藝術方面，戶縣和陽泉成為農村藝術的模範村莊。小靳莊則因為大搞賽詩會而被欽定為「意識形態領域」的模範。這些模範單位都有各自的煽情故事，述說它們如何把不可能變成可能、如何無私地互相幫忙等等。例如十九糧店得以引來全國關注，便是因為它聲稱服務員會盡力服務客人。即使資源稀缺，服務員仍然會努力張羅糧食，親手端上食物，甚至為有需要的人親自煮麵，服務費全免。[18]

　　這些模範工作單位被展示為一個個集體，追隨著共產主義的集體主義意識形態。不過，毛主義要宣傳的重心，並不在集體，而在個體的模範人物。在模範工作單位裏，很多主要領袖（例如大寨的陳永貴、大慶的王進喜）都因為其英雄事跡和無私奉獻而被大力讚揚。在模範工作單位以外，也有其他模範工人被表揚。最著名的，當然是無私的軍人雷鋒。雷鋒是一個在1962年去世的軍人，去世時22歲。雖然他早在1957年便已經被確認為模範工人，但他死後才在全國各地被廣泛宣傳。中共以文革的修辭，大力把他宣傳成忠誠的毛澤東信徒。得到宣傳機器青睞的，還有在文革前剛過世的焦裕祿（一位據說為了領導鄉民對抗大饑荒而努力生產、因而患病身故的幹部）和歐陽海（一位犧牲自己、把炮架推下鐵軌的士兵）。二人都在文革前去世，其事跡卻在文革時代被重點宣傳。以上的死者都被神化成歷史偉人，以加強革命的合法性。整個宣傳機器的邏輯，是把個體描述成英雄，而非讚揚沒名沒姓的群眾。但為了成就群眾，那些模範英雄的自我又要被沖淡。所以被選中的大部分為死人，這些人犧牲了自我，才得以名留青史。

17　Leese, *Mao Cult*, p. 200.

18　孟西安，〈活學活用老三篇，全心全意為人民——記西安市十九糧店為工農兵服務的先進事跡〉。

為了防止個人主義，中共通常採取群眾路線去選擇模範人物。當然，選擇宣傳模範人物的過程，絕對不算是自下而上，並不是哈伯馬斯式（Habermasian）的、由所有公民平等和公平地參與的協商過程。可是，模範人物又不完全是中央政府根據自己的意志而創造的。模範人物首先得被自身所在的社群的人民認可，之後才有可能會被黨看上。有一篇刊於1967年、載於官方喉舌《紅旗》雜誌的文章，便重申了模範人物的重要性，而且反覆強調模範人物應該由人民自行選擇。「模範人物有三種長處，起了三個作用，這就是帶頭作用，骨幹作用，橋樑作用。勞動模範要站在無產階級文化大革命的前列。」[19] 模範人物要領導人民，便必須跟人民出自同一社群，能夠以正確的意識形態，跟自身社群的成員作有效溝通。如果我們單單批判模範人物，純粹把他╱她們當成是官方的木偶，實在是過於簡單。理論上，意識形態的「遊說者」（persuader）和「被遊說者」（persuaded）都得身處同一個社群之中，才可以維持「群眾代表」和「廣大群眾」之間最有效的辯證關係。

選擇模範的準則，並不總是毫無瑕疵。在當權者的眼中，模範人物也會有濫用權力的傾向。文革開始後，大部分之前被官方確認的模範人物都被打倒了。以時傳祥為例，他在1950年代末成為一位受中共垂青的模範廁所清潔工。1965年，他的自述被工人出版社編輯成小冊子，印量180萬冊。[20] 但一年後，時傳祥就被江青視為階級敵人（主要罪名是他曾經跟劉少奇握手）。[21] 在十七年時期所樹立的模範人物，在文革時期都受到批判。但是，即使是紅衛兵（自視為最忠於、也最能體現革命精神者），其實也不是很可靠。由於紅衛兵的勢頭難以控制，中共很快便意識到它可能需要另一種完全不同類型的典範，那就是樣板戲。樣板戲

---

19 力平，〈勞動模範要站在無產階級文化大革命的前列〉，頁44–45。

20 時傳祥，〈讓無產階級革命精神代代相傳：我們是怎樣向青年工人進行階級教育的〉。

21 見趙豐，《忠字下的陰影》，頁8–9。

工程可以追溯至1964年，甚至更早。[22] 但直到1967年，樣板戲的作品才被正式欽定為全國的學習對象，而那時正正是紅衛兵劫掠全國、盡失人心的時期。紅衛兵與樣板戲大約在同一時出現，卻是從不同的邏輯和論述發展出來。樣板戲人物絕不會造反，比起任何真實的人物都可靠。這解釋了為何紅衛兵和樣板戲在1967年後的命運迥異。

「樣板」一詞跟「模範」不同。「樣板」是非常現代的詞語，最初用作指涉工業製的產品樣本。「樣板」明顯跟設計有關，涉及如何製造一件「有用」的產品。每個樣板都有精準的量度，以便工業的大量生產。中共第一次在其政治論述大量使用這詞，大概是在1963年。當年，全國農業科學工作會提出「樣板田」的概念，以科學的農業技術提高生產，並把它運用到全國各地。「樣板田」一詞迅速成為全國各地的流行政治話語。一年後，「樣板」這個詞語變得徹底地政治化。1964年，中共中央為支持四清運動，發表三份報告（統稱為「奪權樣板」），展示各地幹部和群眾如何揭發及打倒腐敗的領導。江青用上「樣板」一詞（本來是科學用詞，後來又成為政治用詞）去形容她那先鋒性的文化工程，可能是因為該詞語一直以來所附帶的意義，即對教學性和精準性的強調。很快地，「樣板」一詞就被廣泛運用。除了樣板戲之外，也有其他中共為了讓人民去複製而特地創作的典範作品，例如樣板歌和樣板服。

當中共的文化企業在1960年代末、1970年代初重新運作後，並沒有嚴格規定只能表演樣板戲，但各種政治焦慮四處蔓延。難以避免地，少數獲批准的故事和人物將會被一次又一次的反覆生產，就是為了要避免誤中地雷，也因此使樣板戲成為一股全國性的熱潮。而且，這熱潮不單單出現在戲劇上，也出現在各種文化形式上。1970年，被歸為文藝類的新出版圖書有393種，當中有245種跟樣板戲有關，包括其劇本、樂譜和相片集。[23] 少數樣板戲不僅席捲全國，也為那些重新運作的文化企

22　Clark, *The Chinese Cultural Revolution*, p. 16.
23　劉杲、石峰，《新中國出版五十年紀事》，頁128。

業提供產品的原型。康浩指，很多紅衛兵的演出（話劇、歌唱甚至情景劇）都是先由青年自行發明，然後遍及公共領域。但到了1968年，這些業餘和自發的行為便被一些專業劇團以比較狹窄的演出風格所取代。[24] 這不僅僅標示出紅衛兵在文革時期已過顛峰，也代表著1968年是中共決意完全控制文化的一年。[25]

我們可以說，中共減少依賴真實的「模範」，而改為運用虛構的「樣板」，證明它意識到「虛構」比「現實」有用。這一點，合乎我在第1章所提出的毛式浪漫主義。1969年，《紅旗》雜誌刊出一篇文章，批判那些聲稱自己是樣板戲人物原型的人。文章指摘那些人無恥地炒作自己，賺取政治名聲。[26] 那些人之所以被批判，不僅僅因為他／她們虛榮或繞過了官方的宣傳機器，也是因為樣板戲根本並不旨在樹立一些來自群眾的模範人物。恰恰相反，樣板戲英雄被視為不可能被超越的終極英雄，真實的平民永遠無法企及。此前，模範文化強調要在群眾中找到大家值得學習的人物，可說是基於對人民的政治信任；相比之下，樣板戲文化則似乎背離了這種信任，只希望生產一些能夠完全吻合意識形態的虛構人物。

舉一個例：經過幾年的政治鬥爭之後，官方給予作家浩然的第一個任務，是替一個於1969年8月去世、名叫王國福的地方幹部撰寫一部傳記小說。1970年1月，王國福被《人民日報》和其他全國性報刊視為文革的模範幹部。王國福辛勤工作，帶領的生產隊穩定生產，收成豐厚。同一時間，浩然也被《光明日報》邀請撰寫一部讚揚王國福模範事跡的小說。1971年的4月，小說《王國福》寫到一半，《人民日報》卻刊登了一篇文章，批評任何建基於真實人生的小說故事。寫作計劃便只好立即終

24　Clark, *Youth Culture in China*, pp. 15–20.

25　見江青、張春橋、姚文元，〈江青張春橋姚文元接見文化組成員時的講話〉。

26　上海京劇團《智取威虎山》劇組，〈努力塑造無產階級英雄人物的光輝形象——對塑造楊子榮英形的一些體會〉。

止。浩然非常沮喪，卻也很快便把故事「虛構化」，把所有會聯想到現實的情節都拿走，把小説重寫成《金光大道》。[27] 對當權者來説，一個完全虛構的高大全人物，比起真人更可靠和安全。

　　就讓我們看看一些樣板戲人物。這些人物很多都為官方做事，例如是軍隊幹部（《紅色娘子軍》的洪常青、《奇襲白虎團》的嚴偉才）和地下情報人員（《紅燈記》的李玉和）。這些英雄總是中共的代表，所以往往受道德所規範。樣板文化中也有個別真實的歷史人物，如李自成。「李自成」被提拔，源自出版於文革前的同名小説《李自成》的首卷。「李自成」在文革期間受到罕見的保護，因為他曾帶領農民革命，可以被用來支持毛主義的歷史編纂學。英雄的行動總是受「服務人民」的原則所驅使，也總是隨時聽從值得信任的上級指示。至於非官方的樣板人物（如工人、農民、下鄉青年）則總是身體強壯，強烈地認同集體的身份（例如《金光大道》的高大全）。女性或小孩的角色，總是被描繪成身體強壯，證明英雄不分性別（例如《龍江頌》的江水英）、不分年齡（例如《閃閃的紅星》的潘冬子）。英雄為集體人民勞動，也透過勞動去展示自己為人民奉獻，隨時準備犧牲自己的利益。

　　這些樣板戲人物極不真實，也所以需要作大量美學上的調節去吸引觀眾認同。這些人物經過毛主義的美學原則處理（例如三突出），被置於故事的張力的中心，集所有主要矛盾於一身，引領故事從起點發展到結局，使觀眾不會分心到其他人物之上。[28] 在樣板戲《海港》的原版本，主人公方海珍並不是故事中所有行動的中心人物。但經過數次劇本改良之後，她在兩條主要故事線上都成了中心人物：她發現了送上船的貨櫃出了問題，她也調查及糾正意識形態出了問題的人物韓小強。在《杜鵑山》的例子，女主人公柯湘在出場前便已經被置於故事的中心：大家都知道她被敵人捉了，準備行刑，故事就始於眾人爭論如何營救她。不用説，

27　梁秋川，《曾經的艷陽天：我的父親浩然》，頁 135–145。
28　方耘，《革命樣板戲學習簡記》，頁 52–57。

襯托方海珍和柯湘的音樂和舞台效果，在任何時候總是最動人亮麗，使觀眾保持注目在兩位主角的身上。《沙家浜》的作者之一汪曾祺曾經說，不論江青如何要求創作團隊確立第一主角的地位（例如《沙家浜》的郭建光和《紅色娘子軍》的洪常青），最受觀眾歡迎的，總是第二主角（《沙家浜》的阿慶嫂和《紅色娘子軍》的吳清華）。這是因為第二主角仍然保留一點點人性，而第一主角則完全是淺薄的虛構。[29]

正如我所指，文革期間，現實世界的模範人物仍然存在。事實上，中共也急需重新激活人民對黨的支持，需要搬出一些真實的人物，以證明黨的領導和群眾意志一致。樹立一些與黨共同一致的人物，更是特別有利推動「三合一」政策。此政策提倡軍隊、黨和群眾的結合，在全國各地組成大大小小的革命委員會，回復社會秩序（另一個「三合一」版本是革命的領導幹部、革命的中層幹部和革命群眾的代表）。當然，人民的代表並不總是模範人物，但模範的邏輯十分重要，可以讓人民相信黨所重新建立的權威。只不過，這些在文革時期樹立的模範人物也變得愈來愈假。梅嘉樂便說，當時的新聞報導幾乎都被英雄人物的事跡佔據了。這些人物在毛澤東思想的指示下，都是無畏無懼、無所不能。[30] 這些真實人物，愈來愈像那些虛構的樣板英雄。本來，現實生活的模範人物和虛構的英雄，應該屬於兩個不同的範疇：英雄做普通人不可能做到的事，而模範則應該在現實的日常生活隨處可見。但毛式浪漫主義卻把真實和虛構的世界混為一談，使文化大革命變得極之超現實。

複製的行為

文革時期建立的典範文化非常精細，意在連結當權者和人民，以及把人民轉化成當權者眼中最理想的革命主體。要理解革命主體如何形

29　汪曾祺，《人間有戲》，204。

30　Mittler, *A Continuous Revolution*, pp. 223–227.

成，我們可以借用以下的公式來表達：中共製造一些建基於人民經驗的典範；然後，人民消費這些典範，既複製典範，同時自己也成為（讓別人複製的）典範。與其說毛主義的宣傳機器是一種黨直接強加於人民之上的宣傳文化，不如說它是一種人民半自願參與、半自願去把典範再生產的過程。文革宣傳文化的複製網絡十分複雜，涉及各種地域上和時間上的差異。例如，陳平原教授就比較過自己和其他被派到中國北部的下鄉知青的經歷。他的單位在南方只是舉辦了很少文化活動，但北部的冬季很長，青年務農後會放很長的寒假。[31] 不過，儘管各種複製典範的機制差異很大，我們仍然可以為這個複製的過程勾勒出一個基本的結構和機制——它們助長和指導那些不間斷的複製行為。

眾所周知，1966年的〈五一六通知〉宣告解散中宣部，也呼籲全國的革命團體奪取政府文化機關的權力。整個國家的文化機關基本上停止運作。文化部撐得比較久，但也在1967年1月暫停運作。惡名昭彰的中央文革小組在1966年中已經接管所有宣傳工作。自1964年起，江青便監督樣板戲的生產。同時，官方也在1966年11月正式確立四家樣板團（中央交響樂團、北京京劇一團、中國京劇團、中央歌劇舞劇院）。這些機構由解放軍直接管理，是新革命文化的生產基地。這些樣板戲機構同樣充滿各種政治鬥爭；但相對很多機構來說，已算是受到保護。這是因為它們要按江青的要求，替全國生產樣板作品。[32]

樣板團雲集了當時最好的藝人和表演者，也常常邀請群眾參與創作過程。每一套樣板戲都經歷嚴格的創作過程，涉及大量討論。參與討論的不只創作人，還有平民百姓和政治領導。不同背景的人，都會被邀請觀看不同版本的樣板戲，然後參與長時間的討論。那些無法被群眾理解的情節和對白，都會被刪走。江青和她的伙伴小心疏理各色人等的意

31　作者訪問陳平原。

32　想了解中央樂團這段動盪的歷史，可參考周光蓁，《鳳凰咏：中央樂團史，1956–1996》，頁 183–241。

見，試圖替革命群眾創作一種新的藝術語言。中共需要一種創造共產主義神話的宣傳藝術，所有宣傳作品都經過精心計算，合乎群眾口味和思維。而宣傳文化最政治性的地方，正在於觀眾對作品的接收：觀眾被鼓勵去歌唱和扮演那些樣板人物。

根據周雅文（Yawen Ludden）的研究，不少當時的藝人在接受訪問時都表示，幾家樣板團的工作環境其實頗為安定，有利文藝創作。[33] 周雅文認為于會泳（1970 年代初的文化部部長）是一個熱心的文化官員，致力保護樣板戲創作，使它免受政治干擾，這應該是準確的觀察。可是，受到保護的，大概不只少數高級的創作單位。因為持續生產和流通新文化的工作如此重要，所以「受到保護」的還包括全國絕大部分的文化機關。縱使那個年代盛行極端的平均主義，但文化工作者比一般人享有更高的社會地位，卻是心照不宣的國家政策。而國家的文化生產者不只限於製作樣板戲的精英藝人，還包括各種中層的專業和半專業人員，甚至完全業餘的群眾。

那些負責創作樣板戲的少數劇團、製片廠和藝人還有另一項重要任務：教導人們如何盡可能最完美地生產和表演那些被欽定的樣板作品。被受尊崇和保護的樣板團，會到全國各地演講，示範如何製作樣板戲。但更常見的，是各地的劇團親自到北京和上海觀摩學習。這些劇團回到自己的地方後，又會再教導次一級的劇團。也有一些藝人和樂師被派往北京和上海學習。一位瀋陽樣板戲學校的演員就如此憶述當時的一般做法：兩個演員被派往兩個大城市，學習如何演出特定的角色。當兩位完成學習之後，便會在火車站被直接送到劇團。全團的地方演員都會在那裏等著回來的「使者」，聆聽他/她們剛剛新鮮學到的表演方法。[34]

除了專業劇團，當時還有遍及各個工作單位和公社的毛澤東思想文藝宣傳隊（或曰「小分隊」）。小分隊由單位成員組成，向其他人表演宣

33　Ludden, "Making Politics Serve Music."

34　劉嘉陵，《記憶鮮紅》，頁 34–35。

傳藝術。小分隊經常被人誤以為是「工人毛澤東思想宣傳隊」和「解放軍毛澤東思想宣傳隊」，後兩者由中共中央成立於1967年，被派往不同單位維持秩序，控制紅衛兵。這兩種宣傳隊所體現的，是毛澤東的意志和暴力，因為它們有權以人民之名，專橫地對付任何異見者。[35] 但是，文宣隊卻是截然不同的文藝宣傳隊，它最早出現於民國時期，並不是文革的發明，本來是軍隊裏負責娛樂軍人的單位。文革時，各種工作單位和公社中，都各自建立自己的文宣隊。

全國上下都被鼓勵去努力學習樣板，不僅造就了各種扭曲的版本，平民百姓也因而被鼓勵去自行表演。平民除了通過看電影，也會依靠七十年代初出版的各種表演手冊。[36] 葛達理（Laurence Coderre）仔細研究了這種業餘的表演文化，解釋了那些「業餘人士」被賦予的意識形態：「業餘藝人」全力表現出時代的新精神，而且毋須背負「專業藝人」的資產階級包袱。業餘的表演也很合乎毛主義的「勞動改造思想」的理論。表演可以被理解為一種轉化的技術 —— 在不斷革命的過程裏，全國上下都可以透過業餘表演自我完善。[37]

由於這種非專業的模仿文化高度分散，發展方向不一。人們可以基於不同理由去享受和表演樣板作品，產生各種不同的效果：可以是為了個人娛樂、集體分享、自我完善，又或者提高美學的修養等等。楊寶智是被打成右派的中央音樂學院的畢業生。他記得1967年的春天，他所住的重慶有很多文化機構忙於政治鬥爭，整整一年都無法生產文藝。後來，一些專業的文化工作者打算自行表演《沙家浜》，卻無法找到音樂總譜（當時仍然被視為國家機密）。於是，楊寶智就被要求聽錄音來重寫樂譜。最後，他用了兩個月完成工作，而這個拉雜成軍的樂團，就基於他

35　見徐友漁，《蟇然回首》，頁173–182。

36　可參考陳小眉解釋她小時候如何興奮地學習樣板戲。Chen, *Acting the Right Part*, pp. 34–43.

37　Coderre, "Breaking Bad."

重寫的樂譜來演出整套《沙家浜》。[38] 因為這次「學習」或「複製」樣板的行動，使他這個「右派」獲得敬重。這並不代表他已經轉化成一個正統的革命者。在之後的日子，他仍然是一個右派和階級敵人。但是，他能得到基本的敬重。而且，他也頗享受這些宣傳文藝作品：

> 在文化大革命的年代，「毛澤東思想宣傳隊」多如牛毛，每個系統的對立兩派，都有各自的「宣傳隊」。一般來說，宣傳隊的演出形式包括獨唱、重唱、小合唱、舞蹈、快板、對口詞、相聲、評書、器樂演奏……內容無非是我們這派怎麼受壓，怎麼「想念毛主席」，怎麼「為捍衛毛主席的革命路線而鬥爭」，也有宣傳「最新最高指示」，「中央文革最新指示」等等的內容。……兩派的宣傳隊都爭說自己是宣傳「毛澤東思想」，但各自的「毛澤東思想」內容卻不大一樣。儘管如此，一大幫青年文藝愛好者可以在這些宣傳隊中一展身手，滿足自己的表演欲、創作欲。再者，儘管不同番號的人民解放軍部隊支持不同的派別（都說是「支左」即「支持左派」），但是，任何為宣傳隊「慰問支左部隊」演出之後準備的那頓豐盛的飯菜，絕不是在那個物資供應貧乏的歲月街上可以隨便吃得到的。所以，「吃支左飯」對於參加宣傳隊的隊員來說，也是非凡的享受。此外，宣傳隊還是為各路文藝青年找對象、談戀愛創造機會的絕好地方。[39]

宣傳隊應該要是黨的喉舌。歷史學家吳迪在一個訪問中說，當他下放到內蒙一家工廠工作時，曾經拒絕一位比他年長的同事邀請他加入宣傳隊，因為他認為宣傳活動既天真又騙人，他只想自己讀書，[40] 但很多年輕人仍然被吸引去參與這些宣傳隊。就像楊寶智的記憶所及，他的宣傳隊的年輕隊員，其實不太理會作品的政治內容和任務，多數是因為個人

38　楊寶智，〈一個「右派」參加造反派宣傳隊的經歷〉，頁3–4。

39　同上註，頁6。

40　作者訪問吳迪。

理由而樂於留在宣傳隊。[41] 宣傳隊隊員的社會地位和物質待遇都比別人好。下鄉青年更是為了逃避苦差，而爭相加入。宣傳隊隊員多數是「半脫產」：遇上演出的日子，可以暫停手上的工作，卻可以照拿全數薪金。

不少人回憶上山下鄉的經歷，都緬懷這些宣傳活動。例如子蘊就記得，他被派往一隊有20人的宣傳隊，每位都是賦有音樂和舞蹈天份的下鄉青年。[42] 劉萍（Liu Ping 音譯）也曾記得，自己在15歲時在貴州山區學習出演《白毛女》。那裏沒有任何人——包括她自己在內——知道何謂芭蕾舞，只能努力學習樣板戲。她說：

> 一有機會，年輕人便會學習如何玩樂器、唱歌、跳舞。很短時間，便湧現了很多富藝術天份的人。在一隊一隊的宣傳隊中，再衍生附設的弦樂隊、管樂隊或者管弦樂隊。[43]

大部分宣傳隊都由地方社群和工作單位組織，為成員提供宣傳或娛樂。不過，也有一些宣傳活動是個人發動的，在文革初期尤甚。1966年10月，當時仍然是中學生的胡發雲，便完全著迷於當時的自由風氣。他熱愛音樂，故此決定組織自己的宣傳隊，叫「紅魯藝」。[44] 他和朋友招募成員、徵集器材和預約場地，甚至成功向市政府申請了一筆資助。不足兩個月，一隊30人、幾乎清一色是中學生的宣傳隊便成立了。這批學生一起住在兩個廢棄小學校舍的課室。毫不意外地，宣傳隊三個月後便被解散了。但即使它壽命甚短，這種自發組織的宣傳隊卻曾經接獲不少演出邀請，隊員也為自己曾經為不同政治背景的工廠、學校和機構演出而自豪。

除了因為自發組織而帶來滿足感，尚有其他原因使宣傳隊隊員樂於留隊。隊伍往往會因為特殊情況，而容許隊員有一定的創作自由。劉嘉

41　也見 Clark, *Youth Culture in China*, p. 31。

42　子蘊，《跨越文革的人生歲月》，頁152–158。

43　Ping Liu, *My Chinese Dream*, p. 124.

44　胡發雲，〈紅魯藝〉，頁211–229。

陵當時是一位中學生，他記得他被選為宣傳隊隊員時有多興奮。他被選上，是因為懂得弦樂器。但由於隊伍缺乏歌手，結果連他也被拉到台上表演。他最愛的是《紅燈記》，卻只懂唱它的歌，不懂如何演繹人物。最後，他和同學得即興地為一些對白發明了各種姿勢，而那些農民觀眾又似乎頗為喜歡。[45] 我們不難想像，那些業餘的表演肯定是偏離樣板戲所定下的標準。但是，正正是那些在群眾之間的真正實踐，才能讓宣傳文化取得生命力。正如劉嘉陵所説：「雖然只有很有限的劇作、歌曲和音樂節目讓我們可以重複表演。但是，人民參與的程度和廣度可真是空前絕後。」[46]

宣傳隊不只表演樣板戲，也會自己創造宣傳作品。這類作品大部分都沒有成為「樣板」的福分，可以有幸在全國演出或廣播。可是，這些作品出自地區社群，又在社群之中被表演和觀看，也對社群生活產生了特殊的意義。比較高級的機構也會舉辦表演比賽，邀請工作單位的宣傳隊參賽。隊伍不單可以有機會在更多觀眾面前表演，也參與一種美學上的競賽。[47]

地方的文藝表演者，也有自己的方法挪用「樣板」。有一個非常有趣的例子，是有兩部關於列寧的電影曾經被多次改編為地方戲曲。在文革首兩年，幾乎所有電影（國產的、進口的）都被視為反動而被禁。但為了慶祝十月革命五十周年，中共在1967年11月批准上映兩套列寧電影：《列寧在十月》(1937) 及《列寧在1918》(1939)。這也就等於向公眾宣告這兩部電影解禁，也自然引來了各種文化挪用。歷史學家張曉良按自己所知，指出電影最少被三個川劇、評劇和河南的豫劇等地方戲曲團挪用，而且它們都頗為自由地混合地方與外國元素。由於它們是地方戲曲的改編作，也就保留了強烈的節慶元素，表演者和觀眾都明嘲暗諷革

45　劉嘉陵，《記憶鮮紅》，頁152–153。

46　同上註，頁157。

47　Clark, *Youth Culture in China*, p. 32.

命訊息。在列寧電影的川劇版，列寧向太太唱説，他會提醒軍隊小心保護冬宮的裸體像，因為它們是沙皇留給無產階級的珍貴禮物。在一個評劇版本中，列寧又唱：「革、革命形勢大發展，帝、帝國主義急了眼。我，弗拉基、基、基米爾、伊里奇……我的娘，蘇聯人名字咋這長呀……」[48] 很明顯，這些歌詞意在逗樂觀眾。這些富創意和娛樂性地挪用樣板的文藝創作，在文革應該不罕見。

樣板戲並不是唯一一類宣傳文化。文革宣傳還由各類不同的文化形式所組成，包括攝影、文學、雕塑到視覺藝術。這些文化形式，都多多少少展示出強烈的模仿形態。例如，人民美術出版社在1971、1972年出版了兩冊《美術參考資料報頭選輯》，被廣泛發行，成為把革命繪畫和字體運用標準化的重要書冊。這在第二冊尤其明顯，它詳細列明如何繪畫革命人物，把基本的技法標準化和普及化，推向全國人民。[49] 除了印刷物之外，還有大型的宣傳廣告版。所有地方鄉鎮都要建造及定期更新宣傳廣告板。大量受過基本訓練和自學的畫家，都受聘擔任此工作。崔曉東教授今天是在中央美術學院教學的著名畫家。在 1970 年代初，他剛剛從中學畢業，先在一間家具廠工作，也負責建立和更新工作單位每月公告的「大批判專欄」。這專欄不僅僅有口號、告示和批判，還有大型的宣傳畫。他會臨摹一些畫冊，再把那些範例放大。崔曉東認為，這是一種基本藝術訓練，對日後的藝術事業有很大幫助。[50]

這些活躍的臨摹習作，為複製的主體提供不少空間，去反思這些材料。著名的當代中國藝術家徐冰便曾經憶述，在他的父母都被打成黑五類的時候，他對文革宣傳藝術的細心觀察，對他自學藝術有頗大幫助：

> 文字、字體包括中國的書法，實際上它帶有很強的政治和社會的含義。比如説《人民日報》社論、《人民日報》副刊、重要的話或者是

48　張曉良，〈列寧穿朝靴粉墨登場——文革中短暫出現過的舞台「奇葩」〉。

49　人民美術出版社編，《美術參考資料報頭選輯》，第二冊，頁48–61。

50　作者訪問崔曉東。

馬恩列斯毛的話，要用甚麼樣的字體，反面人物大概要用甚麼樣的字體，其實都是有講究的。這些，讓我們瞭解了漢字和中國字體更深一層的內容。[51]

要掌握一種藝術，往往始自複製。只有透過臨摹和模仿既存的藝術品，才能揭示一些基本的法則和規律，然後創新。「複製」總是眾多藝術訓練的基礎。但是，中國人的臨摹和學習卻不限於藝術。平民百姓會複製所有手上的東西，從《人民日報》的社論、革命歌曲的歌譜、官方機密的內部文件，到地下小說和詩歌都有。那時代，人們都被要求按有限的範例學習，自我轉化。由於缺乏娛樂，複製的行為既是身為國民的責任，也是一種消遣。雖然複製是中共政權鼓勵人民所做的事，但這些行為本身也實現了複製者的能動性，促進了挪用文化的行為。研究期間，我曾經見過一本精美的手寫筆記，它抄錄了一部地下小說。它的封面清楚寫著，該書是抄錄者送給另一人的禮物。在這裏，抄本可被視為愛的標誌，體現了抄錄者的勞力和身份。這位抄寫者是充滿活力的文化中介，也證明了複製的機制根本不可能維持一種真正「保守」的文化。抄錄過程必然衍生各種偏差，成為各種複製過程附帶的副產品。

轉化 vs. 固化

在我更仔細探討一些例子之前，我必須說清楚，複製的文化在那十年間，也經歷過轉化。就像我之前說過的，文革可以被籠統分成兩個時期：首三年是一段「半無政府」的狀態，之後政府便回復正常運作。對應這段政治史，我們也看到第一階段的複製文化更具主動性和自發性，而第二階段的複製文化（即當樣板文化成為主流的時候）則被高度操控。兩段時期都有各式各樣的複製行為。但是，第一階段所展現的是能量豐

51　衛鐵，〈徐冰：自由是自己給的〉，頁96–113。

富的社會性模仿，背後的驅力是建立新文化；在第二階段，複製的行為
則是把既有現狀固化（solidify）的工具。

　　讓我解說兩個例子，以闡明上述的變化。文化大革命的其中一個引
發點是一篇評論文章。那篇文章批評一個叫「三家村札記」的報章專欄
（由吳晗、鄧拓和廖沫沙合著）。[52] 在一份上海儀表局團委辦公室的內部
文件中（寫於1966年5月16日），工人形容對三家村的批評有多重要：

> 廣大團員青年對這場意識形態領域中的階級鬥爭反應強烈，行動迅
> 速。他們爭著看報，自發地拿起筆杆，寫了許多篇批判文章⋯⋯
> 大華儀表廠共青團員彭光昶説：戰火已經燒到我們青年頭上來了。
> 我要邊捏搖手柄，邊拿起筆杆子，向「三家村」黑店開火！[53]

　　這份報告揭示，文革初始階段是「自主」的環境。人們相信，文化
批評是自我強化的有力方法。青年工人明顯因為自己成為新的知識分子
而自豪。報告也強調文化批評的戰鬥性：「我們革命青年要聽毛主席的
話，用毛澤東思想反擊鄧拓等拿筆杆子的敵人，捍衛毛澤東思想。」[54] 我
們當然可以直接指這些青年工人被政治洗腦。但對那些青年工人來説，
選擇毛主席而非其他政治領袖，卻完全是自己的理性選擇。他們受毛澤
東鼓勵，拿起那些本來不屬於他們的筆杆，去對抗那些早已擁有筆杆的
人——筆杆就代表權力。

52　專欄在1961–1964年期間刊於中共北京市委刊物《前線》，按讀者（大部分是
　　知識分子）口味刊登不同題材的短文。1966年5月，接連有文章批評「三家
　　村」札記的文章，指它們反黨反社會主義。這些文章認為，三家村的最大罪
　　行，是站在封建文化的立場歌頌傳統的智慧，其實是用來準備推翻無產階
　　級專政的宣傳材料。這次批評被視為批評《海瑞罷官》的後續。至於對《海
　　瑞罷官》的批評，則由姚文元的文章〈評新編歷史劇《海瑞罷官》〉首先發起。
　　見吳晗，《吳晗文集》，卷四，頁467；Leese, *Mao Cult*, pp. 123–124。

53　儀表局團委辦公室，〈社會主義文化大革命中團組織和青年的動態：反應強
　　烈、行動迅速〉，頁1。

54　同上註，頁3。

不過，這種評論文化總是千篇一律。人們都依賴官方的評論去表達自己的想法。第一篇由中共喉舌媒體發出的針對「三家村」的文章，刊於1966年5月8日及10日。[55] 而這篇儀表局團委的報告是在5月16日發出的，可見民間如何緊貼官方的評論。正如報告所說：

> 浦江電錶廠青年團，在三天內先後組織了兩次批判大會，青年們寫出了三十多篇批判文章。在廣播、黑板報、牆報等宣傳陣地廣泛報導……團支部組織了五個戰鬥小組，進一步引導青年向「三家村」黑店開火。[56]

其實，這份報告的副標題叫「反應強烈、行動迅速」。這明顯是在呼籲一種立即行動的必要性，既反映、也促進了對新訴求的快速回應。[57] 這些回應主要是自發性質，並非由中共中央所組織。在民間自發形成的組織和活動，也在短短幾天的時間便遍及中國的各大城市。但是，這些批評文章其實都以中國官方的評論為典範，使各地「批評三家村」的文章幾乎都是一模一樣。事實上，著名的〈五一六通知〉也是在同一天刊出。我們可以看到，文化大革命其實是一宗在非常短的時間內、同時在全國不同地方和界別爆發的事件。但這種快速的回應，很大程度上是建基於一種快速的複製行為。

雖然如此，我們仍然可以說，1966–1968年期間的文革並不太受中共的控制。那更像是年輕人主動藉毛澤東的權威，去表達自己的個人性格。當時是年輕畫家的張紹城便記得，當年的年輕人總是匆忙行動，希

55　高炬，〈向反黨反社會主義的黑線開火〉；何明，〈擦亮眼睛、辨別真假〉；姚文元，〈評「三家村」〉。

56　儀表局團委辦公室，〈社會主義文化大革命中團組織和青年的動態：反應強烈、行動迅速〉，頁1–2。

57　在南部城市廣州，人們很快告發自己的知識分子。廣東出身的秦牧，在當年6月初被媒體打成廣東的知識分子階級敵人的代表。海楓，《廣州地區文革歷程述略》，頁16–18。

望所有宣傳材料得以盡快出版，可以適時回應急速轉變的政治現實。[58]
由於這些革命活動要盡力貼近和模仿官方的立場，人們沒多少時間仔細
思考。也許，這種迫切的氣氛促使青年為了速度而犧牲品質，使作品的
內容和美學都非常同質：這些作品令人感到粗疏、倉促、散亂，又同時
要證明自己和引人注目。

　　相對來說，當政府在1969年後恢復權力之後，樣板戲文化就變得至
高無上，那些建基於主動認同的社會性模仿，也就變得不再可能了。當
權者意識到，容許人們自發互相模仿所產生的力量可以非常危險，於是
急於把這些人民生產出來的的力量收歸己用。有一件事很有象徵意義，
那就是針對俄國演員兼導演斯坦尼斯拉夫斯基 (Konstantin Stanislavsky) 及
受他影響的中國演員和藝人所作的全國性批判。早在1966年2月，當江
青向解放軍發表有關藝術實踐的著名講話之際，斯坦尼斯拉夫斯基便已
經被視為其中一位有問題的俄國文化理論家。他被認為向一眾三十年代
的中國文化評論家提供錯誤的思想資源，使資本主義的階級敵人被誤認
為主人。[59] 但那時候，斯坦尼斯拉夫斯基也不過是蘇聯反動文化的其中
一員而已。到了1969年，樣板戲工程到達頂峰，斯坦尼斯拉夫斯基又
再在中國萬眾矚目——他被指透過他的表演「體系」，宣傳他的資本主
義階級價值。在他所有擁抱和宣傳的反動價值之中，最罪大惡極的一點
就是在劇場藝術散播個人主義，強調每位演員和角色都有其獨特性格。[60]
這些批評，有效阻止了任何人嘗試在中國的表演藝術中展示和再現「個
體」。雖然斯坦尼斯拉夫斯基的理論只關注劇場，但它卻被詮釋成具有
社會性和政治性的效力。他強調每位個體的獨特性，以對抗人們的共同
連結，被批評為反社會主義。

58　作者訪問張紹成。
59　江青，〈林彪同志委託江青同志召開的部隊文藝工作座談會紀要〉，頁9。
60　上海革命大批判寫作小組，〈評斯坦尼斯拉夫斯基「體系」〉。

　　在文革的兩個階段，「複製」都被高度重視。不過，第一階段鼓勵自發主義（voluntarism），以此對抗第二階段所嚴格執行的標準化（standardization）。1966年的時候，很多工人都得以透過重申官方的觀點而去把自己的能動性實踐出來；但到了1969年，「個體」的概念則被全面壓制。我們可以說，在這兩個時期，毛主義都被當成是真知識的體現。所以，兩個時期真正的分別，在於群眾是否被信任，即究竟群眾能夠透過自己的方式習得真正的毛主義，還是必須跟從嚴格的指引才可以一窺堂奧。第一階段似乎比較自由，但我們也必須留意，那時的暴力最為猖獗。北京的紅衛兵到全國各地展現文革的儀式和語言，而且很快被不同地方的觀眾學習，傳遍千里。即使沒有任何人指導群眾如何散播革命的實踐，人民也會用自己的方法不斷重演革命的儀式。[61] 複製不一定總是等於乖乖的被馴服。文革社會，就是被這種模仿者的暴力所開創而成的。

61　例如，熊景明記得1966年的時候，她是雲南大學的學生。當時，一群從北京第八中學的紅衛兵來到大學，宣佈文革開始。她看到那些年輕又漂亮的女孩在廣大觀眾前立誓，感到十分震撼和惶恐不安。見熊景明，《家在雲之南》，頁168–169。

第4章

赤腳醫生與女性形象

在上一章，我指出文革的宣傳文化包括了「模範人物」和「樣板英雄」兩種邏輯。兩種不同的論述，共同推動當時的宣傳文化。但要在文革時代清楚區分兩者，將會愈來愈困難。本章的焦點，是其中一種被賦予雙重任務的人物類型——赤腳醫生。她既是模範公民，又是樣板英雄。

文革開始了一段時間後，社會各個領域都發生了變化。毛主義者都在吹噓文革衍生的「新生事物」：革命委員會、新的教育課程、毛澤東思想宣傳隊，還有五七幹校，證明文革象徵著一個全新的時代。除了一些新機構和新政策之外，還有各類型的新典範人物（或者一些被重新宣傳的舊人物）。這些人物包括：紅衛兵（一些被革命組織確認、或自稱忠於毛澤東及其思想的高中生或大學生）、紅小兵（一些聲稱忠於毛澤東、但又未夠年紀當紅衛兵的人）、鐵姑娘（一些願意為民眾幹粗活的年輕女性）、下鄉青年（被送往農村再教育的城市青年），還有赤腳醫生（一些受少許專業訓練、服務農村地區的醫療人員）。赤腳醫生跟其他真實存在的模範人物一樣，既是來自民間的普通平民百姓，又同時代表了黨；不過，她／他們又和其他被宣傳的模範人物不太一樣。從大眾媒體可見，赤腳醫生往往沒名沒姓，只是一個平凡的半專業工作者，不是甚麼出類拔萃的超凡人物。宣傳文化強調赤腳醫生的集體身份，是因為這批人得發揮一些特殊的社會作用。可以說，所有模範人物都是體制的代表。新的模範人物出現，是因為出現了新的體制，或一些新的關係從舊

的體制中冒現。赤腳醫生是這類模範人物中最成功的。但在文革的發展
過程中，極端的政治化，也把赤腳醫生從她本身所屬的地方體制中切割
出來。

赤腳醫生的形象

很多文革回憶者都提過，官方的宣傳畫感染力強大，幫人熬過不少
苦難，甚至可以帶來一點喜樂。[1] 當時，宣傳畫俯拾皆是，每張售價一
般不過兩角，不少家庭都負擔得起，用它來裝飾家居。在宣傳畫裏，赤
腳醫生經常出現。在現實世界，很多赤腳醫生都是男性，不過宣傳畫裏
的赤腳醫生，卻主要是女性。漂亮和年輕的女赤腳醫生，似乎贏得不少
人的注目和認同。

祝勇就曾經說過，他深愛陳衍寧的畫作《漁港新醫》裏的赤腳醫生
（圖4.1）。在1970年代，《漁港新醫》長期放在祝勇家的牆上：

> 作為疾病的抵抗者，她有著與身份相符的健康的體魄，透過她穿
> 著的廣東漁民的寬鬆服裝，可以感受到她身體內部的力度和肌膚
> 的彈性。[2]

一位中國博客也說：

> 當然我喜歡這些宣傳畫，還有一個很私人的理由。這類宣傳畫，是
> 我小時候接觸的唯一的美術作品。我不知道世界上有蒙娜麗莎，我
> 的夢中情人是宣傳畫中的赤腳醫生。[3]

文革青年最常看到的女性影像，除了我們在第6章會討論的樣板戲

---

1 見Chen, "Growing up with Posters in the Maoist Era," pp. 105–106；Min, "The
   Girl in the Poster"。

2 祝勇，《反閱讀》，頁235。

3 Wang Pei，〈在宣傳畫中看懂中國〉。

圖4.1　陳衍寧，《漁港新醫》，
　　　　油畫，1974

圖4.2　姜華慶，《踏遍青山》，
　　　　宣傳畫，山東人民出版社
　　　　及人民藝術出版社，1977

圖4.3　解放軍濟南軍區54、811單位，《滿園春色》，宣傳畫，
　　　　上海人民出版社，1977

女主角之外，就是漂亮的赤腳醫生。在那個時代，性別上的差異一直被悉心地壓抑。當時，很多女性都被派去處理傳統上由男性負責的工作。在宣傳文化裏，女性也往往被描繪成跟男性同樣強壯和固執。

一般來說，這些宣傳畫色彩濃郁，尤其是赤腳醫生的服裝以及她周邊的背景。她們的形象，也跟1950年代那些穿白色衣服或工作袍、突顯其現代和專業身份的女性工人截然不同。[4]《漁港新醫》頗為獨特，刻劃的是漁民的生活（它本來是油畫，後來變成宣傳畫）。在一般的宣傳畫裏，赤腳醫生往往被盛放的花草包圍，這些花草很多時候正是她所採集的中草藥，如圖4.2所示。此構圖方式，突顯出赤腳醫生身處在一個孕育新社會主義的大自然環境之中。

在宣傳畫中，赤腳醫生很少「赤腳」（《漁港新醫》是例外）。而且，即使她們明明是在幹農活，也總是帶著藥箱——這是唯一可以標示出她們是赤腳醫生的官方符號。赤腳醫生可能是被置於圖中央的主角；但是，她也常常被融入一個群體裏，歌頌農村的集體生活（圖4.3）。這些赤腳醫生都有寬闊的肩膀和黝黑的膚色，但是她們也總是在微笑，毫不沮喪，對應了當時的美學原則。她們也沒有堅持階級鬥爭的情緒。

文革時期，傳統的女性形象十分負面，在政治上屬反動。文革裏最突出的一種女性典範是「鐵姑娘」：她們的女性特質被掏空，因為體力驚人又不辭勞苦而被讚揚。[5]赤腳醫生也使女性得以參與在傳統上不讓女性涉足的醫療工作；可是，她們仍然保留女性氣質，並不像「鐵姑娘」般。赤腳醫生也不像樣板戲中的女性英雄般，會以歌聲、髮型、裝扮和儀表去吸引別人仰慕和模仿。我在第3章提過，《紅旗》雜誌指模範人物有帶頭作用、骨幹作用和橋樑作用，赤腳醫生只有後兩種作用。所有社群都需要赤腳醫生。她們低調，沒有再現革命的理念。在宣傳畫裏，她

4　見Chen, "Proletarian White and Working Bodies in Mao's China," pp. 361–393。

5　見Honig, "Iron Girls Revisited," pp. 97–110；Jin, "Rethinking the 'Iron Girls,'" pp. 613–634。

們的角色屬於實幹型，而非革命人物的原型。

在以上的視覺作品裏，赤腳醫生並不鼓吹典型的階級鬥爭精神，更像一個農村的看護——她們帶來和平寧靜的感覺，還有社群的凝聚力。她們總是帶一點鄉土和純樸的味道，被村民視為家裏一分子。她沒有不屈的面孔、銳利的目光，也沒有一副緊張地要準備打倒一切的表情；我們看到她誠懇專注，用豐富的情感去安撫靈魂和建設社群。在宣傳畫裏，她往往是連結社群的其中一員，很少是獨個為理想和未來奮鬥的英雄。雖然赤腳醫生也體現了眾生平等的崇高政治理想，但在大部分宣傳畫裏，她都不算是政治人物，而是溫和的鄰家女孩，並不令人感到她強勢或嚇人。

赤腳醫生的形象似乎稍為淺薄，卻是體現了一種複雜的再現的政治（representational politics）。赤腳醫生身為文革其中一種象徵人物，被賦予各種任務，讓她以其女性形象和氣質去維持和處理那些工作。現存有關視覺醫療文化的學術研究，往往聚焦在病人身體的視覺化。但是，文革再現赤腳醫生的作品，則罕見地把醫生的身體視覺化，進而體現一套醫療的論述。純樸的赤腳醫生的背後，是一套激進的醫療政策，試圖動員廣大群眾。

赤腳醫生作為一種體制

「消滅三大差別」這句宣傳口號，在大躍進時期初次出現，後來在文革廣泛流傳。三大差別包括：城鄉差別、工農差別、腦體差別。[6] 赤腳醫生這份工作，本身就是腦力和體力的結合；這份工作的具體實踐，也是要去克服城鄉差別和工農差別。「消滅三大差別」這句口號，不僅僅間接指出社會仍然有各種不平等，也為動員大眾的計劃提供了理據——既然中國有那麼多差別和壓迫需要被根除，便必須花更多功夫去改變和推

6　見 Bonnin, *The Lost Generation*, pp. 13–18。

動社會改革，才可以追求一個平等的社會。新的醫療政策，必須被置放於這一套平等主義的官方意識形態之下去理解。

雖然文革在1966年5月才正式開始。但在1964–1965年期間，中共已有一系列的政策轉向。跟赤腳醫生最有關係的，是所謂的「六二六指示」。據說，在1965年6月26日，毛澤東跟負責醫療的官員討論時大發雷霆。他認為衛生部門把大部分心力都放在城市，資金被集中投放在先進的醫療實驗和技術，但現實卻是85%的中國人都住在農村。[7] 毛澤東下令政策改革，把醫療重點轉向農村人口。官方的毛澤東公告（即「六二六指示」）被發送全國，指示非常簡單，只有一句：「把醫療衛生工作的重點放到農村去」。[8]

其實，「六二六指示」並不是甚麼新事物。毛澤東一向都不滿城鄉差異，中國的醫療政策也一直有認真看待農村的情況。一套合作社模式的醫療系統早在1950年代已見雛形，由村民、公社和農村合作社出資建立地方的醫療站。[9] 一套分成三級的農村醫療結構也開始確立，以三層級的醫療服務以對應縣的醫院、公社的衛生所，和村的衛生室。縣醫院和公社衛生所，都有專業的醫護人員駐守。但是，政府卻無法替上百萬計的農村衛生室安排受過專業訓練的醫生。故此，部分受過教育的村民會被安排參與短期的醫療課程，被培育為衛生員，替村民提供基本和預防性的醫療服務。這些訓練自1950年代起便已經出現。「六二六指示」只不過是重複一遍政策方向，加強落實既有的政策，也反映了毛澤東更堅決地要把基本醫療普及化，遍佈全國農村。

文革開始後，赤腳醫生開始成為醫療政策的重要象徵。赤腳醫生作為模範人物，被全國渴求。但是，真實世界的赤腳醫生絕對不是完美的專業醫療人員，只是願意和有能力處理簡單醫療工作的人而已。最重要

---

7   逄先知，《毛澤東年譜（1949–1976），卷五》，頁505–506。

8   毛澤東，〈關於醫療衛生工作的重點問題〉，頁387。

9   見周海沙、郭岩，〈我國初級衛生保健體系形成的歷史和成功因素分析〉，頁2–4。

的是，醫療政策所期望的，是地方社群的生活改善，而不是個別人等的自我轉化。赤腳醫生是一群遍及全國、以地方為本的醫療人員，在不同地方都有非常不同的醫療方式。毛澤東聲稱，醫學並不一定需要長年累月的學習和訓練。他認為，經過長期實踐和累積足夠經驗的人，也足以成為一位好醫生。按毛澤東的指示，由地方幹部選擇合適的年輕人受訓，讓這些人到衛生室當助理。這些年輕人有不少是醫生的小孩、本地的高中畢業生，還有下鄉青年；[10] 另外，也有一些縣的醫療隊被派到村裏去治病，把基本的醫療知識傳授予年輕的村民。那些非專業醫生的首要任務，是降低初生嬰孩的死亡率，還有協助預防傳染病。

　　政府並沒有向這些非專業的醫療人員支薪。這些人可能會從自己的工作單位處獲得少許津貼，也可能偶爾收到病人的禮物，但仍舊在田裏工作，從單位處獲得固定的月薪。由於這支龐大的醫療隊，政府得以免去不少醫療開支。政府只需要作最少的投資，就可以使那些受過基本醫療訓練的農村醫生造福5億農村人口。根據調查，到了1975年，中國一共有150萬名農村醫生。[11]

　　政府無法資助急速擴展的醫療服務，無法提供足夠的專業醫生和護士，也無法資助大量藥物和醫療器材給全國各地的農村衛生室。於是，傳統中草藥就被用來填補空缺。據不少人憶述，赤腳醫生只有一些基本西藥，往往得按附近山區的環境來開中藥處方（而且經常是由赤腳醫生自行採集），還提供針灸、拔火罐、用簡單器具推拿等治療方法。這些醫療服務所需的資源極少，但經過世代流傳，也大致安全。中醫在社會主義中國的衛生醫療政策中，十分重要。這不單單是因為中國政府欠缺資金，也因為中醫牽涉各種民間習俗和價值。[12] 不少赤腳醫生非常年輕、受訓不足，也不是所有人都有足夠的醫藥知識和技法，但至少可以

10　可參考一個被選為赤腳醫生的下鄉青年的口述歷史。見劉小萌，《中國知青口述史》，頁268–305。

11　曹普，〈人民公社時期的農村合作醫療制度〉，頁78–83。

12　見 Scheid, *Chinese Medicine in Contemporary China*, pp. 67–81。

替病人提供心理上的慰藉。由於赤腳醫生都在自己的社區圈子服務，往往可以促進社區網絡的情感，當中有病人的親友、甚至可能是整條村的村民。正如楊念群所記載，赤腳醫生常常被村民當成親友。醫生家訪時，會在病人家中解釋日常生活應當如何安排。病人的家人為表感謝，會向醫生送上一些加上鮮雞蛋的熱湯麵。[13]

赤腳醫生不單單穿梭於社區之中，也同時是傳統中醫和現代西方醫學的橋樑。當時，很多村民要經歷人生最重要的紅白大事，仍然不願意到醫院，而是希望待在家中。[14] 根據葛以嘉（Joshua Goldstein）和賀蕭（Gail Hershatter）的研究，助產士在1950年代的新中國，佔據了一個獨特的論述位置。這是由於政府要強調自己的管治十分關懷人民，以突顯民國政府和傳統中國封建社會冷酷無情。[15] 文革中的赤腳醫生，就是1950年代那些現代助產士的加強版，不僅僅負責接生，還提供其他醫療服務，也協助村民接觸現代醫學。方小平便說：

> 「村民看醫生」此事，經過一個過程形成，（村民由恐懼西方醫學）到被納入一套充滿層級秩序的醫療系統。在這過程，赤腳醫生扮演著參與者、提倡者和指導者的角色。結果，村民開始離開自己的家鄉、到現代的醫學場所（主要是縣醫院）尋找新的醫療服務。[16]

毛澤東的醫療改革被廣泛譽為德政。軒達臣（Gail Henderson）認為，1970年代末的中國「轉化了它的健康紀錄，是發展中國家之中少數能夠

---

13 楊念群，《再造「病人」——中西醫衝突下的空間政治（1832–1985）》，頁 392–394。

14 見 Hershatter, "Birthing Stories: Rural Midwives in 1950s China"。雖然這篇文討論的是1950年代的情況，但我們可以保守假設，很多傳統價值承傳到文革末期。

15 Goldstein, "Scissors, Surveys, and Psycho-Prophylactics," pp. 153–184; Hershatter, "Birthing Stories."

16 Fang, *Barefoot Doctors and Western Medicine in China*, p. 149.

擁有一張跟工業化國家非常接近的主要死因清單」。[17] 毛澤東政府得以成功在中國廣大人口中建立合法性，醫療福利是最重要的手段之一。

　　儘管赤腳醫生成功減低醫療成本，也可以替農村人口提供及時的治療，但他／他們在後社會主義的經濟冒起之後，便很快消失了。在 1970 年代末，農村的集體經濟逐漸讓路予獎勵辛勤個體農民的私有經濟。本來，赤腳醫生的收入稍稍高於一個普通農民。在私有經濟發展之後，赤腳醫生的收入便遠遠不及那些能在市場上出售產品的農民了。合作社形式的醫療系統也無法維持下去，被用者自付的系統取代。醫學再次成為專業，人們必須接受長時間的專業訓練，才可以成為「醫生」。1985 年，「赤腳醫生」一詞被衛生部正式廢棄。[18]

　　正如蔣熙德（Volker Scheid）的研究指，很多在當時早已建立名聲的醫生，都在今天大力批評文革，原因是這批醫生在文革時各有慘痛的經歷。[19] 相反，不少病人卻非常感激赤腳醫生的醫療服務。李硯洪認為，病人對赤腳醫生的尊重，甚至高於對政府官員的尊重。[20] 即使這批醫生質素不高，而且經常造成致命的醫療失誤，中國最近卻出現懷念赤腳醫生的熱潮，將之視為平等主義的象徵。

　　對某些老一輩的中國人來說，文革不單單是一個口號，而是一個真正實踐平等的時代。不少老百姓懷念過去曾經實踐過的共產主義 ——它使人人都可以享有基本的醫療服務（不論它有多基本），跟現時犧牲廣大貧民健康的資本主義系統截然不同。最重要的是，中國的農村醫療政策既實際、又靈活，容許各地按地方需要修正。正如王紹光所指，中共的農村醫療史，可以使我們理解官方的理性如何具體操作，當它遇上問題時，又怎樣及時微調：

17　Henderson, "Issues in the Modernization of Medicine in China," p. 203.

18　《人民日報》社論，〈不再使用「赤腳醫生」名稱，鞏固發展鄉村醫生隊伍〉。

19　Scheid, *Chinese Medicine in Contemporary China*, pp. 79–81.

20　見李硯洪，〈赤腳醫生應時而生〉，頁 40–41。

即使在文革中最極端的時間，中國政府也從來沒有強制全國採納一套單一的合作社式的醫療系統。恰恰相反，合作社式的醫療計劃在各大隊、公社、縣和地區都有明顯差異。[21]

這也使赤腳醫生成為一種有效的醫療模式，得以適應全國各地的差異，到處複製和擴散。政府毋須僵化地把赤腳醫生的定義標準化；不同社群和工作單位，都可以按自己的獨特情況，去生產不同版本的赤腳醫生。複製過程務實高效，促進人民之間的社會性模仿。在其具體實踐上，赤腳醫生甚至像一套靈活的體制，多於一種標準僵化的人物類型。衛純娟（Chunjuan Nancy Wei）把赤腳醫生形容成為一個典型的「次佳」（second-best）的體制，以可行的方法，成功化解農村的醫療問題。[22]「次佳」不同「最佳」。「最佳」的體制，即組織標準化、監管嚴密、被設計來生產「最好」的產品的體制。赤腳醫生是「次佳」的，其最重要的功能並非要「最好地」解決某些社會的根本問題，而是以其靈活性和適應性，盡量回應問題。

女性醫療人員的形象

我尚未找到任何有關赤腳醫生的性別比例的資料。但是，我們知道政府在當時得特別宣傳聘用女性醫生，讓她們去照顧女性病人或當助產士。[23] 這或者可以間接顯示當時的中國沒有足夠的女醫生，又或者她們的工作負擔過大。在宣傳畫和官方的赤腳醫生手冊的封面上，赤腳醫生都是女性，顯示這種新型的典範人物的性別配置。跟毛主席或工農兵的模範人物相比，赤腳醫生在文革的宣傳藝術中不算常見。在 1970 年代

21　Wang, "The Evolution of China's Rural Health Care Financing," p. 381.

22　Wei, "Barefoot Doctors," p. 274.

23　王勝，〈赤腳醫生群體的社會認同及原因分析——以河北省深澤縣為個案〉，頁114。

中期之前，她們也不是因應重大政治鬥爭而必須被大力宣傳的人物。不過，人們似乎非常喜歡這些宣傳畫，用它們來裝飾自己的家。

艾華（Harriet Evans）用當時的一幅宣傳畫，去展示當時中國的家庭空間：男性被置放在家居的門外，代表家庭空間仍然主要屬於女性。[24] 這跟莊臣（Kay Ann Johnson）的觀察一致。莊臣認為，即使是在文革，婦女需要肩負起照顧小孩和處理家務這一想法，也從來未被挑戰。[25] 王仁強（Richard King）翻譯及分析了李雙雙的故事，也指出毛澤東時代的理想女性形象結合了「照顧家庭」和「領導社群」的雙重責任，反映了婦女值得同時贏取丈夫和人民的愛與尊重。[26] 即使是在社會主義盛行的毛澤東時代，中國也無法承受任何針對傳統家庭結構而發起的挑戰。婦女需要妥善擔起所有傳統女性的責任。赤腳醫生的宣傳畫大受歡迎，更顯示即使那是激進的理想主義年代，女性形象（femininity）依然和家庭生活（domesticity）融合在一起。

宣傳畫負責傳播簡單易明的圖像。但在其他文化形式裏，我們也可以找到赤腳醫生。以下是一段1968年的報章報導，它如此形容赤腳醫生：

> 讓我們先談談東濱大隊的張大新吧。高高的個子，結實的身材，一眼就看出她是一個在農村勞動了很多年的姑娘。張大新只讀了二年半書，是公社「赤腳醫生」中讀書最少的一個。但是她出色地挑起了全大隊醫療衛生工作的重擔。1967年深冬，大雪紛飛，天寒地凍。有一天，東濱一隊的一位貧農社員急需送縣醫院動手術。大隊離縣醫院十幾里路，病人是無法步行前去的，只能用當地的交通工具——小木船送他去。可是河道已經封凍，怎麼辦？張大新毅然

24　Evans, "Comrade Sisters." 也請參考她近期的文章 "Ambiguities of Address"，她進一步指出，文革發展期間婦女如何被再次拉回她們的家庭空間。

25　Johnson, *Women, the Family, and Peasant Revolution in China*.

26　King, *Heroes of China's Great Leap Forward*.

説：「走，冰哪能擋路呢？我們一邊敲冰，一邊划船，一定要把病人送到醫院！」

……去年初夏，她正在場上打麥，被人叫去為一位貧農社員接生。遇到的是難產，產婦已經神智不清。大新想盡一切辦法，孩子終於生下來了。但這個嬰兒渾身黑乎乎的，連呼吸也感覺不到。她給嬰兒打強心針，但沒有用，改用針灸，也無效果。她扒開嬰兒的嘴一看，滿嘴是血，挖掉了血後，仍不能呼吸。她急忙用自己的口對準嬰兒的口拚命地吸起來……四十五分鐘後，嬰兒開始微弱地呼吸了，全身黑色褪去了。屋子裏響起了新生嬰兒的第一聲哭聲，這是對「赤腳醫生」的一曲嘹亮的頌歌啊！[27]

我引述以上一大段文字，是要展示赤腳醫生這一典範人物如何被官方文化所描繪。我們可見，她要承擔很多責任，比起她在宣傳畫裏所承擔的意義更多、也更複雜。張大新並非一個普通的家庭醫生。她負責村裏各種醫療事務，包括送病人到醫院，和在村民家裏接生。她在惡劣的天氣下到處奔走，需要男性般的身體和體格，又同時是村的助產士（一個不屬於男性負責的崗位）。她跟專業的醫生不同：專業醫生有其合法地位，受白袍和醫療空間的各種規範所保護；但是，張大新需要深入村民的家庭，用她的意志、細心和魅力（而非昂貴的藥物和儀器）去治病。她既是醫生、又是護士，而且需要得到村民的信任。她能夠提供一些合乎農村生活與價值的醫療服務。

在其他視覺作品裏，我們也看到赤腳醫生的其他種類的女性形象，而且有一些演繹十分傳統。在1965年的「六二六指示」之前，農村醫生一向都是藝術創作的題材之一。在王玉玨的畫作《山村醫生》(1963)，我們可以感受到這類農村醫生在家庭空間裏的形象（圖4.4）。

---

27 《文匯報》，〈毛主席為貧下中農培養的好醫生 —— 記江鎮人民公社的「赤腳醫生」〉。

圖 4.4　王玉珏，《山村醫生》，中國水墨畫，1963

圖 4.5　譚福順,《海上巡診》,油畫,1974

圖 4.6　《人民畫報》封面,
　　　　1971 年第 11 期

圖 4.7　黃冑,《出診歸來》,
　　　　中國水墨畫,1973

　　《山村醫生》由王玉玨所作，是她在廣州美術學院唸書、後被送到農村再教育時的作品。在村裏，她被一位盡心盡力的醫生所感動（那位醫生也是下鄉青年，比王玉玨大兩年），便決定以這位醫生作為自己畢業作品的主題。[28] 由於畫家與被畫者都是女性，作品在當時被視為其中一幅甚具代表性的新「女性畫作」。在微弱的光線下，醫生全神貫注地卷棉簽，完全跟外界隔絕。她的紅唇和脆弱的輪廓，反映她是一個傳統的中國美人。這是一幅文革前的作品。女性醫生被暗暗注入一種性聯想。即使在文革時期，赤腳醫生也沒有完全擺脫她跟性欲的關連。正如本章之前所說的，在陳衍寧的《漁港新醫》中，赤腳醫生那隻「赤腳」也惹來注目；祝勇年輕時的欲望，也或多或少投放在醫生的腳上。無心插柳的是，「赤腳醫生」一詞使人特別關注醫生的腳，間接對應了中國歷史上那強烈的性欲聯想——「纏足」。這可能解釋到，為何宣傳畫的畫家都盡力避免使人留意到醫生的赤腳。

　　在其他作品裏，我們可以感受到赤腳醫生散發著一些自由的感覺，例如當她身處於正在移動的船上（圖4.5），又或者正在服務少數民族（圖4.6）。黃胄的國畫最明確展示這一點：我們看到赤腳醫生的意志發光發亮，也充滿冒險精神，有著一種不局限於家庭空間的欲望（圖4.7）。黃胄以素描中國少數民族及其日常生活為名。他也是文革開始後首批被批評的藝術家之一。在整個文革時期，他都被禁止繪畫，只有在1972–1974年的短短兩年間可以作畫。在這兩年和文革之後，黃胄持續描繪少數民族。這位飽受折磨的畫家，以女性赤腳醫生作為其中一個被解放、也努力去解放別人的人物，藉此含糊地表達自己：她愉快、獨立和堅韌。似乎，在禁忌重重的文革中，赤腳醫生是一個靈活的原型，讓畫家可以探索各種女性形象和人性。

　　文革是一段所有專業主義都被批判的時期，認為勞動不應該被分類，也不應該被區隔為不同階級的屬性。其中一幅罕有地再現醫學專業

28　王玉玨，〈技法、意境與表現〉。

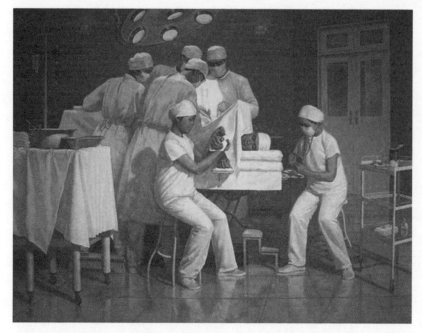

圖 4.8　湯沐黎，《針麻創奇跡》，布上油畫，1972

的藝術作品，是湯沐黎的《針麻創奇跡》(1972)（圖 4.8）。此作品是由衛生部門委託而作，展示在手術裏用針灸麻醉的情形。[29]

　　圖中沒有赤腳醫生。不過，一位女針灸師非常突出：她沒戴口罩，笑容可掬，直接跟病人溝通。其餘所有面目模糊的醫療人員都在做手術，而手術本身卻只是背景。這展現了文革的醫療論述如何由女性形象、傳統醫學知識和現代性所編織出來。所有主診的男醫生和護士都戴上口罩，只這位女針灸師沒有。她美麗的面孔，幻化成一道屏幕，讓病人看不到那現代而可怕的醫療勞動過程。中國傳統醫學的現代化和現代

29　有學者更仔細地分析了此圖。可參考 Andrews, *Painters and Politics in the People's Republic of China*, pp. 357–358。

性的中國化之所以互補，全靠這位溫柔細心的女針灸師。在安東尼奧利的電影《中國》裏，也有一段分娩的情節，同樣有女性護士負責用針灸麻醉。這段情節明顯是由政府安排的新醫療論述，負責向全世界展示中國的情況。

那時候，中國有一場關於「專業科學」和「大眾科學」的論爭，探討科學知識應該是由人民去生產和消費、還是應該由專業科學家所獨享。在公共領域裏，很多業餘科學家都參與了這場辯論，[30] 而赤腳醫生則明顯是支持這醫療論述的其中一環。1970年，中國一共出版了298種可以被歸類為「科學及技術」的圖書。這類圖書中有66種關於中醫，也有很多是出版給赤腳醫生所用的手冊。[31] 這套新的醫療論述認為，科學家必須接觸群眾，從中受益；在傳統與現代、人民與科技的合流過程裏，赤腳醫生被設計來化解箇中矛盾。

赤腳醫生所代表的是現代醫學，但她也同時深深植根於中國農村。一般來說，科幻小說在現代西方文化中，是最重要的烏托邦文類。科幻小說刺激人們想像一個高科技、無限和無邊界的未來。但當時的中國就如同很多發展中國家一樣，把大部分的烏托邦視野都展現為實在的物質享受，也常常以農業場景為背景。對中共來說，最具象徵性的烏托邦時刻，是在《南泥灣》(1943) 的歌詞裏。《南泥灣》由魯迅藝術學院師生所撰寫，以慶賀延安農業計劃。[32] 1964年，這首歌被選中放在《東方紅》的一段高潮情節，標示延安就是毛主義者的烏托邦。直到今天，幾乎所有中國國民都仍然懂得這句歌詞：「南泥灣／好地方／好地方／呀麼／好風光／到處是莊稼／遍地是牛羊」。[33] 毛式烏托邦主義 (Maoist utopianism)

30　見 Schmalzer, "Labor Created Humanity," pp. 185–210。

31　章宏偉，〈雪泥幾鴻爪　苔庭留履痕 —— 新中國60年出版大事記〉，頁167。

32　1939年，延安被國民黨和日軍同時孤立。毛澤東發起「大生產運動」，激勵人民和軍隊開闢土地，以生產糧食自救。南泥灣就是其中一個被開墾而成為生產力豐富的土地之一。

33　賀敬之作詞，馬可作曲。

之所以是有效的宣傳工具，原因之一是宣傳品所呈現的感覺，令老百姓愉悅，很多人都可以從中找到民俗文化所提供的共鳴。

不過，毛主義者的烏托邦，仍然有工業化和技術發展的元素。我認同慈繼偉的說法：烏托邦主義首先是透過馬克思主義傳入中國，然後在1949年之後成為一個有可能實現的計劃，並且在文化大革命步向高峰。[34] 不論毛主義的烏托邦思想如何以農村為基礎，它也始終無法跟馬列思想所高度重視的工業發展完全分割開來。文革的最終承諾，始終是「發展」。不過，毛主義者所想像的工業機械，並非蘇聯的翻版。毛主義者的烏托邦，是從中國獨特的農業及工業環境裏所建立出來的。

正如陳庭梅所指，毛主義者的想像有一個特點：它歌頌的不是機械本身，而是集合了各種器械和裝置的「人機連續體」(human–machine continuum)。[35] 機械被視為人體的延伸，以實現一種質變。跟蘇聯的宣傳文化比較起來，毛主義者的意識形態重視人，遠遠多於重視機械——我們很少在文藝作品裏，看到純粹對機器之美的歌頌。這跟蘇聯的很多建構主義藝術 (constructivist arts) 截然不同。[36] 確實是有不少電影、小說和宣傳藝術描繪工廠生活。不過，建構主義的美學卻從來沒有被中共正式確立和重視。在少數歌頌工廠生活的宣傳畫裏，置於中心的往往不是機械，而是圍繞著機械的人。在眾多樣板戲中，《海港》應該是最明顯歌頌工業發展和機械的故事。但它的主線和張力，始終是圍繞著善／惡、自私／無私等人性的問題。在文革中被崇拜的，總是模範的工人和毛澤東，而不是機械。

正如很多評論家所指，由於中國欠缺外國資金，為了要發展工業，政府採取的方法是先剝削農村人口，再把從農村榨取的利潤轉移來發展

34　Ci, *Dialectic of the Chinese Revolution*, p. 146.

35　Chen, "The Human–Machine Continuum in Maoism," pp. 151–181.

36　有關中共和蘇共再現文化的比較研究，見 Dutton, "Fragments of the Political, or How We Dispose of Wonder," pp. 109–141。

城市中心。不過，一些學者也提醒我們，當時一些重大的農業發展，也是得力於一些從城市入口、或農村自行生產的工業製資本（例如鋼材、拖拉機、肥料和小型發電廠）。[37]大體來說，很難把當時的中國經濟完全二分為城市經濟和農村經濟。赤腳醫生代表了農業和工業、傳統和現代的合流，就是一個明顯的例子。這個典範人物既可以實用地解決真正的社會問題，又可以在意識形態上支援革命。

階級鬥爭中的赤腳醫生

由於赤腳醫生有真正的政策功能，她們不能被過分政治化，而成為反抗的象徵。但在1970年代中期，此情況有所改變。就讓我分析一下這個論述轉變的歷史脈絡。在1968年之前，這些農村的醫療人員並不是叫「赤腳醫生」。到了1968年，上海的《文匯報》刊出了一系列文章，讚揚在上海市郊工作的農村醫生。[38]之所以叫「赤腳醫生」，是因為她/他們在稻田裏赤腳工作，常常在工作時被直接從田裏召去看病。《文匯報》其中一篇文章，很快被轉載到《紅旗》和《人民日報》，使「赤腳醫生」一詞通行全國，比本來的官方名詞「衛生員」更流行。本來，在中國南方種米地區的人才會「赤腳」，但這詞語很快就被提升為象徵整個國家的政治符號。

《文匯報》是上海地方政府的喉舌，直接由領導上海市的張春橋控制。《文匯報》把地方性的醫療狀況轉化成全國性的政治工具。不過，由於赤腳醫生象徵「和解」與「照料」，把她提升為大力宣傳的典範人物，也意味著上海市政府試圖回復社會秩序。在1966年末到1967年初，上海經歷了一場暴力的人民奪權事件，工人造反組織試圖建立一個以巴黎

37　郭益耀，《不可忘記毛澤東：一位香港經濟學家的另類看法》，頁171–180。

38　參看本章附註27；另一篇同期的文章，題為〈從「赤腳醫生」的成長看醫學教育革命的方向〉，討論的是上海市郊、川沙縣江鎮公社的赤腳醫生。

公社為藍本的新市政府。代表黨中央的張春橋從北京趕到上海斡旋，答應領袖王洪文的要求。但上海公社成立不久後便被革命委員會取代，北京又重新控制局面。正如之前所說，於1967年基於「三合一」原則而成立的革命委員會，是毛澤東首次要求重新回復秩序的產物。上海見證了激烈的地方革命，卻也是第一個實施這項中央穩定措施的城市。我們可以把赤腳醫生的全國性宣傳，視為這項措施的其中一部分。正如魏昂德所指，雖然1967年的「上海一月革命」經常被正面地評價為一宗工人公社對抗政府的事件，但它同時是一宗黨要試圖恢復社會秩序的事件。[39]

到目前為止，本文討論過的赤腳醫生形象都是在1968年之後生產的。這些醫生形象，跟實際的階級鬥爭和革命有一段距離。大約同時，於1966年爆發的理想主義精神開始消散。部分平民百姓開始懷疑、甚至鄙視狂熱的政治態度，只是冷眼旁觀。經《文匯報》在1968年的宣傳，「赤腳醫生」名揚全國。這個漂亮的女性形象雖然是政治產物，但她也代表著當權者試圖間接治癒當時仍然陷入血腥派系鬥爭的中國。

到了1975年，赤腳醫生才被捲入激烈的政治鬥爭之中，她的政治意義也被重寫。當時，周恩來和鄧小平（代表獲得平反的務實派）正在嘗試重新控制政府，卻遇到堅持黨內鬥爭的江青集團的激烈反對。[40] 1974年的批林批孔運動，可以被視為四人幫反抗毛澤東這決定的拚死反抗。此反抗運動的其中一環，就是把赤腳醫生政治化。在1975年之前，沒有任何劇情電影以赤腳醫生為主角。文革期間出版了百多種小說，據我所知也只有三種以赤腳醫生為主角，證明她很少被想像成樣板

---

39 Walder, *Chang Ch'un-ch'iao and Shanghai's January Revolution*.

40 究竟1974–1976年期間的中南海實際上發生了甚麼政治事件，公眾仍然無法得知。政府仍然限制有關的資訊。不過，大部分學者都認為，當時的關鍵在兩個派系之間的鬥爭：資深的幹部和官員，希望周恩來總理回復全國秩序；而在文革被躍升到黨內高層的年輕激進派，則希望繼續長期鬥爭。見Meisner, *Mao Zedong*, 190。

人物。[41] 但是，1975 年的赤腳醫生便成為樣板了。那一年有兩套電影，分別名為《春苗》和《紅雨》，以赤腳醫生為主角。[42]

這裏，我主要集中分析《春苗》。原因是它把女性赤腳醫生刻劃成一個堅持階級鬥爭的主體——她繼承了前文所述、跨越不同家庭和工作空間的女性形象，但又同時全心全意投入普世的階級鬥爭，不容許任何含糊的道德取態。《春苗》是革命敘事，反對多元包容的社會價值。所以，宣傳畫上赤腳醫生的服從性、和藹可親的態度和連結社群等性格，都在電影中被取締。《春苗》明顯是批林批孔運動中的一件政治工具。[43]

1975 年，《春苗》在國慶期間推出。它似乎是在配合某些政治計劃，以激起黨內的政治鬥爭。執導的是資深電影人謝晉，合導的還有顏碧麗和梁廷鐸。故事講述年輕的農村女孩春苗（李秀明飾）成為赤腳醫生，並對高級的衛生官員發起階級鬥爭。在「六二六指示」的支持下，春苗被村民選上，到公社的衛生院學醫。但是，她被派給一位看不起她的導師錢醫生。錢在解放前是階級敵人，得到黨的寬容對待才可以重新做人，卻拒絕教授任何醫學知識予春苗。春苗幸運地得到一些護士的同情和一位年輕的男醫生的幫助，盡力學習醫學知識。

最後，春苗決定退學，回到農村成為一個自學的「赤腳醫生」。她受到文革的高昂精神感召，回到衛生院，一方面實驗一種新型、成本低廉又可以醫治村民水昌伯背痛的藥物；另一方面，又跟杜院長和錢醫生

41　這三本小說，分別是紀延華的《雁鳴湖畔》(1973)、牧夫的《風雨杏花村》(1974)，和楊嘯的《紅雨》(1973)。

42　同樣於 1975 年製作的《紅雨》，由崔嵬執導，改篇自楊嘯的同名小說，當中的赤腳醫生並非婦女，而是一個名叫「紅雨」的 16 歲年輕人。電影歌頌青春之美，視之為共和國的骨幹。《紅雨》跟強調黨內鬥爭的《春苗》不同，把人民的敵人刻劃成比較傳統的階級敵人（在解放前經營一家草藥店）。總體而言，《紅雨》和《春苗》的意識形態同樣兩極化，主角不能有任何含糊的政治取態。

43　有關批林批孔的詳情，請參 Macfarquhar and Schoenhals, *Mao's Last Revolution*, pp. 366–373。

作階級鬥爭。錢眼見情勢對自己愈益不利，打算謀殺水昌伯和破壞春苗的實驗，最後失敗了。春苗則以自己的身體試藥，成功研發了新藥物。

謝晉在文革時參與過幾部樣板戲電影的錄製工作，但《春苗》是他在文革期間第一套執導的故事片。他對上一套作品，已經是1965年的經典《舞台姊妹》了。謝晉被譽為新中國最偉大的電影人之一。不過，《春苗》卻成為他事業的污點。該片很少被有關謝晉的研究提及，甚至很少被列在導演的作品名單上。《春苗》的政治訊息強烈，被視為謝晉服務四人幫的作品。由於電影跟文革有強烈關聯，它從未被公開放映。現在我們在網上找到的版本和買到的DVD，在理論上都是違法品。

《春苗》由上海市政府策劃及推廣，可以被視為整個把赤腳醫生政治化的運動的其中一環。[44] 故此，電影強調的是1975年的政治狀態，多於1965年的醫療改革。電影製作之際，正值周恩來和鄧小平嘗試重新掌權，卻遇到毛派的激烈反抗。在1975年的第四屆全國代表大會，周恩來重新提出他曾在1959年提過的「四個現代化」。[45] 他認為國家有需要放下文革思維，開展一條務實發展的道路，發展農業、工業、軍事和科技四大領域的現代化。在該次演講，周恩來繼續稱讚赤腳醫生，但把它列為文革的成就，這就意味著這人物類型已經過時。至於以上海為基地的江青等人，則要把赤腳醫生政治化，證明文革尚未完結。[46]

如果赤腳醫生本來是被理解成一種克服城市和農村差異、克服腦力與體力勞動的典範人物，那麼，《春苗》裏的角色則明顯代表一個拒絕跟不同階級和社會條件和解的貧農。《春苗》是歌頌農村社群生活的作品，在風景優美的浙江紹興取景。一開始，電影強調鄉土之美：稻田的青蔥翠綠無限舒展，跟清澈的藍天連在一起，花朵沿著澄明的河水盛放。在

44　翟建農，《紅色往事：1966–1976年的中國電影》，頁449–456。

45　Zhou, "Report on the Work of the Government."

46　不過，根據杜珍（Jane Duckett）的研究，官方直到1981年才把合作社式的醫療系統跟文化大革命扯上關係，而當時這種醫療制度已經被衛生部放棄了。見Duckett, "Challenging the Economic Reform Paradigm," pp. 80–95。

這個草木茂盛的背景裏，我們看到一群年輕女子（其中一位是春苗）穿著白襯衫，就像我們在宣傳畫上看到那些熱情的女子。如宣傳畫一樣，電影明顯美化了農村生活。江青跟該電影的關係密切，而讚美農村生活，也合乎她自己的極左政治主張。[47] 電影跟宣傳畫不同的地方，是電影版的赤腳醫生承諾堅決進行階級鬥爭。電影開首時，春苗笑臉盈盈，但她的笑容逐漸被置換為嚴肅的表情，示意她忠於毛澤東的革命。後來春苗鼓吹階級鬥爭，成為一個典型的樣板人物。

讓我們仔細分析，春苗跟宣傳畫上的赤腳醫生有何差異。電影經常捕捉春苗雙手，象徵她有能力完成各種工作，也突出了春苗可以扮演傳統的女性勞動者。杜院長和錢醫生則目中無人，認為春苗「拿鋤頭的手不能拿針頭」，她卻決心要證明自己的能力，既要完成農田的粗活，又要完成精細的醫療工作。錢醫生拒絕向春苗傳授任何醫學知識，派她去做勞動下等粗活，她也同樣全心全力完成。當她被告知代表大隊去學醫，鏡頭便先捕捉她在空地上跟村民握手，然後立刻剪接到她在家時的雙手特寫——當時她在家裏，正在為水昌伯縫繡一條可以減輕他背痛的腰帶。她靈巧的雙手善於刺繡，提醒觀眾某種傳統的女性形象。這種形象，正是我們在王玉玨的畫作《山村醫生》裏所看到的一樣。

但是，電影為了強調赤腳醫生是政治的主體，也安排了本來屬於家庭空間的春苗面向公共的世界。在電影其中一段，杜院長去村的衛生室探望春苗，下令她關閉衛生室。那裏，我們看到一連串精密的拍攝和剪接技術，先分割再連接室內和室外的空間。杜院長試圖私底下游說春苗關掉衛生室。但是，我們看到春苗和集結的村民不斷嘗試打開門窗，而杜院長又不斷關緊門窗，防止外來者入侵其私密的空間/對話。這片段顯示，春苗從室內推窗和推門而出，決心連結到室外的空間和人群，這是電影十分重要的題旨——室內代表限制了春苗的家庭空間，也代表了杜院長的政治私利和階級壓迫。

47　見 Brown, "Staging Xiaojinzhuang," pp. 153–184。

　　電影裏，春苗被授予的政治責任，比起原先的赤腳醫生更重，所以她的角色不能被限制在家庭空間之中。身為一個政治人物，她要投入公共空間去領導群眾運動。這一點解釋了另一段蒙太奇。在村長的家，春苗為水昌伯針灸，當她得知所有公社裏的赤腳醫生藥箱都被杜院長拿走了，她便無法掩飾自己的絕望而哭了起來。不過，鏡頭很快就從她的眼淚轉為一度度海浪，再剪接到一個戶外的政治集會空間。這鏡頭上的連接，宣告了文化大革命的開始。春苗從一個赤腳醫生上升到無產者的領袖，她必須超越自己的愜意家居，進入革命的大歷史空間。

　　在當時，不論是在電影還是現實世界，醫學都成為了意識形態鬥爭的戰場。醫學上的對錯，都以意識形態的語言來表達。在文革中冒起的新醫學方法，也同樣充滿政治含義。一個具體例子是當時非常流行、聲稱能治百病的「雞血療法」。在文革的高峰期，即使這種治療法欠缺科學根據，甚至造成不計其數的傷亡，卻被少數人賦予意識形態的合理性，受害者被視為科學和革命進步的必要犧牲。[48] 同樣，在《春苗》的故事裏，春苗和水昌伯都以意識形態化的詞彙去理解治療的過程，也準備以自己的健康為代價，去推倒阻礙革命的舊勢力。醫療體制仿似政治中立，卻同時是激烈的政治鬥爭場所。在七十年代中，赤腳醫生涉及複雜的派系鬥爭，而非僅僅是一套國家政策，故此也不再是政治中立。赤腳醫生被推到前線，替病入膏肓的文革搖旗吶喊。

典範作為鬥爭的場所

　　起初，赤腳醫生是一個用來化解社會矛盾的象徵，可以被視為一個去政治化的最佳模範人物；不過，她在後來卻被投注強烈的階級意識。春苗成為激進政治的代言人，也許不算是個意料之外的歷史發展。馬克思在《德意志意識形態》裏指，異化的主因是體力勞動（manual labor）和

48　海巴子，〈風靡一時的「雞血療法」〉，頁24–28。

腦力勞動 (mental labor) 的分裂：「只有從物質勞動和精神勞動分離的時候起，分工才正式開始」。[49] 馬克思批評的是，某種形式的勞動被高舉為意識的「精神勞動」，壓迫其他形式的「非精神勞動」。換言之，物質勞動和精神勞動分裂，既促成了、也象徵著勞動分工和剝削——這些都是資本主義社會之惡的根源。

在1930年代末，這種馬克思主義的觀點，在毛澤東的思想中繼續加以發展，而且持續影響中共的管治。1938年，毛澤東在他的「辯證法唯物論」講座裏用了馬克思的概念，以階級分析的角度去解釋唯心主義和唯物主義的鬥爭、體力和腦力勞動的鬥爭：

> 精神勞動成為支配階級的特權，體力勞動成為被壓迫階級的命運……消滅體力勞動與精神勞動的區別是消滅唯心論哲學的條件之一。[50]

中國需要新的公民，同時投入精神與體力勞動，以取代既有的知識分子此一支配社會的階級。赤腳醫生最能有力地體現這種視野。

如果赤腳醫生維持下去，仍然是一套讓中國各地按其需要剪裁的靈活體制，我們也許可以看到更多全面和踏實的社會改革。可是，這個制度性的概念很快被高度政治化，被狹義的政治鬥爭者運用來打造樣板人物，本來的社會改革計劃也就很快被掏空。在宣傳畫裏，赤腳醫生鼓吹德政與善治；相比起來，電影裏的赤腳醫生春苗則勇敢強悍，與階級敵人周旋到底。宣傳畫裏，醫生傾向鼓吹和諧和共識，而春苗傾向挑起衝突。身為一位赤腳醫生，春苗最特別的地方，是直接參與在衛生院研發新藥的過程。本來，把赤腳醫生帶進制度，就是要把她們留在村裏，替村民提供最基本的衛生服務，好讓專業的衛生官員可以專注解決更重要的醫療問題。《春苗》卻刻意把兩位專業的醫護人員拉進衝突，更以衛生

49　Marx and Engels, *The German Ideology, Including Theses on Feuerbach*, p. 50.

50　毛澤東，〈辯證法唯物論〉，頁190。

室的春苗和衛生院的杜院長（以及沒上鏡、縣衛生局的梁局長）的激烈
鬥爭作為故事結尾。本來，全中國的三級醫療制度相輔相成，被設計來
處理中國當時的具體醫療情況，卻在電影裏成為中共黨內鬥爭的舞台。[51]

在宣傳畫裏，赤腳醫生得到藥物的力量和保護。藥箱是代表赤腳醫
生及其相關醫療政策的重要象徵，攜帶藥箱的赤腳醫生都感到自豪。但
是電影卻退後一步，突出了藥物跟權力的關係，強調得到藥物的權力也
跟階級鬥爭有關。村民幫春苗做藥箱，杜院長卻奪走它；村民自行建立
了衛生室，杜院長卻下令關掉它。赤腳醫生跟她所代表的村民，都需要
為藥物治療的權利而鬥爭；相反，宣傳畫裏的醫生，卻把這種權利視為
理所當然。春苗明顯比宣傳畫的赤腳醫生具政治批判力，但她也懷疑所
有政治權力和機構。她的功能不僅在治癒社會，也在質疑與挑戰社會。

宣傳畫讚揚赤腳醫生和農村的醫療服務，代表了中共的善治。但在
電影裏，人們卻要起來抗爭，才得到藥物治療。這就呼應了文革的任
務——建立一種從下而上的激進民主。《春苗》是極左派的政治載具，
直接把點燃文革的階級鬥爭揭示出來。文革質疑所有規範性的權力和論
述，電影也強調醫學永遠不是政治中立的領域。可是，赤腳醫生跟治癒
的概念緊緊相連，不利她政治意識的覺醒，所以春苗的女性身份需要被
重新改造，以走進公共空間帶領政治行動。這裏，毛主義的模仿論述被
困在一個典型的張力之中：參與改革，還是參與革命？人應該被漸漸融
入體制，還是應該在革命領袖的帶領下，由群眾推翻體制？

我覺得赤腳醫生不僅僅涉及「有效管治」對「階級鬥爭」、「秩序」對
「革命」等張力，她還代表了另一個理論上的爭持：性別在政治裏的位
置。本來，赤腳醫生同時揉合了兩種女性形象——即傳統家庭女性和現

---

51 其中一個可以標示毛澤東思想不同於古典馬克思主義的地方，是毛澤東不
停在「階級鬥爭」和「人民之間的矛盾」中徘徊，它們在不同時間被視為中
國社會的首要矛盾。文革期間，「首要矛盾」在中共黨內。毛澤東相信，人
民的首要敵人，其實就在共產黨的內部。見 Schram, *The Thought of Mao Tse-Tung*, pp. 122–125, 171–177。

代專業女性——解決了自中共建國起便持續不斷的女性主義辯論。戈玟
(Kimberley Ens Manning) 的研究便指，1950年代有一場持續的女性主義
辯論，討論女性身體的特殊性和普世人類平等之間的張力，不同女性團
體的觀點南轅北轍：要麼一味強調兩性體質完全不同，要麼完全無視兩
性體質之間的差異。[52] 大躍進時期，婦女解放的議題更備受注目，以上
的張力也更顯著。[53] 文革的赤腳醫生可以被視為一個成功綜合和促進以
上討論的新型模範人物：女性被稱為「醫生」，不單單負責接生，還要專
業地處理各種不同的醫療工作，在女性的特殊性和性別平等之間取得平
衡，同時把國家推向現代和革命。

　　赤腳醫生是一個被設計來替社群和家庭提供醫療服務的人物。她被
理想化，成為純潔和可被信任來處理人民健康的年輕婦女。當時，女性
工人被廣泛召到重工業和勞動密集式的工種。[54] 女紅衛兵則訴諸極端的
暴力，試圖用一種激烈的方法，從既定的性別框架中解放出來。[55] 相比
之下，赤腳醫生的細心和魅力截然不同，揭示了一套去政治化的邏輯
(logic of depoliticization)。從眾多宣傳畫可見，赤腳醫生的性別使她得以
從容地在家庭空間活動，也免受公共/政治領域的侵擾。女性形象是一
個保護罩，使她免於階級政治的鬥爭，專心完成家庭/國家的家務。要
管治現代國家(不論是否社會主義國家)，這種女性形象必不可少。但
是，《春苗》則暴露出革命的性別化過程。電影首先讚揚春苗做家務的能
力，然後又費煞苦心地把她拉出家庭空間、放到公開的公共空間，重新
突顯去性別化的政治。《春苗》可算是在已死的性別政治中所作的最後努
力，力圖重新召喚激烈的性別政治。

52　Manning, "Making a Great Leap Forward?," 574–593; Manning, "The Gendered
　　Politics of Woman-work," pp. 349–384.

53　Manning, "Embodied Activisms," pp. 850–869.

54　見金一虹，〈「鐵姑娘」再思考——中國文化大革命期間的社會性別與勞
　　動〉，頁169–193。

55　見Honig, "Maoist Mappings of Gender," pp. 255–268。

　　性別身份並非天然自成，而是後天習得——這種論述已是老生常談了。我們都大概意識到，性別並沒有固定的定義和形態，而是在不同時空、由各種社會和政治力量形成的相對位置。文革時期所建構的主流女性形象，當然是受政治所操控和利用。不過，我們傾向過分片面地理解何為「政治」，往往假設了文革的意識形態和主體性的關係是線性的，由意識形態決定了主體性。赤腳醫生被再現的方式，證明了女性形象與政治的關係更為複雜。從文革的歷史可見，女性的意義固然受政治所影響和框定；但那些投注在女性身上的政治意義，又可以被輕易鬆動和改變。文革政治極不穩定，但女性形象卻維持一貫的惰性，讓那些想利用她的勢力感到既誘人、又無所適從。女性形象當然一直不斷被書寫和重寫，但它卻絕不僅僅是一塊引人注目的佈景板，而是有一種政治無法完全捕捉和操控的神秘氣質。

　　女性形象在論述上的靈活性，可以揭示那些挪用她的力量有多複雜和含糊。白露 (Tani Barlow) 說過，在社會主義中國，女性主義的主要議題不是有關動員的政策，就是重新創立文化習俗。[56] 但是，這些新的文化習俗必須跟既存的社會脈絡一致，才可以讓人習得。我們可以說，本來的赤腳醫生樹立了一個既靈活、又吸引的典範，成為一個有可能成功的模式。同時，她也有穿越家庭裏外的能力，既在群眾之中，又在群眾之外。這種滑溜性 (slipperiness) 吸引了政治的挪用，又同時抵抗它。《春苗》把這靈活的「模範」轉化成一個僵化和不現實的「樣板」，破壞了這套新體制本來所蘊藏的活力。

56　Barlow, *The Question of Women in Chinese Feminism*, p. 247.

第 **5** 章

跨地方文化的戲曲與移植

2008年，中國教育部建議，把京劇樣板戲的一些唱段引入中學課程，並以十家中學作為試點。不少人十分憤怒，批評這是重新引入毛澤東式的洗腦工程。不過，也有很多人替樣板戲辯護，認為它是傑出的藝術作品，結果引來網上網外的激辯。過去五十年，很多中國人都刻意要忘記樣板戲，但時至今日，樣板戲仍然可以激起公憤和惹來爭議。最大的原因，是樣板戲既暴力地把文化同質化，又同時在一代人心中留下了難以磨滅的烙印。復旦大學教授葛劍雄便回憶道：

> 對「樣板戲」，我們這一代人太熟悉了，當時擔任中學教師和學生輔導教師（那時叫「紅衛兵團輔導員」）的我尤其不會忘記。因為我不僅要像「革命群眾」一樣看、聽、唱，而且要組織、督促甚至強制學生看、聽、唱。「樣板戲」電影上映時，我們全校停課列隊，一路高唱「樣板戲」去電影院觀看⋯⋯
>
> 但我的經驗是，當初我們盡管極其狂熱、虔誠地學和唱，但絕大多數人都只是照調子唱或吼革命歌曲，根本沒有京劇的味道。[1]

從這段回憶可見，樣板戲被人不斷看、聽和唱了幾年之後，可以很「入腦」，而不斷「被唱」也許就是樣板戲的最終目標。1970年，《人民日

1　葛劍雄，〈樣板戲貼近的是甚麼生活〉。

報》刊登了一篇評論，重申全民學習樣板戲十分重要，更提出了「學唱樣板戲，學做革命人」的口號。[2] 口號反映了「唱戲」和「做人」兩者的關係密切：觀眾不單單要看戲和聽戲，還要唱戲和模仿戲中的角色。樣板戲工程的核心，正正是模仿，以文化和表演去建構身份和主體性。

　　這個野心勃勃的文化工程，得面對一個非常現實的難題，即人民其實有各種看戲和演戲的能力和方式。當然，樣板戲體現的是革命精神。不過，那些劇作是在特殊的文化條件下所生產的，而觀眾也不是在文化真空的狀態下看戲和模仿。中國地廣人多，也文化紛雜；文革卻是一個高度同質化的政治計劃，要全國人民追求同樣的社會理想。事實上，中心及邊緣的關係在文革時代非常緊張，只是它們不太容易被察覺出來而已。高樂（Richard Kraus）便認為，中國政府為了要提供一個國家和人民都團結一致的形象，在宣傳文化上刻意壓抑了地方文化之間的緊張關係。[3]

　　在本章，我並不打算研究那些被欽定的樣板戲劇作。我的研究重心，是革命的地方戲曲——當中包括立志要晉身為全國典範的地方戲曲，也有改編自革命樣板戲的地方戲曲。通過研究文革的地方戲曲，我們就會明白，典範文化要統一中國的地方文化有多困難。不少觀察者往往假設中國的人民愚昧無知，也認定政府並不希望人民懂得過分獨立的思考，但文革並非如此。中共領袖明顯意識到，新的宣傳文化需要跟全國各地的差異協商和調節。樣板戲工程旨在統一人民，但究竟它是一種指示（prescription）還是描繪（description）、是方法還是目的，箇中邏輯還是有待釐清。樣板戲是某個早已統一的民族文化的忠實反映，還是促進文化統一的工具？江青集團似乎是在同時鼓吹兩者，但樣板戲和社會現實又落差很大。很明顯，如果樣板戲是宣傳工具，它所反映的文化，就必然只能是片面和神話化的。

2　《人民日報》，〈做好普及革命樣板戲的工作〉。

3　Kraus, *The Cultural Revolution*, p. 57.

　　把革命樣板戲移植到地方戲曲的規定，在1967年正式公佈。這也暗示了各地的文化尚未統一。官方的規定，可算是一個壓迫性的文化工程之下的理性折衷之道。一方面，全國都要被迫生產和觀看樣板戲；但另一方面，官方也承認各種地方文化有其特殊性。中共意識到，要統一全國的文化，就必然要面對不同地方的文化差異。要在偌大的中國宣傳普世的革命精神、觸及各色人等，便得借助各種地方文化的形式。官方的革命樣板和它們的地方版本，存在著錯綜複雜的張力。江青等人要求地方文化得完全忠於欽定的樣板，這其實並不可能。如果有可能完全忠於樣板，一開始就沒有移植的需要了。

　　所以，移植樣板戲的工程一直被置於「忠於樣板」和「接地氣」的拉扯之中，自然跟那些標準樣板戲的美學操作並不一致。大體來說，地方戲曲的視覺調度基本上都合乎樣板戲的嚴格標準。但是，聽覺方面卻難以磨合。聽覺非常重要，要把樣板流傳，最直接的方法就是令觀眾「聽戲」和「唱戲」。但在文化移植的過程裏，語音 (voice) 總是很麻煩。希翁 (Michel Chion) 便研究了不同文化的電影，指出語音常常使人重新連結母性和文化本源，而婦女的語音更常常使電影的主角連接到各種隱秘的欲望和渴求。跟影像比較起來，語音更無處不在，也更觸及人們內心深處。[4] 我在這裏並非要替樣板戲作精神分析。我只想指出：在移植樣板戲的過程中，聲音與文化關係密切，印證了巴特 (Roland Barthes) 的說法，即語音有其紋理，尤其是涉及「說母語的身體的物質性」。[5] 我希望發掘出這物質性 —— 它也許最能挑戰樣板戲的邏輯。

　　移植工程被置於「樣板戲作為方法」與「樣板戲作為目的」之間，被假設為一個過渡性的計劃，容許地方聲音暫時存在，但終極目標是要為了完成一個統一的國家文化而犧牲。從這個角度看，地方音樂和方言只是殘留物，隨時準備「被消失」；但從另一方面看，那些地方音樂和方言

4　Chion, *The Voice in Cinema*, pp. 61–62, 109–122.

5　Barthes, *The Responsibilities of Form*, p. 270.

卻又是地方文化的重要標誌，也是面對官方樣板文化時最有韌力的反抗元素。這就使樣板戲的核心表演邏輯更為複雜，也揭示了典範與複製品之間的內在張力。

因為移植工程，文革期間生產了不少地方性的革命戲曲。這些戲曲早已被人遺忘，其命運就好像一個傷口一樣，只能被癒合和忘記。大部分地方性的革命戲曲，都沒有被製作成電影膠片或黑膠唱片。評論家和觀眾無法直接閱覽文本，也無法重新評估它們實際上的影響力。[6] 今天，沒有幾個年輕藝人和樂手能夠重演那些劇作的本來面貌。如果文革的最終目標是要以樣板戲去統一文化，那麼，假如我們集體遺忘那些在當時位處邊緣的文化活動，也就是在默默認許文革的最終目標——即把文化同質化，而忽略了革命文化其實比我們想像中更豐富多元的歷史事實。

以下，我會集中探討粵劇。選擇粵劇的原因之一，是它在政治和形式上有其獨特性，可以讓我們看清一些當時其他地方藝術都有的共性。粵劇有豐富的藝術傳統和大量觀眾群，不論是在文化還是地理上，都跟北京和上海 (樣板戲的中心) 相距甚遠。直到 1960 年代中期，很多廣東人仍然不說普通話。中國南方的粵語流行文化，也一向蓬勃，維持著獨特的地方文化。

恐懼地方主義

在樣板戲移植到粵劇的過程中，涉及大量的美學和政治實驗。可是，榮鴻曾那篇發表在 1984 年、研究《沙家浜》的音樂改編的論文，卻是中外唯一一篇相關的嚴肅學術著作。[7] 根據榮鴻曾的仔細分析，粵劇為了容納那些源自京劇音樂和歌詞的旋律、拍子和聲調，失去了自己的

6　除了《沙家浜》的粵劇版外，只有一齣移植樣板戲有幸被改編成電影，那就是維吾爾版的《紅燈記》，1975 年被八一電影製片廠拍成彩色電影。

7　Yung, "Model Opera as Model: From *Shajiabang* to *Sagabong*," pp. 144–164.

獨特性。他也抱怨移植工程為政治和藝術理論服務,犧牲了中國地方戲曲的多元性。

　　榮鴻曾的批評很有道理。不過,京劇的霸權沒有宰殺地方戲曲的生命力。反而,文革更可能是中國傳統戲曲最後的黃金年代。在廣東,雖然傳統粵劇曾經在文革剛剛結束時重新風行了一陣子,但一踏入1980年代初便很快衰落了。粵劇藝人盧秋萍回憶道,當文革在1970年代中期一結束,她就在其中一齣革命粵劇《李雙雙》擔正。該劇在可容納五千人的廣州中山紀念堂公演了一個多月,幾乎每晚都全場爆滿。[8]當時還有活躍的戲迷文化,劇中的唱段更是到處有人哼唱。主角成為明星,成為了觀眾的欲望對象。就以倪惠英為例:這位在多齣革命戲曲(包括《紅色娘子軍》的粵劇版)飾演女主角的粵劇新貴,每天都收到粉絲來信,也常常在離開時,遇上粉絲的送別和尖叫。[9]據估計,在1975年,廣東省有79個文化工作團體、55個戲曲團體。[10]雖然這些數字比起文革前大幅下滑,但也證明了很多粵劇活動和文化仍然存在。簡言之,究竟那些劇作有多受歡迎和流行,我們須要作更多研究。

　　我們可以把文革時期的粵劇發展分為兩個階段。第一階段是1964–1968年,以《山鄉風雲》的製作和禁演為標誌。1968年之後則是第二階段。在這階段,政府解禁粵劇(及其他地方戲曲)的製作,而且鼓勵地方移植樣板戲。我認為兩個階段都同樣值得仔細研究,因為它們可以讓我們看到,文革時期的中心化和標準化有多困難。

　　《山鄉風雲》改編自吳有恆在1962年出版的小說《山鄉風雲錄》。故

8　作者訪問盧秋萍。根據中山紀念堂提供的資料,紀念堂本來可容納多於五千人。1975年,座位縮減到4,729個,1998年再縮減到3,838個(2012年3月23日的電郵訪問)。可惜我無法找到任何有關移植劇何時上演、上演多久的文件紀錄。

9　作者訪問倪惠英。

10　《中國戲曲志·廣東卷》編輯委員會,《中國戲曲志·廣東卷》,頁66。也可參考賴伯疆,《廣東戲曲簡史》,頁369。

事描述內戰期間，一位共黨女連長劉琴救了從瀑布跳下來自殺的少女春花，因而得知春花的悲慘身世：她是個被桃園堡民兵隊長斬尾蛇污辱的奴婢。桃園堡由三位土豪控制，並擁有私人的武裝力量。三位土豪之中，番鬼王最有權勢，是村的土皇帝。中共派劉琴入村當臥底，策動群眾裏應外合，以配合中共戰士攻堡。劉琴首先化身中學教員，得到番鬼王及其女兒的信任，然後跟何奉（春花的父親）等村民合作，在村內散播革命訊息。最後，劉琴在中秋節協助中共成功拿下桃園堡。

小說在廣東大受歡迎，先被改編為話劇，後又再被改編為粵劇。1965年，廣東粵劇院在政治意味甚濃的「中南區戲劇觀摩演出大會」中上演《山鄉風雲》，於7月1日到8月15日期間在廣州公演。我們可以把該劇視為地方發起的革命模範戲曲，在1966–1967年期間並沒有被官方反對，和北京及上海的官方樣板戲同步發展。[11]

當傳統戲曲作品的表演開始被禁，一群粵劇工作者便用盡全力製作一齣可以供日後參考之用的革命戲曲——它也許可以熬過政治動盪的時期，幫粵劇逃過滅頂之災。該劇乃集體創作，由當時最紅的粵劇藝人演出，包括紅線女、羅品超和文覺非。原班底更被邀請到北京、上海和深圳公演。根據一些內部備忘錄，演出相當成功，甚至獲得黨領導和不少戲曲藝人的讚賞。[12] 很多重要的黨領導和文化名流，都最少看過一次《山

---

11 該劇的現存紀錄，包括一盒1965年的聲帶，一盒1978年的錄影帶（應該跟1965年的版本非常接近），以及一套1979年、由珠江電影製片廠製作的電影（跟1965年的版本相距甚遠）。

12 在廣東省檔案館，我找到一些廣東粵劇院和廣東省文化部的內部文件，匯報1965–1966年期間《山鄉風雲》在北京、上海和深圳演出的情況。這些文件包括：〈《山鄉風雲》演出團到京匯報演出情況會報〉；〈江青同志看《山鄉風雲》後提出的意見〉；〈上海市領導同志對《山鄉風雲》一劇提出的意見〉；〈胡喬木同志對《山鄉風雲》的意見〉；〈上海戲劇家協會召開《山鄉風雲》座談會〉；〈《山鄉風雲》在深圳演出情況簡報〉。這些文件被編號為312-1-70-69-90、307-1-370-73-130、307-1-370-73-130(1)、307-1-370-73-130(2)、307-1-370-73-130(3)。以下，我會簡稱它們為〈1965–1966年《山鄉風雲》北京、上海及深圳之旅〉。

鄉風雲》。[13] 領導人看劇不算是新鮮事，但《山鄉風雲》被高度重視，反映出這齣地方劇在政治上有多重要。

《山鄉風雲》的原作者吳有恆是土生廣東人。反右運動期間，他被控散播地方主義，被派去當工廠工人。小說是在吳有恆下放時所寫，故事卻仍然散發強烈的廣東氣息，很多地方元素在粵劇版也被保留。事實上，地方認同可算是這部小說的主題。劉琴被中共派到桃園堡當臥底，就是因為她年少時曾經住過那裏，讓她可以說服村民，她是為了服務家鄉而回來當老師。在第一場戲，當劉琴跟隨黨的戰士，進入廣東南部的山區地帶時，她高叫：「啊！久別的故鄉，我又回來了。」中秋節當日是故事高潮。村民的慶祝活動由番鬼王的女兒策劃，要向人們展示最精緻的地方節慶儀式。正正因為周邊的居民來桃園堡出席節慶，才給了中共戰士最佳的進攻時機。認同地方文化，似乎是吸引觀眾投入的策略。當廣東粵劇院的班底在北京和上海演出，於當地最投入的觀眾也似乎是廣東人。[14] 如果《山鄉風雲》可以被視為模範戲曲，成功吸引觀眾，主要原因就是它能夠營造出一種吸引廣東人的地方認同 —— 推動這認同的，不僅僅是故事和角色，還有粵劇本身這藝術形式。1967年，《山鄉風雲》因為鼓吹地方主義而被批判和禁演，實非意料之外。

廣東省以其獨特的經濟實力、文化和語言，加上跟首都的地理隔閡，自古以來便享有相對自主的地位。但是，新中國把地方主義視為不利全國革命的重大阻礙，而問題在文革期間則變得更為突出。中央和廣東省政府的矛盾，也在如何管理廣東文化的問題上清楚可見。在1960年代中期，廣東最有權力的人是陶鑄。陶鑄是管理五省的中南局的第一書記，也在中央政府位居要職，當過中共中央宣傳部部長。1965–1966

13　根據官方紀錄，眾多出席的人物包括周恩來、朱德、鄧小平、李富春、陸定一、彭真、薄一波、葉劍英、胡喬木、江青、康生、周揚、林默涵、郭沫若、茅盾、田漢。

14　〈1965–1966年《山鄉風雲》北京、上海及深圳之旅〉，頁79、84、113。

年，陶鑄似乎有能力保護廣東免受文革波及。但到了1967年1月（也就是主理廣東的趙紫陽被打倒後的兩個月），陶鑄便被批判、打倒及軟禁了。廣州旋即陷入混亂。在當時冒出來的眾多造反派中，最大規模的工人組織是「毛澤東思想工人赤衛隊廣州地區總部」，它聲稱代表區內15萬工人。同時，廣州兩份主要報章《廣州日報》和《南方日報》，還有珠江電影製片廠，都被革命團體佔據了。廣州變成派系鬥爭的戰場，血腥程度絕不下於全國任何一個地方。被批鬥得最激烈的罪名，正正是「地方主義」。「地方主義」的代表人物陶鑄，幾乎是所有政治團體共同聲討的代罪羔羊。支持粵劇發展，也成為陶鑄的罪名之一。[15]

在這波反地方主義的高潮中，《山鄉風雲》被禁演了。1966年，江青在上海第一次（也是唯一一次）看劇的時候，便似乎不太喜歡。在演出後的討論環節，江青不只一次說聽不懂廣東話，說難以緊跟劇情。她甚至指示珠江電影製片廠，著它不要落實把《山鄉風雲》改編為電影的計劃，又叫在場的藝人代她向陶鑄要求，查明故事的歷史真確性。[16]這裏有兩點清楚不過：江青不喜歡《山鄉風雲》，因為它是廣東話的劇作，而她也不喜歡大力支持《山鄉風雲》的南方地方首長陶鑄。在這裏，江青個人的文化品味和政治立場又再一次重疊。

其實，江青視《山鄉風雲》為地方主義，不算完全無理。該劇得以誕生，本來就是因為一班廣東創作人感受到山雨欲來，希望做出一齣成功的作品，使地方藝術撐過動盪的政治化時期。[17]最重要的是，以新的革命粵劇去延續傳統粵劇的形式和特質，根本就是創作班底的集體決定。在一份內部報告中，導演林榆和廣東粵劇院的副主任都強調，《山

---

15 廣東新華印刷廠委員會編，《徹底砸爛廣東粵劇的文藝黑線：十七年來粵劇戰線上的階級鬥爭》，卷1，頁1、9。

16 〈1965–1966年《山鄉風雲》北京、上海及深圳之旅〉，頁101。

17 何啟翔、范德，〈中南區戲劇觀摩演出大會經驗交流座談會資料，何啟翔、范德同志的發言〉。廣東省參加中南會演劇目選拔演出辦公室，〈對粵劇《山鄉風雲》的意見〉。

鄉風雲》創作一直忠於粵劇藝術。雖然粵劇界一直都在實驗和創作新的革命作品，卻總是被觀眾批評為背離地方藝術。林榆便說：

> 我們創作劇本或改編、移植的時候，如果不重視戲曲特點，不是「以我為主，走自己的路」，那就肯定要失敗的。[18]

《山鄉風雲》大受本地觀眾歡迎，空前成功，證明林榆沒錯。該劇在政治上的意義特別重要，因為它有志把自己樹立為典範、繞過新政權所鑄造的美學霸權。它最終無法活下來，正正是因為它有自立的志向。也因此，《山鄉風雲》沒有可能不被禁。

劇本以廣東話創作，寫得十分雅緻，既有精煉的文學語言，也有老百姓的日常生活經驗。在吳有恆的積極支援下，作詞人楊子靜混合了傳統文體與廣東話口語，典雅地述說一個當代的故事。音樂方面，由譚健和黃壯謀等專家處理。而且，幾乎所有粵劇明星都空群而出，可謂前無古人。場景突出了廣東的地方風景：何奉的屋後，有廣東的榕樹；地主大宅的內部設計，也是廣東地區獨有的。不過，最關鍵的地方是編曲。第一，全劇沒有任何一件西方樂器，以傳統的廣東樂器為重心。第二，全劇都用傳統的梆黃，刻意避開小曲。在十九世紀末，梆黃是唯一在粵劇台上被唱的曲調，而且只有30首。但在二十世紀初，不同的歌曲類型被引進，被包納到小曲的類型之下。小曲的曲目種類繁多，歷史源起也比較混雜：一些是傳統民俗歌曲，一些是晚近受西方影響、在城市中發展出來的流行歌，一些是從傳統中國音樂的其他類型而來，還有一些是其他地方的民歌。在1930–1940年代，小曲在粵劇中極受歡迎，有些十分流行的劇作，更完全只用小曲。[19] 但到了1950年代，梆黃又被重新引進粵劇，以打擊解放前的商業文化。《山鄉風雲》刻意迴避所有混雜的

18　林榆，〈中南區戲劇觀摩演出大會經驗交流座談會林榆同志的發言——談導演粵劇《山鄉風雲》的體會〉。

19　梁沛錦，《粵劇研究通論》，頁179–180。

小曲，接上一個藝術家感到更「正宗」，而且政治上更正確的文化傳統。作曲家譚健說，他的編曲旨在展示粵劇音樂的傳統。[20] 在眾多元素中，編曲最能展示作品對粵劇傳統的堅持。

《山鄉風雲》是文革的宣傳文化，但它能吸引觀眾，主要原因在音樂。在第四幕，劉琴被引介到番鬼王的大宅，被番鬼王助手斬尾蛇打量她有否另有企圖。這場包括了一個短短一分鐘的「背供」環節：兩個對話的角色，各自回到自己的想像空間唱歌，產生了一個讓兩人自言自語的私人空間，讓觀眾明白兩個角色的心理和盤算。這是一場重要的縫合時刻 (suturing moment)：當角色自己唱歌的時候，也同時向觀眾唱歌，直接邀請觀眾去認同角色。每個角色都唱五句，當中四句的板式為「減字芙蓉」，最後一句則為「滾花」，輪流唱，配上二胡、琵琶和月琴共奏的傳統旋律，蜿蜒其中。減字芙蓉是芙蓉腔的輕快版，使觀眾興奮、期待故事的發展。滾花則是自由板之一，通常在結尾用作加強另一種情緒。最後兩句變慢，以兩個角色的衝突作結。這些歌詞都以複雜的平衡結構寫出來。而且，劉琴每一次所唱的音樂和內容，都比前段的斬尾蛇更有力量。

〔減字芙蓉〕

斬尾蛇：　莫把山鷹錯當鳳凰

劉琴：　　披著人皮仍是毒蟒

斬尾蛇：　看她劍眉含野氣

劉琴：　　看他賊眼露凶光

斬尾蛇：　我要察看她行藏

劉琴：　　我要小心和他較量

斬尾蛇：　誰也難瞞我一雙眼

劉琴：　　他曾領教過我兩聲槍

20　譚健，〈中南區戲劇觀摩演出大會經驗交流座談會資料，譚健同志的發言〉。

（滾花）

斬尾蛇：　　要試探這堂上姑娘

劉琴：　　　且對付這手下敗將

以上的句子，是優美的書面中文，卻以口語的廣東話被唱出來，使觀眾感到既古典、又本土。表演者以廣東話的「佢」（即「他／她」的廣東話發音），來唱出句子中的「他／她」。在第三及第四行，表演者並非直接唱「看她」和「看他」，而是唱「睇佢」。在後來的移植樣板戲之中，廣東話就不再被容許在唱腔中出現了。另外還有一點頗為有趣的是，《山鄉風雲》的劇力主要來自劉琴蒙騙和裝扮的能力。減字芙蓉的頭七節都關於視覺，描寫角色各自看破對手的表演和裝扮：斬尾蛇一直懷疑眼前的老師是內鬼，而劉琴也要小心應對眼前的老狐狸。但到了最後一句，劉琴以她曾開過的兩聲槍作結，用暴力和聲音表達了自己最終的力量和正當性。這場有關身份的遊戲，間接質疑了有關本真性的簡單看法以及權力的遊戲，很多觀眾都十分喜歡。

《山鄉風雲》也重視女性氣質，跟樣板戲不同。劉琴為了深入敵陣，假扮成平民，也暗暗以相反的方式遙遙呼應了扮成兒子、代父從軍的花木蘭。當劉琴發現了地主壓迫窮人，紅線女就用平喉唱出她的憤恨。但在其他主要部分，被突出的都是紅線女悅耳的唱腔和感情，而非她的打鬥動作。在第六幕〈劉琴抒懷〉，她獨個在自己的睡房唱了六分鐘，渴望再次穿起軍服，回復軍人身份。正正是這幕，不論是她的歌聲、姿勢還是整體的靈韻，劉琴的女性身份都最突出、最吸引。導演林榆坦言，創作班底刻意多讓劉琴唱歌，就是知道觀眾會喜歡這個部分，而這些歌也會強化整套劇的「粵劇感」。[21] 1967年，官方批判《山鄉風雲》，不再容許「粵劇感」存在。粵劇被迫放棄其地方特色，改為展現它對北京和上海樣

21　林榆，〈中南區戲劇觀摩演出大會經驗交流座談會林榆同志的發言——談導演粵劇《山鄉風雲》的體會〉。

板戲的忠誠。當年的粵劇工作者既力保自身的文化，又積極創造迎合新潮流的革命樣板，只可惜形勢比人強。

移植：視覺 vs. 聽覺

《山鄉風雲》是被當成粵劇樣板來創作的，但它最終卻沒有被欽定為樣板戲。劉琴也沒有成為樣板戲的英雄人物。即使創作班子動用了當時最好的資源和方法去創作革命戲曲，地方身份始終是最大的問題。說到底，該劇由地方團體創作，而非中央統籌策劃。當《山鄉風雲》被禁，就連整個廣東的粵劇工作者群體也不能倖免。1967、1968年，所有粵劇團都被禁。很多藝人和樂手被打成「牛鬼蛇神」，被送到二沙頭和英德再教育。[22] 很多粵劇工作者也被迫轉行，不可涉足劇場，甚至私下演戲也不可，只能離開舞台，飽受侮辱地接受勞改。[23] 不過，這段黑暗日子只維持了一年。一年後，樣板戲席捲全國，粵劇藝人又再被交付政治工作。

江青等人很清楚，要推動全國的文化統一，只靠北京和上海大劇團那幾齣樣板戲並不足夠。[24] 要選定的劇目滲透全國，主要得在兩方面下功夫：再媒介化 (remediation) 和移植 (transplantation)。第一，把樣板戲改編成漫畫、電影、錄像和電視等其他媒介，使它流向不同觀眾。各個媒介按自身的特性，盡力忠於樣板戲。同一套樣板戲，電視紀錄片的版本可能需要比較少的改動，但漫畫版就可能需要大幅修改。第二，把不同形式的原樣板戲（例如現代京劇、芭蕾舞或交響樂）移植到地方戲曲。

22　廣東省所有的文化單位，都把文化工作者送到英德；而在廣州市機構工作的文化工作者，則被送到二沙頭。兩地各有數萬名文化工作者。

23　說到文革，大部分著名藝人和創作人的回憶錄，都集中敘述1967–1969年期間。例子可見紅線女，《紅豆英彩》，頁129–133；羅品超、馮小龍，《羅品超舞台藝術七十三年》，頁121–130；以及汪宗猷、陳摩人，《粵劇表演家郎筠玉》。

24　《人民日報》，〈把革命樣板戲推向全國去〉。

隨著文革一路發展，本來是浙江越劇的《半籃花生》和河北的梆子劇《雪嶺春燕》後來都被欽定為樣板戲，可見江青後來放寬了對藝術形式的控制。但是，這些新進的樣板戲仍然是中央首肯的劇目，不像《山鄉風雲》般，要成為北京和上海樣板戲以外自創的另類樣板。

1971年，《人民日報》刊登了兩篇文章，呼籲其他文化載體大規模運用樣板戲，藉此把樣板戲大眾化。[25] 不過，移植樣板戲其實很早就已經開始了。例如在1968年末，《海港》就被移植成海南島的瓊劇，在海口市港口事務局的戶外劇場公演。[26] 河北的梆子劇則移植了《紅燈記》，並在1969年經中央電視台作全國廣播。[27] 早在1965年，前文提及由陶鑄領導的中南局，也曾經請中國京劇院到廣州示範新創作的《紅燈記》，讓在場的粵劇工作者學習如何把它改編成粵劇。[28] 第一次移植實驗，大約跟《山鄉風雲》的創作同期。1964–1967年期間的廣州，這兩種藝術實驗同步進行。但只有江青直接監督的實驗，才被採納成全國樣板戲的劇目之一，那時是1967年。

1968年，廣州粵劇團革命委員會成立，廣州的粵劇界開展比較制度化的戲曲活動，嘗試創作新的革命短劇和移植樣板戲。在1969、1970年，廣州粵劇團第一連和第二連相繼成立。很快地，政府資助的廣東粵劇院和廣州市粵劇團都恢復運作，前者負責移植《沙家浜》，後者負責《智取威虎山》。[29] 被批判的藝人很快就被召回，負責移植的工作。共有108位專業的粵劇工作者負責《沙家浜》，很多人是直接從二沙頭和英德被送回去廣州工作，當中有演員、舞台設計、樂手、燈光師和舞台助理等等。之前兩年的革命，並沒有瓦解粵劇界的等級秩序，新聘請和訓

25　Clark, *The Chinese Cultural Revolution*, p. 75.

26　《中國戲曲志‧廣東卷》編輯委員會編，《中國戲曲志‧廣東卷》，頁58。

27　甄光俊，《文革期間江青與河北梆子》，頁42。

28　廣東省文化廳，〈匯報我省各地學習京劇《紅燈記》情況〉。

29　《廣州粵劇團團志》編輯委員會編，《廣州粵劇團團志》，頁9；《中國戲曲志‧廣東卷》編輯委員會，《中國戲曲志‧廣東卷》，頁57。

練的藝人和樂手，跟那些仍有名氣和備受尊重的前輩共事。1974年，《沙家浜》也被珠江電影製片廠拍成彩色電影。換言之，《沙家浜》的粵劇版本已被認可為次檔的樣板，可以加以宣傳。

移植工程非常執著「樣板」的概念，跟鼓吹靈活性和技藝交流的傳統戲曲形成鮮明對比。按規定，所有表演樣板戲的藝團都必須忠於欽定的樣板，從一條線、一腳步、一道光到角色身上的一塊補丁，都要盡力模仿樣板。[30] 而且，雖然樣板戲也有自身的改編史，但中共卻規定要完全放棄那些前作。一切準則以被官方認可的版本為唯一的權威版本。事實上，《沙家浜》、《白毛女》、《紅色娘子軍》和《杜鵑山》的粵劇版，全部都在文革開始之前便已經上演過。但當文革的移植計劃開始後，這些文革之前的版本都被禁了。

其實，很多樣板戲都帶獨特的地方文化風格：《智取威虎山》以中國東部的寒冬為背景，《海港》的背景是上海，《紅色娘子軍》展示的是海南的地方文化，《奇襲白虎團》的故事則發生在中國外的韓國，配上異國的服飾和舞蹈。這些故事，都不是江青等人為樣板戲計劃而特別創作出來，而是從1949年之前和之後在各地所創作發展的革命文藝中挑選出來，自然帶有地方色彩。當這些作品被選為樣板戲，它們的地方元素並沒有被移除，卻反而被加以重視。例如，《紅色娘子軍》的導演、編舞、舞者和舞台設計都被送到海南，研究黎族的舞蹈、服飾和當地的景色，以加強劇作的真實程度，使表演更有色調，也表示重視中國文化傳統的姿態。[31] 康浩在研究社會主義電影的時候提醒我們：「弔詭的是，要生產帶『中國風格』的電影，最有效的方法之一是去中國國內裏最『陌生』（foreign）的文化地帶。」[32] 少數民族的文化，被視為國家的一部分，也最容易被文化工作者「發現」和運用，去表達中國的民族風格。

30　哲平，〈學習革命樣板戲，保衛革命樣板戲〉。

31　作者訪問薛青華。

32　Clark, *Chinese Cinema*, p. 101.

不過，真正的問題在聲音。觀眾可以在視覺上歡迎異文化的影像，卻往往難以放下自己的聽覺。在被欽定的樣板戲中，故事的地方背景並沒有挑戰京劇的音樂結構。但在移植劇中，效果則恰恰相反：移植劇的唱和唸所用的都是地方方言，但做和打、還有戲台背景和人物形象，都必須緊貼京劇的原作，造成一種既非京劇、又非粵劇的奇怪效果。跟《山鄉風雲》命運不同，粵劇《沙家浜》無法「接地氣」，在很多藝人和觀眾心目中所留下的印象不太好，問題正正就在聲音。導演郭慧在文革時曾數度替廣州市粵劇團的移植劇執導。她對我說，本地觀眾常常批評，移植的樣板戲是「好看不好聽」。[33]

郭慧說，不論是演出樣板戲的原作，還是創作新的移植版本，本地劇團都得跟隨嚴格的指引。要跟隨視覺調度比較容易，因為舞台、服裝和道具都可以從北京和上海訂購。原作的劇團也出版了詳盡的創作指引，教地方劇團如何能夠做到在視覺上百分百一樣的演出——這就是樣板的核心觀念。

身為導演，郭慧的職責是盡力落實指引列出的標準。例如，在傳統的粵劇，一般需要五到十分鐘轉換場景，但樣板戲的標準，卻是用一到兩分鐘。所以郭慧便要訓練工作人員如何加快轉換場景。其實，粵劇一直都歡迎現代的視覺修飾，也勇於改變。廣州是中國首批迎接西方文化和觀念的城市之一，不只孕育了革命思想，還衍生了不少創新的動力和對現代性的不斷渴求。所以，粵劇台上往往可見街頭的時尚和繽紛的場景，其舞台設計也往往比傳統京劇複雜。樣板戲中各種仔細的視覺設計，都可以被粵劇藝人和觀眾輕易接受。

有些偶爾出現的口號，也可以勉強被粵劇吸收。一些重要的短句，例如「毛主席」或「共產黨萬歲」都以普通話發音，以顯示廣東人尊敬主席和黨。[34] 這安排可能代表廣東話的地位不及普通話，但粵劇總是對外

---

33 作者訪問郭慧。

34 同上註。

地文化開放，我們也毋須過分強調廣東話是較弱勢的語言。民國時期，色士風、小提琴、班卓琴和結他都被粵劇舞台大量運用。[35] 總之，粵劇總是為自身的胸襟而自豪，包容各種來自天南地北的題目、最時尚新穎的視覺設計，還有西方樂器和外地語言。把所有元素拉在一起的，主要是一系列的曲調 —— 即使它們本身也在不停擴張和轉化。

黃泉鋒仔細研究了維吾爾版本的《紅燈記》。他指出，不少維吾爾藝術家和樂手都認為，樣板戲移植是一項期待已久的機會，可以讓維吾爾的音樂元素被系統化地引入移植作品，保護長年在中共管治下被刻意破壞的維吾爾民族表演藝術。[36] 可是，這種地方文化工作者所擁有的文化自由和美學自信，在樣板戲移植到粵劇的過程中並沒有出現。也許是因為在文革期間，維吾爾作為少數民族所獲得的文化自由，在某程度上比漢族的地方文化多。所以維吾爾版本的《紅燈記》是一個特殊的成功例子。皮斯（Rowen Pease）則研究了一個「失敗」的移植案例。當《龍江頌》被移植到中國東北延邊地區的朝鮮族，當地人並不喜歡地方化的版本，反而更喜歡原來的京劇版本。[37] 我們只能說，很少移植戲曲能夠同時配合樣板戲原作、又同時表現地方戲曲的藝術精粹。

在一份於1974年刊登於《人民日報》的報告中，傳統粵劇被官方批評為「靡靡之音」。[38] 在整個文革時期，粵劇都被要求放棄它嬌媚輕浮的聲線，以配合新時期的英雄主義氛圍。地方戲曲被要求讓路，方言也是以普通話為權威。但在廣大的鄉郊，很多人仍然不會普通話，大大減弱了中央政府的宣傳文化。[39] 很明顯，移植工程是為了解決這個問題而設計的，使不會普通話的人仍然看得懂樣板戲。在粵劇《沙家浜》的例子，

35　梁沛錦，《粵劇研究通論》，頁180。

36　Wong, "The West is Red."

37　Pease, "The Dragon River Reaches the Borders."

38　新華社記者，〈粵劇的新生 —— 記廣東省粵劇團學習移植革命樣板戲沙家浜〉。

39　見Huang, "Rural Class Struggle in the Chinese Revolution," p. 134.

移植劇嚴格跟從京劇版，連歌詞與對話也毫無偏差。由於北京話與廣東話差異過大，而兩種音樂體系又不盡相同，要保留原作的歌詞，便必須大幅度扭曲地方音調（又或者相反），故此無論如何都肯定無法使觀眾滿意。[40] 在移植樣板戲的計劃中，首要的政治工作，是要保留京劇原作的文本，卻肯定必然使其粵劇改編流失了其特殊的粵劇特質，使觀眾感到刺耳。

　　黃壯謀記得，當他替《海港》的粵劇版編曲之時，就有一句非常麻煩。在第二幕，當退休工人馬洪亮回來港口，看到那些可以處理複雜工作的新式機器的時候，感到十分驚訝，就以西皮排板唱：「大吊車，真厲害，成噸的鋼鐵，他輕輕地一抓就起來。」要把這句改為粵劇版本，黃壯謀不可以改動任何一字，也不可以改動基本的節奏。「大吊車」在京劇版本來以 "3 2 1 2 3" 的方式所唱，但如果以同樣的音調唱成廣東話，「吊」字在廣東話卻等同「屌」的發音，那當然不可接受。黃壯謀得找一個既不同、又相近的音調，把「大」的音高從 "mi" 降到下音階的 "la"，稍稍加長其長度。[41] 普通話的「大」字的音高，遠高於廣東話的「大」字，所以粵劇版本必須被降音，有趣的是，一旦「大」的音調被校正，「吊」的發音也會穩定下來。另外，黃壯謀也稍稍把「吊」和「車」的轉折音放輕，避免「吊」聲的發音被扭曲。雖然他可以避免「吊」的發音愈走愈遠，新版本卻把原作的旋律打斷了，減弱了輕鬆的節拍（本來可以準確捕捉馬洪亮看到機器的興奮心情），弱化了劇場效果。對粵劇觀眾來說，音樂也變得沒那麼好聽。

　　雖然西方樂器一直都在粵劇舞台上被廣泛應用，但在 1949 年之前，粵劇流行用的是百老匯音樂劇、荷李活電影的配樂和爵士樂等流行的音樂類型。當新的革命戲曲設計好，這些元素便必須消失。但是，真正被系統化地引進樣板戲的，卻是西洋古典音樂（文革期間，色士風被禁）。

40　見 Yung, "Model Opera as Model" 的細緻分析。
41　作者訪問黃壯謀。

很多人都為了發展新型的革命古典主義（revolutionary classicism）而進行實驗。當時的意見是，西方的管弦樂對粵劇特別重要，因為它可以補足傳統廣東樂器低音和音質弱的缺點，甚至糾正粵劇陰柔的傾向。[42] 傳統的工尺譜被簡譜全面取代，當中所有音符都以數字表達，使閱讀與教學簡單得多，但也犧牲了一些音樂上的複雜性。最正規的演出，需要一個由30人組成的小型管弦樂團配合，中西樂器並用伴奏。[43]

　　酈斌是當時的廣東粵劇院的頭架（中樂的樂隊首席）。他告訴我，為了替移植劇演奏，他得從頭學起如何跟樂隊指揮合作，協調兩套音樂系統。一般而言，頭架繼續統領中樂隊，指揮則會在序曲和間場時加以領導。不過，中西樂隊其實並不那麼截然二分，甚至偶爾會合作演奏。總之，頭架要打醒十二分精神，留意表演者的歌唱和動作，也要同時留心管弦樂隊。[44]

　　梁潤添是掌板，負責表演時的音樂節奏。他也回憶起當時的排練和討論會：傳統中樂手要和西樂隊、導演和唱腔設計合作，在粵劇史上實在是前所未見。[45] 藝人鄭培英則記得，當時唱者要適應新音樂，頗為困難。傳統樂隊（也稱場面）可以為唱者何時演唱，而給予唱者清晰的暗示；但在樣板戲中，歌手不能再依靠樂隊的靈活提場。[46] 在中國傳統戲曲裏，歌手和樂手經常互動。表演者和觀眾不僅包容即興的演出，甚至往往視它為表演藝術的最高境界。但到了文革，當西方交響樂引入傳統

42　新華社記者，〈粵劇的新生 ——記廣東省粵劇團學習移植革命樣板戲沙家浜〉。

43　當然，這僅僅在廣州主要劇場的主要表演才如此。郊外的流動樂隊的規模會大大縮減。

44　作者訪問酈斌。

45　作者訪問梁潤添。粵劇也有一些獨特元素不受影響。例如，京劇的男性假聲被拿走，因為那感覺不真實；粵劇則較少受影響，因為大部分男唱者都以平喉演唱。

46　作者訪問鄭培英。

的梆黃之後，音樂便需要在演奏前被仔細規劃，大大減少了即興表演的自由。在周密的規劃下，樂曲得被小心縝密地寫下，再由人重演——這也體現了樣板戲的政治內涵。

很多受訪者都稱讚粵劇《杜鵑山》(1974)，說它是移植工程裏很有深度的作品。藝人和樂手都被要求作極高難度的表演。[47] 本來，珠江電影製片廠在1976年打算把它拍成電影。[48] 但政治風向變幻莫測，電影最終沒有拍成。我聽過《杜鵑山》的音樂紀錄，相信一般粵劇粉絲不會喜歡。原因是它主要用上了西方古典音樂演奏，編曲也極之複雜，配上中西樂隊的微妙合作。酈斌說，這是他工作生涯中最困難的演奏經驗。音樂速度之快，也違反了他所受過的粵劇訓練和經驗。[49]

在《杜鵑山》裏，樂手以演奏西方樂器的方法去演奏中樂器，而粵劇的曲調仍然保留。中西樂整體要配合得非常精確。[50] 跟原作的京劇比較，粵劇的版本更強調西樂演奏。例如第三幕的著名唱段〈家住安源〉，柯湘在原京劇版本的開頭，娓娓唱出自己和戰友的悲痛身世，音樂溫柔婉若，是所有樣板戲作品中少數突出女性溫柔的唱段。但是，粵劇卻運用了沉重的交響樂，配上雄壯的唱腔聲，也許是女演員/角色需要證明她有能力超脫自己的陰柔性格。大體來說，傳統粵劇的音樂主導權基本上被完全拋棄；《杜鵑山》跟隨的，是現代西方音樂強調精確性的特質。

沉迷於美學的複雜性和精確性，可算是那時期的特徵。在1960年代末到1970年代初的戲曲實驗裏，製作人都要努力把原作的歌詞轉化成粵劇觀眾明白和享受的方式。但是，經過幾次實驗之後，藝術家似乎意識到歌詞(或者政治訊息)已經愈來愈不重要了，便開始集中發展一

47　我找到的《杜鵑山》錄音，是廣東粵劇院的現場錄音。幾位受訪者都說過，1975年北京中央電視台做過一個電視版本，但暫未有人看過。

48　廣東省文化廳，〈關於拍攝粵劇《杜鵑山》問題的批示〉。

49　作者訪問酈斌。

50　莊永平詳細分析了《杜鵑山》的京劇原作的音樂風格。見莊永平，〈現代京劇《杜鵑山》音樂分析〉，頁80–89。

些從來沒有人聽過的新型音樂。我得指出的是，在《杜鵑山》粵劇版的創作時期，人們已極度厭倦政治鬥爭。當時，甚至已經有人開始懷疑文革政治的正確性。在 1967、1968 年，廣州是最血腥的內鬥場所之一，但幾年過後，廣州也是全中國第一個公然展示異見的城市。最有象徵意義的事件，發生於 1974 年 11 月。李正天、陳一陽和王希哲三位青年，用筆名「李一哲」寫了一張百米長的大字報，把它張貼在廣州中山五路（就在廣東粵劇院附近）。[51] 大字報提出有關社會主義民主和合法性的問題，部分內容很快流通全國。

《杜鵑山》的粵劇版，就是在同一時期和同一地區被創作的。該劇對美學沉迷，也間接回應了當時的政治狀態。精心的編曲，必然使歌詞的重要性下降，使當中承載的各種政治性內容，都被推到含糊的位置。《杜鵑山》的錄音顯示，假如文革再遲一點才完結，又假如所有那個時期的音樂實驗都沒有突然全面中止，我們或者會看到一種非常獨特、既非粵劇、又非京劇、又非西方歌劇的劇種。當然，我們也可以反過來說，這種離經叛道的奇怪音樂，只會在一個烏托邦運動快要破滅之際，才會出現。

粵劇文化工作者

本書旨在解說，社會性模仿是一個多面向的機制──它既牽涉個人的轉化，也涉及體制的改革和文化的斷裂。赤腳醫生所體現的醫療體制，可以被視為一個頗為成功的社會改革計劃，原因就在於它能輕易地被地方社群複製；相比之下，我們可以視文革的戲曲移植為一個頗為失敗的文化工程。相比起幾個受歡迎的樣板戲，當時沒有很多人愛唱這些革命的地方戲曲，更沒有植根在人民的心裏。但是，即使群眾不大愛唱，也有頗多文化工作者全身投入去訓練和演出。通過不停的演練，藝

51　李一哲，〈關於社會主義民主與法制〉。

人把意識形態內化。在樣板戲移植到地方戲曲的過程中，這些藝人是最明顯的模仿主體。

　　在 1949 年之後，地方戲曲大規模和快速地制度化，給予藝人和樂手專業的地位。1951 年，中國戲曲研究院成立，為所有主要的戲曲類型實施一套新的教學及研究系統。全國各地也成立了工會（包括廣州市粵劇戲曲工人代表會），作為黨直接向戲曲工作者傳訊的渠道。還有導演制度的設立，確保地方戲曲在美學和政治上都得以控制。[52] 中共還建立了一些比較策略性的單位，例如各實驗劇團，負責藝術創新的工作。[53]

　　但是，戲曲界的商業結構，卻從來沒有完全被納入政治體制之中，總是分為國營和民營。[54] 民營戲班在十七年時期，仍然在戲曲界舉足輕重，甚至在文革期間也沒有完全消失。政府最顯著的介入，是薪酬制度：1958 年，政府實施一套包括十六級薪金的制度（從人民幣 42 元到 360 元），[55] 以防文化工作者的薪酬過於懸殊，也同時把業界整合到一個更為容易管理的國家制度之中。在此制度下，部分台前藝人的薪俸較高，其次是樂手與後台人員，但大體來說，幕前和幕後的戲曲工作者都有相若的社會地位和薪酬。

　　要理解中國戲曲工作者被授予怎樣的「專業」地位，我們可以比較廣州和香港。在 1950、1960 年代，粵劇在兩地都發展蓬勃。對社會主義政權來說，粵劇跟香港、澳門和海外華人都有深厚的文化關係，帶有原罪。有評論家認為，在眾多地方戲曲之中，粵劇最被社會主義的文化

52　見 Evans, "The Emerging Role of the Director in Chinese Xiqu," pp. 470–504；也可參考梁沛錦，《廣州粵劇發展 1949–1965》。

53　梁沛錦，《廣州粵劇發展 1949–1965》，頁 109。

54　1957 年，上海政府部門曾經建議把國營戲班轉為民營，希望使整體的創作氛圍更有生氣，也使業界更貼近市場。見張煉紅，《歷練精魂：新中國戲曲改造考論》，頁 286–297。

55　梁沛錦，《廣州粵劇發展 1949–1965》，頁 101。

批評家敵視，正正是因為粵劇的海外關係。[56] 但另一方面，為了向海外華人社群宣傳，中共又不得不借用粵劇。[57] 在香港，粵劇界積極跟電影和流行文化合作，大膽創新。很多傳統劇目都得以被保留，又同時被活化。這種商業主導的文化環境，跟中國大陸於解放前的粵劇文化同氣連枝。戰後，即使香港是現代化的城市，它的戲曲訓練也依循傳統的師徒制。

在電影、唱片和小報等大眾媒體的支持下，粵劇的明星制度發展蓬勃。根據電影導演李鐵，在1960年代，資深的文武生任劍輝拍電影，片酬平均港幣17,000元，而單單是在1960年，任劍輝便已經拍了41套電影！[58] 從香港回廣州發展的一線粵劇伶人羅家寶便很不同了。羅家寶記得，從1950年代到1960年代初，他最多收過的月薪為人民幣1,000元。在大陸，這已經是天價，卻遠遠低於他本來可在香港獲得的酬勞。在香港，觀眾群主要是女性，女藝人（尤其那些演生角的）往往比起男藝人更受推崇，因為女觀眾特別喜歡那些由外形討好的情侶所主演的愛情故事。在大陸，粵劇界卻要強化女藝人的聲線和動作，強調主角的男性化面向。香港的粵劇觀眾並不喜歡這種英雄主義，更愛看傳統的才子佳人愛情故事，及其複雜的表演方式。[59]

一邊廂，香港的粵劇評論人和藝人常常批評大陸粵劇吵吵鬧鬧、不夠內斂，是不正宗的粵劇；另一邊廂，大陸粵劇界也認為香港粵劇不夠專業，有時甚至馬虎了事。大陸粵劇藝人何孟良在五十年代末進了官辦的粵劇學校。他很自豪地認為，自己在新社會主義國家下所接受的訓練系統化、靈活和全面。他接受的不僅僅是整全的粵劇訓練，還有傳統教育，使他懂得欣賞及表演京劇和其他地方戲曲，自小便養成有關中國戲

56　傅謹，《新中國戲劇史》，頁38–39。

57　郭秉箴，〈廣東戲曲改革三十年〉，《粵劇研究文選》，頁447。

58　〈當年片酬萬七，早是圈中富婆：李鐵細訴任姐從前〉（1989年12月1日），《快報》。

59　趙聰，《中國大陸的戲曲改革》，頁11。

曲藝術的深厚知識和廣闊視野。[60] 今天，何孟良在香港教授粵劇。他抱怨道，這個殖民地城市總是由市場主導，無法建立他從前在社會主義制度下所接受的訓練制度。很多在大陸經歷過文革的粵劇藝人，都有類似的看法。雖然，幾乎所有大陸的藝人和觀眾，都在文革完結後便丟棄了那些革命戲曲，但是，她／他們還是對曾經作過的社會主義藝術實驗和戲曲現代化工程而感到自豪。

我不想誇大香港和廣州的差距，因為兩地的文化其實相似多於相異。而且，兩地的觀眾和藝人，也會受另一方的粵劇所吸引。不過，我也感到一種暗暗互相鄙視的態度。雙方都認為自己才是「正宗」的粵劇：香港粵劇文化為自己繼承了「傳統」而自豪；而大陸的藝人和觀眾，則認為自己的藝術更「認真」（筆者訪問時，感到受訪者常常用「嚴謹」一詞）。大陸人所定義的「正宗」比較抽象，指的是藝術家對美學的堅定投入。從體制的角度來看，樣板戲旨在把散亂和倔強的中國文化及人民規範化。但我們也可以用相反的角度說，樣板戲自視愈高，在執行上就愈難在民間之中自處。這種文化的中心化和標準化，既是毛主義式的，也是現代的。

很多香港的粵劇藝人，都慶幸自己接受的傳統訓練，沒有受京劇和中共管治所污染。相反，大部分大陸藝人都很珍視自己接受過嚴格和制度化的訓練，認為它們比香港更現代化。大陸粵劇藝人也認為自己擁有整合其他地方戲曲和西方音樂的能力，得以在急速的現代世界中回應各種挑戰，保持藝術的生命力。大陸藝人傾向把「傳統」看得比較寬鬆，認為自己有各種樣板參考，這跟一般的看法——樣板戲使藝人變得更狹隘——截然相反。文革前，歐陽予倩就曾經說過，粵劇是一個極之有彈性的藝術形式，它可伸可縮的程度遠超一般人所想像。[61] 粵劇總是有能力適應各種改變，這種能力恰恰定義了粵劇的傳統。我們除了把文化大

60　作者訪問何孟良。

61　歐陽予倩，《中國戲曲研究資料初輯》，頁134–136。

革命看成一場摧毀傳統藝術的大災難之外，也可以視它為一次歷史契機，讓粵劇透過吸收和同化其他文化，去活化自身——即使對大部分人來說，這樣的歷史結果並不愉快。

在我訪問的過程中，很多樂手和藝人都樂意憶述，自己在文革時期如何一星期七日不斷訓練、綵排和討論劇作。這些粵劇工作者都獻身藝術，一心一意要把事情做好。這種心態並非個別例子，而是一種由社會氣氛所激發的自豪感。倪惠英和盧海潮都記得，因為要在台上表演高難度的武打，單位在本來每月45元工資上再加9元的「營養補貼」。我是分開訪問兩人的，可是，兩人向我解釋何為「營養補貼」的方式卻很相似：自信的微笑、發光的雙眼，用手指比劃出一個鞋盒大的形狀，就是兩人每個月都會收到、價值9元的朱古力塊。盧海潮坦言，有時他母親會在市場以8元賣掉朱古力。倪惠英則會極之自豪和高興地吃掉全部朱古力，認為那代表了她的社會和專業地位。也許，倪惠英和盧海潮的藝術精神不僅僅體現在二人的舞台表演，更在於那每個月收到的朱古力塊。

回到本章一開始所提及的表演（performance）和體現（embodiment）的概念。這些曾經表演或扮演樣板戲角色的年輕藝人，可能正正是毛主義為了形塑主體而產生的直接產物。新一代的文化工作者被新政府保護和重視，就是為了讓這批人取代上一代藝人和知識分子，負責推動歷史。但最重要的是，這批藝人都為了習得革命美學，而經歷過嚴格的訓練。杜登教（Michael Dutton）提醒我們，中國的革命主體得以被召喚，主要是通過共享的文化、歷史和記憶去訴諸感覺；這跟西方現代性所強調的理性和建構主義非常不同。[62] 最能有效形塑革命主體的，可能是那些藝人所經歷過的刻苦訓練。

表演文化對文革極為重要，因為革命精神需要被不斷展現出來。表演者會在「做自己」和「做革命精神的工具」之間掙扎。[63] 毛主義的表演

62　Dutton, "Fragments of the Political."

63　見 Crespi, *Voices in Revolution*, pp. 142–167。

者試圖展演，自己的情感爆發是真誠自發的，卻又同時要統一在同一種革命精神之下。這並不是文革獨有的現象。在所有宣傳文化裏，我們都看到表演者如何既要相信、又要懷疑自己的自發性，發展出一種矛盾狀態：表演者要同時表現自己的自主性和紀律。要做到這點，便需要在技藝和意識形態上，都接受無間斷的反覆訓練。

既真誠、又僵硬地認同毛澤東和革命的人——這些藝人就是「獨一無二」和出類拔萃的毛主義主體。一方面，他/她們得到物質上的支持，也被灌輸理想主義的美學，相信自己真的已經被解放了。另一方面，他/她們也被不斷提醒，自己只不過是革命的載具。一旦革命結束，他/她們的藝術就失去所有意義。在現實世界，當文革一結束，很多著名的藝人就立即想方設法離開中國大陸。這裏並不是要把他/她們的作品和主體性浪漫化；這些毛主義的主體，也只不過是普通人。

第6章

革命芭蕾舞的類型和形式

　　樣板受當權者保護，在文革中有至高無上的權威；不過，樣板之所以被樹立，本來就是要被人學習和複製，所以也必然要承受被扭曲和轉化的風險。但是，把樣板單單視為被動、只讓人去挪用和轉化的客體（object），也是大有問題。這是因為典範往往可以向複製它的複製主體（copying subjects）施加巨大的權力。模仿是極之複雜的過程，沒有一個明顯的終結點，涉及的現實條件和文化作品又互相制約，而且恆常轉化。在這條延綿不斷的樣板複製鏈之中，有各式各樣的中介人（intermediate agents）（例如上一章討論過的粵劇藝人）。這些中介人既是複製者，也同時被複製，不能簡單地被歸類到主體或客體的範疇裏；這些人可以被視為控制複製過程的表演性主體（performing subject），又可以被當成意識形態模塑的產物。

　　從以上背景可見，權力恆常轉移；而本章要探索的，是有關掌控（mastery）的各種問題。我們可以問兩條相反的問題：典範的力量，能否凌駕於它的複製品？信奉毛主義的主體，最終能否超越毛主義而掌控自身？弔詭的是，歷史似乎早已為這兩條問題給予否定的答案。以下，我希望闡明各種推動變化的力量，重尋一些埋藏於歷史、卻又有可能促成解放的種子。毛主義要在信奉它的毛式主體面前，持續佔據著「真理」的位置。故此，毛主義所打造的典範，或多或少要抵抗複製主體的挪用，以維持自身的「光環」（aura）。但是，毛主義又相信人類的創造力，

總是鼓勵人民跨越現有的邊界，和開闢全新的世界。如果文革真的曾經成功產生過一種新的革命主體的話，那麼，這革命主體跟資本主義下的主體，明顯是截然不同的。資本主義的主要意識形態結構，是一種佔有型的個人主義 (possessive individualism)──人透過佔有客體而成為主體。相比之下，文革使我們難以截然區分主體和客體之別。我們需要一個更複雜的框架，才可以理解這種由文革所創造出來、多重的主客關係 (multiple subject-object relationships)。這也會使我們更明白，為何毛主義的主體可以被視為「獨一」的，而不是「集體」的。

本章的焦點是芭蕾舞。之所以選擇芭蕾舞，因為這種典範文化可能是所有樣板戲形式中最抗拒文化挪用 (cultural appropriation)，又同時跟性別的戀物癖 (gender fetishism) 最為一致。在1960年代中期，大部分中國人都不太熟悉芭蕾舞，它似乎不太可能會成為中國典範文化工程的一部分。當時，欣賞京劇的文化早已在中國各地生根，但大部分人都未看過芭蕾舞。但是，《白毛女》和《紅色娘子軍》兩套革命芭蕾舞劇，最後卻成為樣板戲中最有代表性的其中兩部。

芭蕾舞在中國

早在二十世紀初，中國一些精英便已經在表演、甚至教授芭蕾舞。不過，直到1950年代初期，普遍中國人才有機會看到芭蕾舞。當時，中國政府推廣芭蕾舞，以代表它和蘇聯的友好關係。新建立的中國需要向蘇聯學習各種事物，包括舞蹈。據說，中國第一套原創的芭蕾舞表演是1950年代的《和平鴿》。一般官方的說法指，《和平鴿》的創作年份是1954年。那年，蘇聯的芭蕾舞專家伊莉娜 (O. A. Yealina) 受中國政府邀請來華，替北京的芭蕾舞老師舉辦一系列訓練講座。四年後，第一套中國創作的《天鵝湖》(Swan Lake) 公演。1959年，中央芭蕾舞團 (即今天的中國國家芭蕾舞團) 於北京成立。古雪夫 (Pyotr Gusev) 等第一批來自蘇聯的駐團專家，成為中國第一代的芭蕾舞者、導師和編舞。不過，由於中蘇兩國關係轉壞，一年後，蘇聯專家離開中國。中國的芭蕾舞者和

編舞，要自行繼續發展自己的國家舞蹈形式。

在1950年代，蘇聯老師教給中國學生的芭蕾舞作品，都是浪漫主義的，強調抒情、柔和、優雅。第一批在中國上演的芭蕾舞表演，是《天鵝湖》及《吉賽爾》(Giselle) 等經典作品，而不是《紅罌粟》(The Red Poppy)、《巴黎火焰》(The Flames of Paris) 和《斯巴達克斯》(Spartacus) 等新型革命芭蕾舞。李承祥是1980年代的中央芭蕾舞團團長。根據他的回憶，蘇聯專家的教法，往往把芭蕾舞視為一種有機的藝術形式，而非政治形式。[1] 後來演出《紅色娘子軍》的趙汝蘅也記得，蘇聯專家要求舞者的訓練異常刻苦。年輕舞者印象最深刻的是藝術技巧，而非意識形態。[2] 到了1960年，中蘇交惡，蘇聯專家教導的經典作品成為蘇聯修正主義的例證，使芭蕾舞失去了它在1950年代的崇高地位。之後幾年是中國芭蕾舞的低潮期，直到1963年，國家提倡創作革命芭蕾舞。

同一時期，日本編舞家兼舞者清水將夫 (Shimizu Masao) 和松山樹子 (Matsuyama Mikiko) 於1951年在日本看了《白毛女》電影而深受感動，決定把它改編成芭蕾舞劇。兩人也是第一批以芭蕾舞劇去演繹中國革命故事的編舞家。1955年，松山樹子的舞團在東京公演《白毛女》，中國政府毫不知情。[3] 三年後，舞團被中國政府邀請演出，是中國觀眾首次看到這個家喻戶曉的故事的芭蕾舞版本。表演在北京、重慶、武漢和上海上演。[4] 深入民心的中國故事，以十分陌生的外國藝術形式呈現，似乎啟發了不少有幸獲得入場門票的觀眾。單單在上海，便有超過一萬名觀眾入場，其中一位觀眾是胡蓉蓉。這經驗極之影響胡蓉蓉，使她後來在1962年自行編導《白毛女》，那時樣板戲工程尚未成形。官方鮮有提及這點 —— 中國革命芭蕾舞的起點，其實在日本。

1　劉玉華，《中國芭蕾速寫》，頁15–17。

2　黃艾禾，〈趙汝蘅：新中國第一代芭蕾舞演員往事〉。

3　清水正夫，〈松山芭蕾舞白毛女 —— 日中友好之橋〉，頁28–29。

4　同上註，頁60–64、67–75。

　　周恩來是第一位要求建立革命形式的芭蕾舞的中共領導人，但他也很務實：他要求芭蕾舞者要多作新嘗試，但也認為芭蕾舞的民族化，要幾代人努力才能夠完成。[5] 不過，到了1963年12月，江青就決定親自領導芭蕾舞的改革。她下令上海和北京的芭蕾舞團開始《紅色娘子軍》和《白毛女》的工作。據江青的護士所稱，江青最欣賞的兩部電影是《紅菱艷》（或曰《紅鞋》，*The Red Shoes*，1948年，由 Michael Powell 和 Emeric Pressburger 執導）和《紅》（*La Red* 或 *Rossana*，1953年，由 Emilio Fernández 執導）。[6]《紅菱艷》講述一個年輕的天才芭蕾舞者維琪（Victoria Page）如何在愛情與藝術之間取捨：她要麼放棄事業，和愛人結婚，要麼全情投入芭蕾舞。江青的護士相信，江青對維琪有強烈的認同感。1964年1月，劉少奇也開始關注芭蕾舞劇。該年，松山樹子的舞團也再被邀請前往中國，表演日本版的《白毛女》。表演場地在北京人民大會堂，毛澤東和幾乎所有最高領導人都是座上客。

　　1966–1967年期間，官方欽定首批樣板戲，包括《紅色娘子軍》和《白毛女》（也被稱為「一紅一白」）。《沂蒙頌》和《草原兒女》也在1974年被欽定為樣板戲。不過，因為當時文革快要結束，這兩套劇在文化和政治上的影響力都無法達到「一紅一白」的高度。文革其中一個最重要的文化成就，就是讓中國觀眾熟悉芭蕾舞。全部四套芭蕾舞劇都被改編成電影。不過，芭蕾舞之所以能夠滲透到中國民間，也得力於觀眾熟悉的敘事。四套芭蕾舞劇的故事、角色和音樂，都是中國觀眾耳熟能詳的。

　　《白毛女》和《紅色娘子軍》的故事，觀眾特別熟悉。早在1951年和1962年，這兩個故事的電影版便已經在中國推出了。《白毛女》本來是一個中國東北的民間故事，流行於1930–1940年代，內容講述一條村的村民發現一隻白頭髮的女鬼經常出沒，偷走村民放在廟宇拜神的食物。

5　鍾兆雲，〈林默涵與周恩來的往事追憶（下）〉，頁29；李松，《「樣板戲」的政治美學》，頁78。

6　王凡，〈馬曉先女士談江青〉，頁107。

1943年，《白毛女》被改編成秧歌舞，又在1945年被魯迅藝術學院改編為歌劇，於中共第七次代表大會表演。故事關於年輕姑娘喜兒：她躲在山上，逃避主人的暴行，幾年後頭髮變白，最後成功等到愛人跟中共軍隊前來營救，懲罰地主，解放人民。《白毛女》的電影版於1951年製作，十分成功，音樂(如其中著名的插曲〈北風吹〉)更大受歡迎。《白毛女》的故事和人物都家喻戶曉，很快就被改編成各種文化形式和地方戲曲(包括在1957年、由阿甲執導的著名京劇版本)，成為十七年時期的標準官方革命文藝作品。1962年，《白毛女》首次被改編成芭蕾舞劇。上海舞蹈學校副校長胡蓉蓉把故事改編成一段短的芭蕾獨舞，並在1964年發展成為一段30分鐘的作品，予公眾觀看。至於長版，則在1967年變成樣板戲。

《紅色娘子軍》的歷史，則相對簡單。芭蕾舞劇版本改編自一套1961年的電影，由謝晉執導。故事改編自一個1959年出版的劇本《瓊島英雄花》。編劇梁信研究了軍事史後，把1931年的一宗歷史事件(中共領導的瓊崖縱隊，成立了中國工農紅軍第二獨立師女子軍)改寫，寫成了一個女奴如何逃離地主的魔掌，然後在中共的女兵團裏建立新生活的故事。[7] 1964年，電影又再被改編做芭蕾舞劇，由中央芭蕾舞團演出。中國京劇團第四團稍後也改編京劇版，於1972年納入樣板戲的名單。

另外兩套革命芭蕾舞劇，也是改編自早已存在的故事。《沂蒙頌》改編自沂蒙山區的真人真事，講述英嫂(明德英)以自己的乳汁，救了一位在抗日戰爭中受傷的八路軍軍人莊新民。在本來的故事中，受傷的莊新民只有13歲，而31歲的英嫂確實可以當她的母親；但到了樣板戲，兩位主角變得年紀相若，性的含義就明顯得多了。但在樣板戲的世界中是沒有性的，那位傷員也沒有直接吸吮英嫂的乳頭，而只是飲了一瓶奶。故事被選為樣板戲，因為官方聲稱它表現了軍隊和人民之間的緊密關係(或所謂的「魚水情」)。至於《草原兒女》的民間味更濃厚，故事改

7　誰才是故事的真正作者，仍未得到共識。有關討論見羅長青，〈《紅色娘子軍》創作論爭及其反思〉，頁118–124。

編自一套蒙古民間故事的動畫電影，其芭蕾舞劇講述兩兄妹找尋被階級敵人放走的羊群。兩人迷路，幸得所有草原軍民合力拯救。此作品的劇力大概是所有樣板戲作品中最簡單的，但是故事簡潔，又充滿異國情調，成為了被改編成革命芭蕾舞劇的合理之選。

陌生的形式與熟悉的性欲

不論以上的故事有多耳熟能詳，芭蕾舞本身始終是外國的文化形式。所以，文化大革命的芭蕾舞劇有其獨特的混合性質。雖然文化工作者花了不少功夫把芭蕾舞中國化，[8] 例如引入中國式的舞步、以編曲引導觀眾「正確地」認同正面和負面人物的情感等。[9] 但是，芭蕾舞的異國情調並沒有被稀釋。一個明顯例子，是吳清華在《紅色娘子軍》中最著名的「腳尖弓箭步亮相」：以芭蕾舞的「腳尖」演繹中國武術的「弓箭步」，在觀眾面前突出剛烈的女奴逃離地主壓迫的雄偉形象（圖6.1）。無論在中國還是西方的舞蹈傳統之中，這個動作都是全新的。

在蘇聯電影《列寧在1918》（1939）中，有一段《天鵝湖》，是大部分中國人首次看到芭蕾舞的視覺經驗。通過電影，觀眾發現女性竟然可以如此公開地展示裸露的大腿。在1960年代中期，這幾分鐘《天鵝湖》就是大部分中國人所看過的全部芭蕾舞表演了。今天已成為國際級芭蕾舞者的殷梅記得，她九歲時在紀錄片《紅太陽照亮了芭蕾舞台》（1967）中，第一次看到《白毛女》的片段。她立即從此喜歡芭蕾舞，甚至跟著電影的影像來自學。她叫爸爸給她買一雙芭蕾舞鞋，結果要爸爸託一位上海朋友幫他找來一雙舞鞋。[10] 中國觀眾認為芭蕾舞陌生，但其實西方觀眾

8　有關芭蕾舞團還用了甚麼方法，吸引中國觀眾的注意力，見康浩的細緻討論。Clark, *The Chinese Cultural Revolution*, pp. 159–162, 165–166.

9　Mittler, *A Continuous Revolution*, pp. 71–72.

10　作者訪問殷梅。

圖 6.1　劇照，《紅色娘子軍》的「腳尖弓箭步亮相」

也認為中國的舞者十分新奇。當時，在英國大名鼎鼎的芭蕾舞者格蕾（Beryl Grey）被邀請到中國表演和講學。1964年，當她在北京看過演出後，寫道：「雖然我一開始有點好奇，東方人的面孔如何跳著像《天鵝湖》之類的典型歐洲芭蕾舞。不過，中國人的表演實在令人信服。我認為完全沒有問題。」[11] 在1960年代中期，中國人與芭蕾舞仍然不見得會有大規模的交流。

不過，芭蕾舞後來在中國發展迅速。首先，在1950年代，芭蕾舞一直被視為蘇聯文化（甚至整個西方文化）的精緻代表。到了1960年代中，芭蕾舞就被批評為「蘇修」，對毛主義者來說，把芭蕾舞中國化有重要的政治含意。一方面，從1963年開始，中共就在國際上被孤立，官方開始意識到，中國化芭蕾舞可以標示出中國的文化大革命有多進步。但更重要的是，中國在現實上有外交需要，得向西方輸出革命文化，以此娛樂外國觀眾和促進國際間的合作。京劇幾乎只能由中國藝人和樂師表演；但是，不同文化背景的芭蕾舞者，卻都可以參與中國革命芭蕾劇。換言之，芭蕾舞劇可以被輸出、被改編為不同版本，衍生不同程度的合作。很快地，《紅色娘子軍》被阿爾巴尼亞的共產黨政府看上。在1960年代，阿國和中國在外交上關係密切。1965年，《紅色娘子軍》便被改編，由阿國的芭蕾舞團在首都地拉那上演。中央芭蕾舞團的主要編劇蔣祖慧被中國政府派到地拉那，協助阿國的舞者演出。她本來以為兩國的文化差異極大，工作將會十分複雜。但她到達阿國後改觀了，發現很多舞者都受蘇式訓練，舞團的領導更是她在蘇聯讀書時的老同學。[12] 1966年，周恩來以中國總理身份訪問阿國，也受邀觀賞了阿國版本的《紅色娘子軍》。1967年10月，兩國的舞者合作在北京演出。[13] 1972年，

11　Grey, *Through the Bamboo Curtain*, p. 28.

12　袁成亮，〈蔣祖慧的芭蕾情（三）〉。

13　《人民日報》，〈中阿兩國文藝工作者聯合演出，中國革命現代芭蕾舞劇《紅色娘子軍》〉。

尼克遜歷史性訪華，也有觀賞該劇──雖然他跟大部分第一次看《紅色娘子軍》的西方觀眾一樣，認為那只不過是生硬的宣傳表演。[14]

芭蕾舞之所以會被中共用作外交工具，用來向外國宣傳文革，原因是中共可以藉那些西方觀眾本身十分熟悉的藝術形式去引介中國的意識形態。事實上，直到今天，西方對樣板戲的主要印象，仍然是《紅色娘子軍》和《白毛女》。不過，這兩套劇在中國本土所得到的反應，卻是截然相反。儘管兩套劇的故事、音樂和人物形象都是本土的，它們以芭蕾舞的方式表現出來，卻被視為外國的東西。在當時的中國，鮮有藝評人有能力解釋芭蕾舞的藝術形式，而大部分觀眾也沒有太大意欲去深究芭蕾舞的美學。相反，在京劇樣板戲中，大部分的唱腔都繼承既存的風格。觀眾看到新的京劇明星，也可以很快區分新星的風格跟舊老倌有何異同。革命芭蕾舞劇的特別之處是，觀眾十分熟悉其故事，卻對演繹的新方式毫無知識。於是，觀眾繞過評論這中介，直接面向舞者身體所帶來的衝擊。

芭蕾舞和很多舞蹈形式一樣，可以挑動情欲。比起其他舞蹈，現代芭蕾舞是特別女性化的舞蹈形式。它圍繞著舞者建立敘事，讓舞者展示她的身體與力量。它使人注意到舞者的長腿和骨盆的力量，特別突出其大腿內側，這更是在中國舞蹈傳統裏完全陌生的表演方式。男性舞者往往只是女性舞者的拍檔，以支援她做出更複雜的動作。由於女性擔起生育的角色，她張開雙腿的幅度比男性大。芭蕾舞所強調的就是這種女性的能力，使觀眾看到舞者的身體時，還間接聯想到婦女的性能力。事實上，在芭蕾舞在二十世紀「現代化」之前，芭蕾舞在歐洲一直都是跟性欲關係密切的表演。舞者一般被視為下流淫穢，部分舞者更需要做男性權貴的情人才能維生。

當然，在革命芭蕾舞劇裏，情欲和感官元素得被去除。《紅色娘子軍》有軍事元素，比較像是毛主義的產物；而《白毛女》所呈現的傳統女

14　Haldeman, *The Haldeman Diaries*, p. 417.

性形象卻十分突出。自1966年起，江青便一直負責《白毛女》的工作，卻一直不滿意。經過幾年不斷修改和重演，江青仍然未滿意，文革卻已結束了。喜兒和大春激發的浪漫情感仍然存在，而喜兒也大概是所有樣板戲中最女性化的女主角。[15]

由於芭蕾舞聚焦於女性舞者的身上，跟文化大革命所強調的陽剛性（masculinity）及其好鬥精神（militarism）有明顯衝突。羅拔絲（Rosemary Roberts）指，《紅色娘子軍》有很多新的編排，旨在顛覆傳統芭蕾舞的性別規範：由兩位女性舞者跳雙人舞，男女接觸的情節也減到最少。[16] 大體來說，革命芭蕾舞中的女性舞者都表達出她們強壯和緊張的動作和姿勢，握著拳頭跳舞。《紅色娘子軍》的電影原版，以女角吳瓊花為中心。但是，改編的芭蕾舞劇不單單把女主角的名字改為比較中性的「吳清華」，而且也更重視中共領導洪常青的地位，把他改為真正的中心人物，最體現出「三突出」和「十六字訣」的編舞原則。在台上，洪常青和吳清華在演繹和比拼時有明顯的張力。至於在台下的現實世界，出演洪常青一角的舞者劉慶棠，在中央芭蕾舞團中的權力比其他女性舞者都大。劉慶棠是江青的盟友，更在1974年被提拔為文化部副部長。

革命芭蕾舞花了不少心思，把舞蹈陽剛化（masculinize）。可是，那些女性舞者的身體，仍然是中國觀眾最感興趣的地方。畢竟，人們也許可以學習《海港》的方海珍唱歌，但又有誰可以像《紅色娘子軍》的吳清華一樣跳舞？當時，一般中國人難以表演芭蕾舞，也沒有知識去欣賞這種舞蹈形式的美學。普通觀眾的快感的來源，似乎就在於把女性舞者的身體戀物化（fetishization）。這也助長了把女性身體作佔有型的客體化（possessive objectification）。

然而，不論是舞台上的身體（theatrical body），還是大銀幕裏的身體

---

15 有關江青如何在不同時期參與製作《白毛女》的討論，見孫聞浪，〈江青插手芭蕾舞劇《白毛女》〉，頁38–41。

16 Roberts, *Maoist Model Theatre*, pp. 125–134.

（filmic body），其實都在不斷走動，不容易讓觀眾把握和把玩。舞者和觀眾在劇院的空間裏有一段距離，而女角的意義也在革命的敘事中牢牢地固定了。可以説，女性舞者其實被劇院和電影小心地「保護」著。但是，樣板戲也衍生了其他類型的文化產物，可以方便人把女性的身體戀物化。以下，我會首先研究革命芭蕾舞的劇照。它們是實示性（indexical）的，是二維的平面再現。然後，我會研究瓷器人像。它們比較抽象，是三維的立體再現。劇照和瓷器人像是非常不同的產物，但它們背後的邏輯是相同的：要把舞動中的身體轉化成靜止的形象。當舞者的身體凝固後，就可以供新的文革主體去消費。因為《沂蒙頌》和《草原兒女》的劇照和瓷器比較罕見，我就集中討論《紅色娘子軍》和《白毛女》。

相 片

在毛澤東時代的中國，相片經常被用作政治宣傳；但是，中國不像蘇聯，並沒有大量運用相片去拼湊和構造出「蒙太奇式」的文宣海報。雖然「蒙太奇式」的文宣海報也有其藝術性的包裝，但它的政治性在於相片的紀實性。毛式浪漫主義在中國當道，相片也就因而被投注強烈的戲劇性。在很多人民的日常相片裏，我們看到主體扮演各種姿勢，而不是直面鏡頭，意味著一種英雄的浪漫主義和自我的客體化（self-objectification）。自晚清起，攝影便作為一種表演在中國存在，被人民實踐。[17] 文革時，攝影文化形成了一種匯聚虛構和現實的新表演方式。正如攝影師晉永權的回憶指，在1950年代中，傳媒已經有修改相片的習慣。後來，有關專業操守的大辯論不了了之，新聞攝影工作者也就接受了相片的表演性和人工性是司空見慣之事。[18] 在毛時代的中國，拍照

17　Pang, *The Distorting Mirror*, pp. 69–101.

18　見晉永權，《紅旗照相館：1956–1959年中國攝影爭辯》，頁51–58、109–135。

從來都不是直接的現實呈現，相片被置於真實與表演之間，也可以被視為間接的現實評論。如果人們的日常生活現實真的被徹底政治化，那麼，這種政治性也有其嬉戲、造作和虛幻的成分。

文革期間唯一重要的相片類型，可能是樣板戲的劇照。劇照是宣傳樣板戲的工具。很少人有機會進劇場看芭蕾舞劇。大部分人都是透過電影和劇照，了解何為芭蕾舞劇。但是，劇院的現場表演和電影的影像都有其敘事，而劇照卻被抽出敘事之外。劇照往往捕捉最觸目的情節，把萬鈞劇力濃縮、凝結成可以擁有的一刹那。我以下研究的劇照，有些要依賴原作的敘事才能產生意義，有些則不需要借助敘事。相比之下，後者更容易被人們把玩迷戀。

要宣傳樣板戲，不單單依靠改編電影和移植戲曲，還要出版大量相關的讀本、宣傳畫、劇本、樂譜和歌詞，這使印刷業重新興旺。在官方的攝影藝術領域，除了新聞攝影、領導人及模範人物的人像，幾乎都是樣板戲的劇照。但是，很少攝影師有幸被委派如此重要的工作。[19] 有統計指，單單在1969–1971年期間的上海市，便已經出版了1.3億張樣板戲的劇照和海報。[20] 在梁曉聲的小說《我的大學》裏，也提到不同工作單位的年曆片，都印上了樣板戲的相片。他特別形容當時的人如何小心地伏在桌子的玻璃板上，好好欣賞印著《白毛女》的年曆片。[21] 當時的總理周恩來甚至批評，《紅色娘子軍》的官方讀本印了太多彩色相片，也印了太多冊，成為國家的財政負擔。[22] 周恩來下令，應該多印能夠教導人民學唱戲的京劇樣板戲讀本；相反，幾乎沒甚麼人會看了芭蕾舞讀本而學懂跳舞，所以不用印那麼多。周恩來沒有(或不能)意識到的是，人們對這些相片的視覺消費，創造了一些官方無法嚴格監管的快感。

19　陳申、徐希景，《中國攝影藝術史》，頁540–557。

20　莫偉鳴、何瓊，〈「文化大革命」時期的「樣板戲」圖書出版物〉，頁8。

21　梁曉聲，《梁曉聲作品自選集》，頁61–62。

22　劉杲、石峰，《新中國出版五十年紀事》，頁122–123、129。

　　大部分樣板戲劇照都不是在現場舞台表演時拍的，而是在電影製作期間於攝影棚拍的。有幸被選為負責拍照的官方攝影師（例如石少華、張雅心、孟慶彪、陳娟美）要在整個拍片過程都守在現場，捕捉最好的一刻。其中一個主要難題，是拍照時的快門聲會打擾現場收音。解決問題的方法，是造一個包著相機的隔聲盒。[23] 這些攝影師用的，更是外國進口、國內罕有的哈蘇相機，和最貴的柯達菲林。不過，攝影師們還是要緊緊遵從文革的美學原則（例如「三突出」和「十六字訣」）。由於大部分場景和表演都不能重現，在攝影棚的攝影師得花很大力氣，用不同攝影技術去捕捉劇照需要展示的英雄主義和雄偉感覺。[24]

　　負責《紅色娘子軍》劇照的攝影師，起碼有兩位（石少華、張雅心）。石少華是新華社攝影部主任，張雅心是黨要培養的年輕攝影師。大部分流通的劇照，其實都出自張雅心之手。各種類別的劇照都有，包括以英雄人物洪常青，又或者以奸角南霸天為中心的相片。在這些相片的構圖裏，常常有英雄高高躍起、俯視受驚的階級敵人。這樣既可以應用「三突出」的原則，又可以展現舞蹈形式所帶來的快感。但大體來說，最廣為流傳和著名的劇照，還是那些以女性舞者——不論是個人還是群體——為主角的相片。

　　《紅色娘子軍》的眾多劇照中，其中一幅最終成為了經典之作：吳清華的〈倒踢紫金冠〉（圖6.2）。相片被獨立出版成海報和相紙，也被刊載於不同刊物。一位從前當過下鄉青年的博客，便有如此描述：

> 有一個著名的動作叫做「倒踢紫金冠」，被攝入劇照以後傳播甚廣，不僅作為影劇的海報，而且印製成各種精美的圖片在國內外廣為發行流傳。那個動作不僅因為形象美、難度高而聞名遐邇，也因為在

23　張雅心，《樣板戲劇照：張雅心攝影作品》，頁5。

24　徐希景，〈極端政治的藝術宣示——「革命樣板戲」劇照中權力意志的視覺表達〉，頁95–103。

圖6.2　劇照,《紅色娘子軍》,〈倒踢紫金冠〉

那個年代眾多的人對芭蕾舞的無知，而產生出的驚嘆甚至是聯想，有點像當今趙本山小品中的經典對白，成為眾口傳說的流行詞語。[25]

我們清楚可見，劇照被消費時是獨立於敘事之外的，陌生的藝術形式反而可以刺激人們的想像。在文章中，該位博客也憶述一個下鄉青年把一碟自己特製的菜式稱為「倒踢紫金冠」，可見這個名字和劇照有多深入民心。當《紅色娘子軍》重演，劇照也是在宣傳海報、廣告和各種衍生的產品中最常用的相片。2010年，為慶祝中國芭蕾舞團成立五十周年，劇照甚至被重印成郵票，又再備受注目。

「倒踢紫金冠」稱得上是中西合璧。一方面，它跟芭蕾舞的「大靠合」(Grand Battement Derrière) 相似，舞者把腿向後提高大擺，身體其餘部位不動。舞者一般不用像中國的傳統般跳起來。另一方面，這動作也是源自傳統中國戲曲的步法：武旦向後提腿，把拋過來的「花槍」踢回去。但中國戲曲的表演者的後腿是彎曲的，也不用躍起。在《紅色娘子軍》中，中國戲曲的動作跟芭蕾舞結合，舞者既要躍起，也要做出芭蕾舞獨特的動作，全力伸展腿和腳趾。中國戲曲的步法，只要求向後踢的腿達到藝人頭冠的高度；但是，《紅色娘子軍》的舞者卻選擇把腿伸直，使腿看起來又長又直，跟芭蕾舞的美學一致。[26] 這幅劇照之所以有影響力，部分原因是舞者薛菁華那令人難以置信的力量和柔韌性，也因為薛菁華的身體曲線既令人振奮、又如此抽象。我訪問她的時候，她解釋這是她最喜歡的照片。雖然很多舞者都曾經模仿此一動作，但她相信沒有人可以達到她的水準。她也覺得，真正使她聞名全國的，其實就是這張劇照。[27]

這劇照不僅僅代表了芭蕾舞，還代表了樣板戲本身，為甚麼呢？我們可以把它和其他同樣廣泛流傳的同劇劇照比較一下。例如有一張劇照

---

25 佳朋之月，〈倒踢紫金冠〉。

26 中央電視台《重訪》欄目組，〈消失的紅舞鞋〉。

27 作者訪問薛菁華。

叫〈滿腔仇恨〉，展示吳清華被困在南霸天的地牢（圖6.3）。我們看到即使她被鎖著，仍然有著不屈的意志。在另一幅叫〈控訴〉的劇照，我們看到當吳清華歷盡艱辛、找到軍隊的一刻，也是她生命軌跡從此改變和被拯救的關鍵時刻（圖6.4）。

吳清華流著淚，撫摸著紅旗。這張劇照有強大的敘事力量。觀圖者很容易透過女主角認同革命論述：中共會為全中國人民帶來新生活。在另外一張著名劇照（一般被稱為〈常青指路〉，見圖6.5），洪常青帶領著吳清華，指示她如何找到軍隊。這劇照展示的，大概已是全劇最浪漫的一幕（雖然兩人的相遇只是用來展示兩人屬於同一階級，而不是情人）。三張劇照都和故事線緊緊相扣，而且相片都很生動和情感豐富。〈常青指路〉明顯地在鼓吹浪漫化的認同感，而觀眾也會同情吳清華在〈控訴〉中所承受的苦難。在〈滿腔仇恨〉中，被虐的姿勢也會觸動觀圖者的情緒（雖然圖片只是展示了部分被折磨的身體）。

在以上眾多劇照中，〈倒踢紫金冠〉最為有名，它所呈現的女體也最為抽象。其他劇照清楚紀錄了吳清華的情緒狀態；相比之下，觀眾在〈倒踢紫金冠〉中看不到主人公的面容，所表達的感覺更為含糊。「倒踢紫金冠」在《紅色娘子軍》出現過至少兩次，都是雙人舞：第一次，是當吳清華經過千辛萬苦，逃離南霸天的魔爪後，昏倒在地，被路過的洪常青救起，當她看見這個陌生人，本能地掙扎逃走；在往後的另一場景，吳清華和另一位共同戰鬥的女連長秘密進入南霸天的領地，準備戰鬥。當吳清華看到南霸天，她滿腔怒火，想衝上前卻被女連長阻止，要她等待更好的進攻機會（圖6.6）。

這兩個段落，都表現了吳清華極度緊張的狀態，而「倒踢紫金冠」都是表現她與同伴的掙扎。正如前述，文革的樣板芭蕾舞經常以同性舞者共舞，減少芭蕾舞中的男女的浪漫元素。這兩段都明顯體現了這種思維。在舞台上，兩位舞者份量等同；[28] 但在劇照中，卻只有吳清華一

---

28 張雅心，《樣板戲劇照：張雅心攝影作品》，頁194。

圖 6.3　劇照,《紅色娘子軍》,
　　　　〈滿腔仇恨〉

圖 6.4　劇照,《紅色娘子軍》,
　　　　〈控訴〉

圖 6.5　劇照,《紅色娘子軍》,〈常青指路〉

圖 6.6　劇照，《紅色娘子軍》的「倒踢紫金冠」，舞台上的雙人舞

人。這樣，劇照就抹去了兩位舞者本來的心理張力。在「倒踢紫金冠」
出現的兩段裏，洪常青和連長都代表黨的領導，而吳清華則抱著強烈的
復仇衝動，所以這兩場舞蹈都在表現她在「服從黨的紀律」和「自身感情」
之間的矛盾；對黨，清華不是沒有掙扎的。可是，劇照現在所展示的，
卻只有一個抽象的紅色三角形，由堅決而柔軟的女體所構成。從劇照
中，但很難讀出甚麼具體的政治含意，但觀者都會感到這位反叛的女舞
者的強大。

　　孟悅和柏棣都有力地指出，兩套革命芭蕾舞劇都盡力去掉性欲的元

素，以建構一個空洞的階級觀念，並把它注入女性的形象裏去。[29] 柏棣
甚至認為，兩套芭蕾舞劇根本就是女性主義的文本。原因是，兩套劇都
摧毀了把女性呈現為客體所帶來的性快感；而且，階級鬥爭也是一種保
護傘，有利婦女逃離家庭空間。這種詮釋，很合乎文革時代的整體意識
形態氛圍。不過，女主角所帶來的性含義，卻似乎無法被完全去除。康
浩便指出，〈倒踢紫金冠〉的劇照，在農民家裏和學生宿舍都被廣泛用來
裝飾空間。他認為，不少人其實是用色情的角度去看芭蕾舞的樣板戲：

> 雖然文革的文化工作者花了不少心力改編兩套芭蕾舞劇，照片中的
> 性元素並沒有被徹底去除。究竟喜兒和大春、又或者吳清華和她
> 的上級之間會發生甚麼故事，觀眾有自己的各種假想，毋須經過批
> 准。那些想像中的情節可能發生在另一個舞蹈的世界，永遠不能被
> 壓制。[30]

柏棣和康浩的詮釋截然不同。我們也許會好奇，人們消費這些宣傳
文藝的時候，如何在意識形態的要求和自己的個人欲望之間遊走？

事實上，很多文革的過來人，都仍然記得《紅色娘子軍》的女角們
如何性感，而且特別記得她們的大腿。劇中，吳清華主要有兩套服裝，
代表她在不同狀態時的政治心理。她在入伍前穿的，是紅色的傳統絲質
服裝；她在部隊中和最後回鄉攻擊南霸天時穿的，則是全套軍裝。對不
同的觀眾而言，兩套服裝也有其性感的地方，但在很多回憶文字中，我
們看到軍服似乎最容易引起觀眾窺淫的凝視。在軍隊裏，所有女性軍人
角色都穿著短褲與布綁腿（一塊緊緊繞著和束著足踝以上的窄長布，使
舞者露出短褲和長布之間的大腿肉）（圖6.7）。這種舞者形象，是為了革

29　Bai Di, "Feminism in the Revolutionary Model ballets *The White-Haired Girl* and *The Red Detachment of Women*"; Meng Yue, "Female Image and National Myth," pp. 118–136.

30　Clark, *The Chinese Cultural Revolution*, p. 166.

命芭蕾舞而設計的，就像解放軍部隊的夏天裝。但是，這種形象也被看成是色情的。著名作家王朔便坦言：

> 革命時期最性感的表演要算芭蕾舞《紅色娘子軍》了，女戰士們穿著緊身短褲，露著半截大腿，端著步槍從台一側一個接一個大跳兩腿幾乎拉直竄到台的另一側，怎麼也不像在作戰，就是一群美女美腿向我們展示人體。我得承認，我一直是把芭蕾當作色情表演觀看的。[31]

圖6.7　劇照，《紅色娘子軍》，軍隊中的女性舞者

我們無法知道有多少觀眾好像王朔一樣，把革命芭蕾舞聯想到性。但在後來的不少文化創作裏，都有描述性在文革時期跟戲劇和電影的關係。最著名的，是姜文的兩套懷舊電影《陽光燦爛的日子》(1994) 和《太陽照常升起》(2007)。在袁欣婷執導的紀錄片《樣板戲：八個典型作品》

31　王朔，《看上去很美》，頁262–263。

(*Yang Ban Xi: The 8 Model Works*, 2005) 裏，一位藝術家也記得，他首次的性衝動就是由《紅色娘子軍》的軍裝短褲所激發的。很明顯，在以上這些半真半假的文化回憶裏，性是樣板芭蕾舞劇的主要潛台詞。

但是，我不想把芭蕾舞和性簡單地連繫起來。人總是能夠把各種事物連繫到性欲，而文革的極度禁欲觀更特別鼓勵這種想像。事實上，文革時期的軍服不僅僅指涉陽剛性和好鬥精神，也可以是相反。據說，一些婦女會剪裁自己的軍服，使它更合身，而且往往會拉低衣領、收窄腰身，向人展示她們嫵媚的身材。[32] 單論〈倒踢紫金冠〉這張劇照的話，吳清華穿的是鬆身的紅衫，而不是露腿的軍服。雖然這也可能會引起觀眾的性遐想，可是，該張劇照也不能僅僅被視為滿足性欲的工具。劇照不單單把女性形象戀物化，也同時展示了一位女性為了力量和自由而奮鬥的抽象美。在那件絲質的紅色傳統服裝之下，我們看到強烈要力臻完美的美學和緊守紀律的身段，散發著柔韌與決志、積極與消極之間的各種張力。在很多有關性別的挪用 (gender appropriation) 的討論裏，對女性客體化的批評，往往指向全能霸道的男性主體。這些討論，以兩極化的方式看待被動的女性客體，以及主動控制和擁有她的男性主體。這裏，我會先放下這一閱讀模式，改為集中討論由這張文革相片所引伸出的、主體被形塑時的複雜過程。

芭蕾舞有一個明顯特點，就是對女性舞者的身體紀律有極嚴格的要求。專業舞者需要長年累月的刻苦訓練和自律，才可以展現出高水平的身體協調和敏銳的思維。中國的文革芭蕾舞，則對女性舞者的要求更高。她們要接連做出多次高難度的跳躍和各種肢體動作，以展現她們體現的革命精神。更糟的是，中國的舞者需要為群眾表演，而不像西方舞者般備受保護。在當時，全中國只有兩個正規芭蕾舞團，舞者都被動員往全中國表演。趙汝蘅便曾經抱怨道，由於在文革頭兩年的表演次數過

32　金大陸，《非常與正常：上海「文革」時期的社會生活》，頁221。

多，使她被迫提早結束跳舞生涯，活躍年期比一般芭蕾舞者短得多。[33]

在2015年12月首演的紀錄劇場《紅》中，[34] 我們看到以下的一段訪問錄像，是王慧芬的親身經驗。她當年在雲南歌舞團飾演吳清華：

> 我生完娃娃以後，還沒滿月，領導接到一個任務，說在體育場要跳娘子軍……。我還餵著奶，你別看我當時他們說我瘪麼瘪，我呢奶還多，我們那個領導叫領著我他認得的中醫藥，講說吃藥，喊我打回奶針，因為馬上要上娘子軍二場，一年多我沒練功了這種……昏昏呢我就想著不管了，就去參加排練去。第一天參加排練，第一天排的起麼，休息才站起，那個奶滴在地板上，那些男生看的咋個地板是潮呢該，我自己曉得是奶，我就像這種包的起，因為是汗水奶衣裳也是潮呢，加上那個奶水滴的起，跳跳第二天早上起來，明顯奶就少的，明顯少的，第二天再參加一天排練，第三天早上起來奶一點都沒有，我一點都不騙你，回奶針都沒打，我就想到我們這個舞蹈演員，這種消耗，我親身體會呢嘛，我原來奶這麼多，娃娃還吃不完，接下來在杯杯裏擱著，參加排練第一天下來，還說要打回奶針，第一天下來，第二天就很少了奶，第二天再排練，第三天起來奶就乾了，就說明我們這種消耗，就像這種也沒打回奶針，也沒咋個，就過來的，所以我真體會到我們舞蹈演員呢消耗，確實。

革命芭蕾舞對女性舞者這種超乎常人的身體要求，在王慧芬的女體經驗中表露無遺。這種訓練，基本上就是一種去性的、超人的形塑。對應文革這種力量型的典範文化的，是一套暴烈的身體政治。普通人被要

---

33 Mike Collett-White，〈專訪趙汝蘅：不能抹卻文革對中國芭蕾舞的貢獻〉。

34 《紅》由生活舞蹈工作室製作，找來四位女舞者，通過她們自己的個人經驗，以及訪問當年曾經參與過樣板戲的表演者和觀眾，再加上重現當年有關的照片和書本，交織出一個實驗劇場。該劇於2015年12月在上海首演之後，就一直沒法在中國正式上演，但有到世界其他地方演出。感謝文慧借出劇本予我參考。

求作類近的姿勢、衣著和演講方式。勞動者和革命者的健壯身體，被大力歌頌。宣傳文化中的所有英雄和英雌的身體都十分強壯、敏捷和結實，手大肩膀闊。文革帶來的，是一項把國民身體重新打造的巨大工程。這項工程涉及很多新發明的儀式，例如忠字舞和很多透過折磨階級敵人去吸引群眾的政治集會。[35] 整套觀念，就是要建立一個新的「中國人」的身體，其次是要改革舊的中國身體。在著名的「噴氣式」裏，階級敵人被壓向群眾作90度的鞠躬，手腳挺直，在台上維持姿勢幾個小時，直至集會完結（圖6.8）。

圖 6.8　噴氣式

35　有關各種政治儀式的介紹，見 Lu, *Rhetoric of the Chinese Cultural Revolution*, pp. 127–142。

幾乎所有政治行動都被當成表演。經計算的情感性的展示（affective presentation）和感官上的認同（sensuous identification）最為關鍵。一個前紅衛兵李斌就回憶說，他的政治行動「不會單獨行為，帶領同學們一起幹，總之，不能白幹，要讓人知道，如同當下作秀」。[36] 政治行動的根本目的，就是展示。如果沒有觀眾和主角，行動本身就毫無意義。另一組重要的意義，在於對受折磨者的影響。在很多批鬥人的表演中，受罰者的身體被迫屈折，難以平衡，例如站在幾層的椅子上、再維持鞠躬的姿態，跟樣板戲的雜技動作差不多。當年是清華大學學生的謝引麟，便如此憶述她是如何被敵對的紅衛兵折磨：

> 他們便把我推到牆邊，強迫我全身緊貼著牆壁站著，我的頭，後背和腳後跟必須靠牆，然後命令我後背和腳後跟必須緊貼著牆壁往地下蹲，這是一個根本就不可能實現的動作，當我試圖蹲下去的時候，立刻就失去了平衡，一頭就栽倒在地上，使我整個人趴在地上，他們又強迫我立刻站起來⋯⋯我經常連續栽倒數百次之多，摔得我滿身虛汗，精疲力盡，連支撐起來的力氣都沒有。[37]

這種折磨身體的方式，跟軍事和舞蹈訓練非常相似。文革可以被視為一個折磨身體和改造身體的全國計劃，當中的儀式有極多表演和模仿的元素。各種折磨的方法很快被發明出來，也被全國各地複製。中國不同地方的人都想知道和學習上海和北京的批鬥手法。幾個紅衛兵在北京用自己的皮帶鞭打階級敵人，很快被全國仿傚，甚至讓闊身皮帶成為青年間的流行時尚。[38]

李乾當過紅衛兵。他憶述他當時堅定相信毛主義裏「人定勝天」的信念。所以他被監禁時，便曾經發明了各種方法去克服飢餓：

---

36 李斌，〈一個「狗崽子」的迷惘〉，頁238–239。

37 謝引麟，〈文革黑牢92天〉，頁8。

38 見Honig, "Maoist Mappings of Gender," pp. 255–268。

那是1969年的夏天，在飢餓狀態中我突然想戰勝飢餓，搞了一次精神對物質的挑戰，想在那種飢餓的狀態下完成身體柔軟度的鍛鍊。我玩命的踢腿、劈叉、前後彎腰，實在沒有力氣了，就請年輕的朋友幫忙，我躺在床鋪上，頭頂著牆壁，一個人壓著我的一條腿，兩個人用力把我的另一條腿使勁往上搬……我在心裏默默對自己說，一定要堅持，一定要用精神戰勝物質。幾天下來，柔軟度是有了進步，但人卻感到有點不對頭，身上突然出現了不痛不癢的小紅點……後來才知道這紅點是毛細血管破裂。[39]

值得注意的是，這位年輕人把「精神」和「肉體」等同。他為了測試自己的意識而折磨自己，就像納粹的身體美學一樣。不過有一點頗有趣：李乾沒有選擇鍛鍊自己身體的力量，而是專注於柔軟度，我相信主因是他營養不良，根本沒有力氣做運動。但是，他想到要盡力伸展雙腳和屈折身體，來證明自己的精神力量，或多或少來自芭蕾舞和傳統戲曲表演所發展出來的樣板戲美學。毛主義的精神之所以力量強大，正正是它能夠提供各種形式豐富的想像力和暴力，由人民的身體去展現、持續發展其力量。

文革最突出的意識形態，可能是人類意志的強大力量。不過，被用來體現這種人類意志的，卻往往是女性的身體。很多無所不能的樣板英雌，均展示她們如何全力克服自然災害和各種物質限制。芭蕾舞者的身體紀律，跟這個文化環境似乎相當一致。芭蕾舞者要長年累月的訓練，大部分中國人根本無法學習。不過，從那些廣為流通的相片來看，我們可以說，文革論述中潛藏了對折磨身體和打造完美身體的欲望，為消費芭蕾舞的人民提供另類的快感。

不同人可以跟〈倒踢紫金冠〉一圖產生各種不同的關係，性聯想可以是其中之一。可是，我們也不應該過分強調這幅劇照的色情成分，抹煞它作為典範的影響。正如我在之前所指，「典範」是文化大革命中極重

39　李乾，《迷失與求索：一個中學生的文革紀實》，頁349。

要的政治觀念。那些相片本身也是最優秀的典範，捕捉了最「完美」的身體，並以此為政治上的昇華 (sublime)。此身體可以被視為一個被客體化的他者，以滿足那個試圖掌握一切的自我；但是，此身體也可以被視為一個有待達成的理想自我，渴求革命所許下的承諾。雖然一種是身體的戀物化，另一種是自戀，但是兩種方向不一定互相否定，而是可以容許主體以各種各樣的方式形成。芭蕾舞的抽象形式，對發展這種多層次的認同網絡 (multi-leveled identification network) 似乎別具意義，因為它既抵抗舞蹈形式的政治化，又同時強化了這種政治化。

瓷 器

說到樹立典範，雕塑和劇場可以被視為兩種最有象徵意識形態的藝術形式。文革期間，這兩種藝術形式也作了一些有趣的交疊互補。例如被稱為社會主義中國最重要的造型藝展「收租院」，就有明顯的劇場性，觀者一定要順序看雕塑群，以達到預期設計好的情緒發展。何若書和李潔發現，那些黏土藝術家並不是憑個人想像創作雕像，而是邀請平民百姓和地方戲曲藝人，為創作者擺出各種姿勢。[40] 創作者甚至會到一些佛寺和道觀，學習那裏如何描繪鬼神、羅漢和菩薩。換言之，很多雕塑藝術的創作，並非僅僅出自傳統黏土藝術，而是混合了戲曲藝術和地方宗教想像的元素。那些雕塑藝術涉及的，不僅僅是社會主義的世界觀，也同時包含了中國民間的傳統。

革命芭蕾舞其中一個創新的地方，就是引入了中國戲曲的「亮相」，即主角上台時的一個短促固定的姿勢 (見上圖6.1)。在傳統中國戲曲裏，亮相的作用是要集中觀眾的注意力於主角身上，把台上的藝人和台下的觀眾連結起來。在現代的劇場空間裏，亮相可以是製造劇照的完美時刻。在樣板戲裏，亮相大多不是被生硬地加進舞蹈環節，反而是生動

---

40   Ho and Li, "From Landlord Manor to Red Memorabilia."

地融入表演之中。我們可以看到，編舞小心地把各種設計好的靜止姿勢安排在動感的舞步之中。

動作和造型的關係，對《紅色娘子軍》的編舞極為重要。官方話語如是說：

> 在動與靜的對比中，革命現代舞劇《紅色娘子軍》非常重視造型的作用。舞劇為洪常青、吳清華設計了大量造型，通過一尊尊精美的雕像，從各個側面展示了英雄人物崇高的精神境界。[41]

把造型引入劇作，可以跟典範文化拉上關係：宣傳文化的一個重要面向，就是把一個活生生的人物轉化成一個靜止的雕像，把各種轉瞬即逝的元素化成永恆的特質。除了相片之外，為樣板戲而生產的陶瓷也有同樣的功能。就正如葛達理所指，在文革的宣傳文化中，「塑造」這個來自陶瓷藝術的觀念是非常重要的。宣傳文化的目的，就是要塑造個體。[42]

陶瓷是中國最重要的具象藝術。但在文革初期，陶瓷被視為傳統封建精英的藝術，被大力打擊。陶瓷工作室和工廠是四清運動的主要目標。自宋代起便已經是陶瓷重鎮的景德鎮，在1966年完全停止運作。所有傳統美人和宗教人物的小雕像都被批判和破壞，而裝飾用的花瓶和茶壺，都被視為頹廢的資產階級玩意。當時所有對外貿易中斷，一向主要依賴出口製品的景德鎮陶瓷廠，也被迫轉向服務國內市場。[43] 景德鎮的陶藝家負責的最大型的集體項目，就是製造一個史上最大、高2.5米的毛澤東陶瓷像。[44] 項目本意是要向毛澤東和文革展示藝術家和工廠的忠誠。可是，瓷本身是一種脆弱的物料，並不合適做這種大型的雕像。故此，毛澤東像是一項違反陶瓷藝術原則的項目。經過多次失敗和嘗

41　山華，〈為無產階級的英雄人物塑像 —— 學習革命現代舞劇《紅色娘子軍》運用舞蹈塑造英雄形象的體會〉，頁17。

42　Coderre, "Breaking Bad."

43　《廠史資料彙編》編輯委員會，《雕塑瓷廠廠史資料彙編》，頁40。

44　同上註，頁55–59。

試，兩年的努力終於得到成果。毛澤東像於1968年起在井岡山展出。

不過，這個政治性的項目，並沒有為工廠帶來任何資金。工廠要繼續經營，得持續生產商品以支付薪金，讓各個家庭賴以生存。陶藝家於是開始製作及出售不同的毛澤東像，也慢慢發現動物擺設沒有被批判為反動，於是又使動物成為文革時期的主要陶藝類型。除了毛澤東的小型雕像，還有新的工農兵樣板人物的雕像。不過，不少民眾根本沒有餘錢買陶瓷以裝飾居所。國內市場對這些產品的需求甚少，使這些產品銷量不佳。[45] 文革期間，陶瓷廠被要求繼續運作，可是，它的產品卻是革命最瞧不起的東西。

廣東省的石灣，是另一個生產陶瓷的重鎮。它相對幸運，政治運動對它的影響較小。景德鎮面對大量階級鬥爭活動，甚至得停止出口。石灣美術陶瓷廠的日常生產則相對順暢，原因之一是石灣一向以本地市場為主。[46] 石灣的陶瓷師傅劉澤棉，自1950年代起便參與各種陶瓷貿易。他告訴我，在文革最初幾年，陶瓷廠主要生產毛澤東像。毛像小至15–20厘米高，售價低於1元，大一點的10元一個。小毛像甚為暢銷，這是由於很多家庭都需要每天敬拜毛澤東。

當推動樣板戲的政策延伸到以上兩家陶瓷廠，陶藝家便得開始為著名的樣板戲人物製造雕像。這些樣板戲人物的雕像，並不像毛澤東像一樣受家庭歡迎。一些西方論者聲稱，文革時期送給新婚夫婦的賀禮，一般都是一對喜兒和大春的陶瓷像。[47] 今天，也有很多文革瓷的商人聲稱，革命瓷是當時家居的時代象徵。這些說法顯然是誇大。劉遠長當時仍然是景德鎮的年輕陶藝家，他說大部分貧農和工人連吃都不夠吃，根本不會花費在這些裝飾性的商品上。他也記得，當時的主要買家其實不是平民百姓，而是少數仍然營業的酒店。研究陶瓷藝術的學者曹春生教

45　作者訪問劉遠長。

46　作者訪問劉澤棉。

47　Edison and Edison, *Cultural Revolution*, p. 109.

授也指,當時的市場對瓷器的需求極低。由於工匠被要求繼續生產,結果便可以把所有時間和精力都投放在極少數的商品上,使文革瓷的質素很高。故此,文革瓷根本極為少有,而可以保留到今天的,更是少之又少。大部分在今天流通的文革瓷,都是假貨。[48] 那些大量生產的粗糙製品,絕非文革的陶瓷。

由於文革瓷十分稀有,它在今時今日被人們崇拜成為代表那個時代的象徵。大量仿製品在網絡世界和拍賣行大手交易。諷刺的是,瓷器的功用是裝飾家居,本來在革命時代無甚用處;但在後毛澤東時代,文革瓷卻很快被論述為文革日常生活的載體,寄託了人們對過去的思念,也連接了毛時代和後毛時代。現時的文革瓷熱潮,建基於一種在革命時代並不存在、而是在當代才出現的消費主義欲望。至於芭蕾舞者的陶瓷製品則更為複雜,因為它在物料上(陶瓷)和內容上(芭蕾舞者),都涉及一種隨時準備被客體化和收藏的陰柔感(femininity)。

張育賢是景德鎮的陶瓷師傅。文革時,他是陶瓷工廠的學徒。他記得當時其實頗為清閒,可以花很多時間去盡力做好每一個陶瓷像。[49] 在訪問中,他提到他最自豪的作品,是一個《白毛女》中的喜兒(圖6.9)。這個喜兒像用足尖站立,我們也可看到她的面部表情和髮型都非常精緻,展示她強烈的情感。陶瓷像的脆弱和高雅,似乎跟芭蕾舞藝術本身十分匹配。張育賢說,他做喜兒像是為了自娛,並不是為了聽從上級的命令。他曾有一個難得的機會,觀看《白毛女》的芭蕾舞劇的現場表演,也曾近距離看見過飾演喜兒的舞蹈員在他身旁經過。他驚為天人,深深為舞者的美和優雅所吸引。由於他在一家被投閒置散的陶瓷工廠工作,只是一個基層員工,他可以花很多時間去不停修改他心愛的雕像,做到最好。最精巧的部分是足尖。它接觸底部的點十分小,使雕像很不穩定。在燒瓷的過程裏,雕像會很易整個崩裂。

---

48 作者訪問曹春生。
49 作者訪問張育賢。

圖 6.9　張育賢，《白毛女》，1973（張育賢提供）

　　跟景德鎮陶瓷廠那個2.5米高的毛澤東像比較，張育賢的喜兒像，其實更接近「真正的」陶瓷藝術。跟陶瓷廠出產過的傳統人像相比，喜兒像有更強烈的情感和戲劇感。喜兒的雙手不成比例的粗壯，不太合乎她精緻的臉頰。不過，我們仍然能夠感受到一種內在於瓷料之中的脆弱感和寧靜感。陶瓷是一種十分脆弱的東西，需要人們小心翼翼地去料理和保護，也使它成為一種特別的藝術形式，天生便抗拒宏大或壯麗的感覺。陶瓷的歷史，是一種技藝的歷史。各種創造歷史的陶瓷實驗，主要是要探索出各種更精細的技術：提煉黏土，以做出更多不同的形狀；豐富顏料，讓製品更色彩豐富；改進藝術家的畫功和雕功，發掘出更精緻的形狀；還有製造出更多不同種類和形式的雕刻工具等等。這些實驗和行動，都無法被革命的論述所收編。在喜兒像身上，我們看到陶藝家特別著力於芭蕾舞鞋和細長的雙腳。我們也感受到，一種難以在其他文革作品中找到的女性的優雅。芭蕾舞似乎使這種陶瓷藝術更有活力。兩種藝術，似乎有一種美學上的共性：兩者都難以被歸納或約化成陽剛的文革論述。

　　石灣的劉澤棉，也記得他如何用心製作樣板戲人物的雕像。他最自豪的其中一件作品，也是芭蕾舞者──《紅色娘子軍》的一位女戰士。跟張育賢的喜兒像不同，劉澤棉的女戰士並非為個人興趣所作，而是一項集體任務的一部分。他記得自己和同樣年輕的同事，如何全心全力做好這項工作。就像「收租院」系列那些大型的作品一樣，劉澤棉要跟多人合作，造出一系列樣板戲的作品，實踐一種集體的作者性。

　　陶瓷工作者特別喜歡通過雕像，去重構樣板戲的不同情節，把雕像並列，構成一個完整的敘事。這些雕像並不是消費品，而是展覽品。可是，雕像者其實鮮有機會看到原來的劇作（特別是芭蕾舞劇版本）。劉澤棉和他的同事之所以能製作《紅色娘子軍》的人物雕像，靠的是看電影和劇照。所以，那些由舞蹈轉化為劇照、再轉化為雕像的作品，其實是「第三次創作」。這些小雕像（每個只有10–20厘米高）都是為了展示當時的革命精神而製作，跟景德鎮那個2.5米高的毛澤東像有相同的政治功

能。兩者雖然大小不一，卻都是被用來教育人民和被人民崇拜，而不是造來被人擁有。當我訪問劉澤棉的時候，他已經70多歲了。我問他，會否把這些芭蕾舞者像聯想到各種性幻想，他似乎被逗樂了，哈哈大笑。他說，那時候他和同事們都十分單純，只想全力完成工作。他也很懷念當時比較簡單的日子，心無二用的訓練，為他日後的藝術創作打好基礎。我們或者可以把劉澤棉的「單純」，解讀為一種性壓抑。不過，我也無法質疑他的信念。他真誠地認同自己的工作，也深信那些雕像被賦予宣傳革命精神的神聖任務。

　　陶瓷雕像把樣板戲的女性舞者凝固，捕捉她舞動的一刻，有利男性視角把她客體化。女性雕像不會動，細小而順滑，吸引雕像擁有人去欣賞和撫弄。被凝固的動作充滿可塑性，也合乎了人們的原始欲望，即相信死物是有靈性的。但在文革時期，大部分人都沒有能力購買那些雕像。雕像主要是被用來在偏遠地區展覽和欣賞。這種再現雕像的方式，雖然加強了對女性舞者的客體化；但是，中國社會當時的物質條件，又使人難以擁有這些「女性」，使觀者無法輕易成為女性舞者的擁有者，也無法輕易鞏固「男性」的主體位置。我們可以此來對照本雅明（Walter Benjamin）的說法。在十九世紀的巴黎，人們為櫥窗裏的商品所迷惑。對本雅明來說，那些被展示的商品擁有一種歌頌進步的魔力。[50] 當時，大部分巴黎人都買不起那些商品。但是，恰恰是這種既看到、又買不起的距離感，使那些商品具有一種引人擁有的特性。相比之下，文革的陶瓷雕像本來就不是商品，所以由它而產生的崇拜感便更強了。如果文革的藝術作品是要體現進步的承諾，那麼，它們所指涉的「進步」並不僅僅指物質上的豐盛和工業上的進步，還包括人的終極解放──這些承諾更為抽象，也更為誘人。

50　見 Buck-Morss, *The Dialectics of Seeing*, p. 90。

主體與客體之間

我們不用把當時的人理想化，以為那一代人的道德特別純潔，可以擺脫所有人類欲望。不過，我們也需要明白，當時的政治和經濟條件，跟我們今天的情況截然不同。由於當時缺乏一套以佔有欲為先的機制，在觀眾一方形成的主體位置，無法輕易把樣板戲的女性舞者挪用為弱小的客體。張育賢造喜兒像，可能出於喜兒的吸引力，誘使他把心愛的影像轉化成物質。但是，張育賢是幸運的少數。當時，大部分人都無法享受這種私下擁有雕像的快感。那時代的人所理解的「客體」，跟我們在資本主義—自由主義式的環境中所認識的「客體」截然不同。即使這世上真的有某些普遍存在的人性，它也總會被特定的社會結構和條件選擇性地展現和壓抑。

「倒踢紫金冠」的劇照和《白毛女》的陶瓷像，都把樣板戲的女性舞者重新呈現出來。但是，即使兩者都是宣傳文化的產品，卻用不同的文化形式呈現：前者是二維的平面，並沒有後者的物質性和相應的質量。同時，陶瓷雕像十分脆弱、難以處理，這又不同於可以大量低成本複製的劇照。我們可以推論，大量流通的劇照在當時負責了芭蕾舞樣板戲的普及宣傳工作，陶瓷像則不過是少數人看過或負擔得起的特殊藝術品。這兩種周邊的文化產品，在不同方面上違背了文革樣板戲的戀物癖。它們一起提醒我們，個體永遠不是完全消極被動地等待革命論述的模塑，而是跟官方的典範開展出各式各樣的關係。沒有任何主體可以在毫無自由空間的處境下形成。這情況在現代社會尤甚：要有效把人召喚到意識形態之中，一定要先提供一種感覺，使人確信自己是自願地作選擇和決定。這些「主體」如何以不同方式跟不同「客體」產生不同關係，對文革主體的形塑很重要。

這種在主體形塑過程中的「自願性」，也在當時的收藏文化中發展出一種獨特的分支。文革是資源稀缺的年代。在物質充裕的世界的「商品」概念，無法直接用來理解文革的世界。文革時期，客體之所以被佔有，就是為了要被立即使用。但是，一種收藏文化又暗暗在民間發展出來。

今天，中國發展出一個買賣文革物品的大型市場。這市場得以形成，並不單單是九十年代發展出來的市場經濟的結果。早在文革時期，人們便已經收集各種可以記載革命和記憶的物品。在1966年，富裕家庭都想盡方法毀滅自己的收藏品，為了自我保護而拋棄這些「封資修」的物品；可是，平民百姓很快便開始儲集流通的革命物品，包括小報、毛澤東章、紅衛兵的袖章、各種郵票和門票等。樊建川便是一個極端的例子。他是四川安仁建川博物館聚落的館主。[51] 1966年的時候，他只有9歲，儲過第一個毛章和第一本宣傳冊子後，便開始了收藏的興趣。現在，他的博物館有幾百萬件藏品，文革時收集的毛章和小冊子，就是那些藏品的神聖起源。[52]

樊建川是一個奇特的例子。但是，當時很多人確實發展出收藏革命物品的習慣和興趣，只是按各人的能力和方式而有所不同而已。「收藏物品」可能只不過是一種普遍存在的人類欲望。但在文革的語境中，這些革命物品可以被視為官方意識形態的體現，而「收藏」此行為也可以是人們跟革命和解的一種方法，讓自己的革命感情得以收藏。物件的永續性，可以見證變幻的歷史。當那些文革物品成為「收藏品」之後，便超越了神聖和世俗的界線，從遠處觀察那些佔有它們的主體和那些使它們威力強大的意識形態之間有何張力。文革期間，「主人」是一個關鍵詞，人們經常被告知自己是主人。可是，主人背後總有更多主人。主體化的鏈條（chain of subjectification），永無終點。

51　樊建川的博物館十分壯觀——我指的不僅僅是其規模和建築，還有其既強烈又矛盾的意識形態傾向。

52　作者訪問樊建川。也見樊建川、李晉西的《大館奴——樊建川的記憶與夢想》，頁108–109。

第7章

毛澤東作為社會道統

在本章及第8章，我將會討論兩種非常重要的典範。它們既非模範、亦非樣板，並不是要供人模仿。但是，它們仍然被大量複製，在社會上到處可見。我們可以把這兩種典範稱為超脫的人物（sublime figures），它們負責定義何謂是非對錯，共同編織出一塊意識形態的被單。從之前幾章（第4–6章）可見，各種模範和樣板體現了毛主義的意識形態，人們被鼓勵去模仿它們，以習得革命精神。可是，超脫的人物卻是特殊的典範，革命群眾永遠無法靠近。這些典範在群眾無法企及的遠處，受敬仰、受唾罵，也成為被反覆操演的儀式，指導著主體的形塑。如果說，之前幾章所探究的，是毛式主體的打造實為文革政治計劃的重心所在；那本章要展示的，則是不論有否官方的參與，主體的形塑還是會發生。我想分析的是，把社會的總領袖和社會的敵人作儀式化的處理（ritualistic treatment），如何使革命鍛造出政治上的統一，並且如何同時挑戰這統一性。

毛澤東是本章的焦點。梅嘉樂在其著作中反覆強調，文革宣傳品的觀眾並沒有純粹被灌輸單一的價值，也有積極地參與建構文化。不過，她的另一個主要論旨，恰恰就是毛澤東支配了人民的文化生活的所有面向。毛澤東的詩詞、藝術和語言無處不在，構成一套價值單一的文化，把讀者和觀眾多多少少鎖在一個只能討論和信仰毛澤東的世界。我同意梅嘉樂的觀察。可是，我們仍然得花點工夫去理解參與（participation）

和灌輸（indoctrination）之間的矛盾。以下，我會探索毛澤東及其人民的關係，但我將會以 "doxa"（以下譯為「社會道統」）的概念出發。「社會道統」的概念，使我們比較細緻地理解人民如何在日常生活裏跟毛澤東互動，也顯出服從（submission）和自主（autonomy）這兩個觀念的問題所在。

正如我在第2章所提及，文革鼓勵人民以毛澤東的方式寫作和畫毛像，但也會重罰那些冒認毛澤東和以他的名義寫作的人（例如陳明遠）。這就顯示，毛澤東和人民之間的距離其實一如既往地遠。那些仿傚毛澤東的行為，是人們用來展示自己忠於他、接受他祝福和啟蒙的方式。官方出版的毛澤東像，只是由周令釗、張振仕和王國棟等少數被欽點的畫家負責。但同一時期，中國也有無數業餘畫家在不斷畫毛澤東像，把它們用作宣傳，或者消遣（就像畫傳統山水畫一樣）。複製毛澤東圖像的情況非常瘋狂。賓拿域（Robert Benewick）估算，當時的中國生產了25–50億個毛章，涉及二萬款設計和27種不同物料。[1] 據說，在1966–1970年期間，中國曾經出版過大約41億張不同款式的毛澤東像。[2] 劉春華的畫作《毛主席去安源》——這幅畫，試圖改寫中共在1922年參與安源罷工運動的歷史 —— 被印成超過九億張宣傳海報。[3] 那時的中國，也只有七億人口。

傳統的模仿理論，很難被用來分析毛澤東的案例。這是因為世上只有一個毛澤東，沒有人可以成為他。我在本章要展示的是，由於毛澤東和他的作品四處可見，有關他的一切被人民廣泛和反覆地閱讀和拆解，使他無可避免地變得陳腐和俗氣。毛澤東的圖像及其複製品在當時不計其數，令世人認定文革就是一個人民被洗腦的時代。但是，群眾其

---

1 Benewick, "Icons of Power," p. 131.

2 蔡麗媛，〈宣傳藝術的極端異化 ——「文化大革命」時期的宣傳畫〉，頁82。

3 該畫作是打擊劉少奇的政治運動的一環。1961年，侯一民畫了一幅《劉少奇與安源工人》，呈現劉少奇是安源工人運動的領袖。有關該畫的資料，見 Hung, *Mao's New World*, pp. 145–146；有關劉春華的畫作，見 Andrews, *Painters and Politics in the People's Republic of China*, pp. 338–342。

實仍然擁有挪用文化產品的能力。就正如上一章提到那位陶瓷師傅，便可以根據樣板戲人物來雕製自己心愛的陶瓷人像。換言之，毛澤東不僅僅是一個超凡脫俗的典範（sublime model），也同時是一種陳腐的複製品（hackneyed copies）。這也代表當時的社會不僅僅由縱向的毛主義所授權而形成，也由橫向的社會性模仿所支撐。群眾挪用毛澤東，可以是一種盲目無知的偶像崇拜活動；但另一方面，那些活動也是主流社會得以形成的一部分，在那個極端不穩的年代，帶來一些常理和可預測感。本章要處理的，就是兩方面的活動所帶來的矛盾。從這裏延伸，我也會追問以下問題：如果人民要貫徹始終地認同毛澤東，那麼面對毛澤東的革命精神——它最終可能會挑戰毛澤東本身的權威——又應不應該挪用？如果人民認同毛澤東執意推倒既有的政治結構，那麼毛澤東作為最有權力的當權者，又應該在哪種程度上被推翻？毛澤東不單單賦予人追求一致團結的力量，也使人勇於展示差異——既叫人互相依存，又叫人獨立自主。雖然很多人都認為，毛澤東無處不在，就代表文革時期的中國是一個同質化的社會。但是，文革也充滿了各種由秩序和失序所構成的矛盾。

毛澤東作為信仰

　　一直以來，人們常常以領袖崇拜的概念，去理解毛澤東和人民的關係，我就以毛澤東崇拜（Mao cult）作為本章的起點。根據里斯（Daniel Leese）的仔細研究，崇拜毛澤東的現象，可以追溯至延安時期。當中尤其重要的，是在1942–1943年期間的整風運動中樹立了「毛澤東思想」。[4]在整風運動和抗日戰爭期間，人們需要統一的意象和單一的論述，去對抗內部和外部的敵人，這是造成毛澤東崇拜的重要因素。解放後，這種

4　Leese, *Mao Cult*, p. 8.（編按：中文版見里斯，《崇拜毛：中國文化大革命中的言辭崇拜與儀式崇拜》，香港：中文大學出版社，2017。）

崇拜進一步獲得其正當性。如果傳統中國人的迷信必須被取締，對毛主席的崇拜卻可以取而代之。在一個1970年的訪問中，毛澤東坦承自己知道中國存在崇拜他的情況，而且以此比喻為中國古代崇拜帝王的傳統。[5] 邁斯納（Maurice Meisner）認為，這代表毛澤東完全明白人們崇拜他的社會因素 —— 他知道崇拜現象之所以流行，是因為中國仍然是一個基本上由古代農村傳統主導的農民國家。[6]

不過，在那三十年間，毛澤東崇拜也經歷過不少轉化。第一個轉捩點，是赫魯曉夫發表於1956年的著名演講，當中批判了史太林崇拜，認為那造成了蘇聯的各種政治問題。赫魯曉夫的講話，曾經促使毛澤東及中共重新審視那些有可能導致個人崇拜的政策。為防中國步蘇聯後塵，毛澤東和他的同志花了不少工夫，去避免個人崇拜在中國冒起。[7]當中最有代表性的，莫過於《人民日報》於1956年4月5日刊登的社論。該社論名為〈關於無產階級專政下的歷史經驗〉，把個人崇拜定義為剝削階級的「腐朽的、帶有毒素的思想殘餘」，是古代家長制殘留的習性，需要以持續的社會主義教育根除。[8]但到了大躍進時期，毛澤東崇拜又再被採納，以表達中國有其通往共產主義的獨特道路。透過毛澤東崇拜，中國人從擁抱蘇聯的制度轉往摸索自己的發展方向。在1963年6月17日，《人民日報》刊登了一封由中共發給蘇共的信，指責蘇共呼籲社會主義和資本主義和平共處的路線，是背棄了共產主義陣營。這樣，毛澤東就成為第三世界的領袖了。到了1966年的時候，毛澤東崇拜卻不再單單是一種方便政府管治的工具。那也不是毛澤東吹噓其自我形象的結果。[9]這次，毛澤東崇拜跟激烈的革命糾纏在一起。在革命裏，人們必須把毛澤東當成共同欲求的客體（common object of desire），革命的社群

5　　Snow, *The Long Revolution*, pp. 18–19, 169–170.

6　　Meisner, *Mao's China and After*, p. 387.

7　　Leese, *Mao Cult*, pp. 27–46.

8　　《人民日報》,〈關於無產階級專政下的歷史經驗〉。

9　　毛澤東曾經自比中國史上的各個偉人。見他的詩作《沁園春‧雪》。

才得以形成。眾所周知，紅衛兵就對毛澤東有特強的情感和忠誠，會研究毛澤東的文字，像朝聖一樣到北京親身見毛澤東，也會朝拜一些跟毛澤東有關的物品（例如巴基斯坦政府送給毛澤東的芒果）。當時，一些平民百姓也會早晚敬拜毛澤東像。

很多歷史學家都認為，文革出現，是毛澤東在政治上既缺乏安全感、又同時充滿野心的結果。柯瑞佳提醒我們，毛澤東於1960年代初暫時讓出權力、自我放逐，直接使崇拜毛澤東的現象快速成形。[10] 王拓也認為，文革的各種儀式和崇拜活動，是為了促進毛澤東與人民之間的直接溝通。[11] 不過，文革中的崇拜現象，明顯並非毛澤東一手直接創造出來。例如，江青的角色就一直非常重要。1967年，她發動了「三忠於四無限」運動，強調人民要忠於毛主席，忠於毛澤東思想，忠於毛主席的無產階級革命路線；人民也應該對毛主席無限熱愛、無限信仰、無限崇拜和忠誠。林彪也在解放軍中確立了毛澤東崇拜。即使是周恩來，也被指有份在幕後策劃領袖崇拜。他刻意誇大毛澤東在組黨、領軍和建國時的角色，將之呈現在1964年的史詩性表演《東方紅》之中。音樂劇《東方紅》據稱是仿傚北韓的革命音樂劇所創，以歌舞表演重現中共歷史，以證明新中國的道德合法性。《東方紅》結合歷史和音樂劇，被不少人視為後來的樣板戲工程的原型。

確實，毛澤東崇拜涉及很多利益集團，也涉及很多推動者。但是，這並不在中共本來的議程表上。1967年，經過一年無政府的混亂狀態，中共急於盡快重新控制局面。在當時，毛澤東崇拜似乎就是唯一可以有效團結國家、結束全國各地的內戰的方法。根據里斯的研究，毛澤東的儀式化崇拜在文革得以流行全中國，其根源可以追溯至1967年。當時，毛澤東的「8314特別部隊」被派往北京針織總廠，負責統合兩個敵對的群眾組織。各方劍拔弩張之際，這支中央警衛團向兩派人馬宣傳毛

10　Karl, *Mao Zedong and China in the Twentieth-Century World*, p. 116.

11　Wang, *The Cultural Revolution and Overacting*, pp. 9–20.

澤東思想，叫雙方讀毛澤東的著作，尊重毛澤東，最後方法奏效。於是，中央決定向全國推廣這種儀式性的崇拜，試圖回復全國秩序。此決定加劇了本身已處於失控邊緣的毛澤東崇拜文化。很多向毛澤東表忠的儀式和再現，其實都出自草根百姓之手。諷刺的是，當這些儀式和再現被中共官方正式承認之後，卻開始不受控制，引致一種毛澤東崇拜的無政府狀態。[12] 直到1970年代初，政府重新恢復本來的權力，崇拜毛澤東的情況才稍為受控。在1971年一場針對陳伯達的政治運動中，涉及的其中一項主要政策，正正是要壓制毛澤東崇拜。有紀錄指，在1971年的廣州交易會，外交部副部長喬冠華得巡查展覽會場的每個角落，以確保所有印有毛澤東的海報或物品都被拿下或盡量低調處理，使外地賓客能夠看到一個「正確」的中國形象。[13] 至此，崇拜毛澤東的文化便涉及眾多政府政策和利益的計算，不再是人民出於衝動、且毫無章法可言的崇拜活動。

從歷史可見，毛澤東崇拜從來就沒有統一性和連貫性，而是由眾多論述和非論述的力量互動而成。毛澤東思想也如是。我們閱讀毛澤東的觀點時，都可以發現他的思想充滿內在矛盾，難以掌握。人們總是可以從毛澤東的文字中找到支持自己的據點，而反對一方只要努力，也肯定可以找到支持自己的句子。也許毛澤東的思維十分辯證，不會只看一個角度，而總是從各種角度思考；又或者，他根本就是一個前後不一的人。而且，毛主義也不是屬於毛澤東自己一人的思想。毛澤東的講詞和作品不僅受人影響，也會由他人執筆。這些人包括艾思奇、李達、陳伯達、周揚、胡喬木和張春橋等。所以，與其說「毛澤東」是一個獨立和連貫的思想家，不如說它更像一個文本性的場所 (textual site)。

在遼闊的中國，不是人人都崇拜毛澤東。即使在文革時期，也有人毫不尊敬他。哈莉絲 (Clare Harris) 的研究就指，文革時，有藏人被迫在

12　Lesse, *Mao Cult*, pp. 169, 196–205.

13　張紹城，〈「文革」時期的廣州美術活動〉。

起居和工作場所拿下自己信仰的宗教象徵，改掛毛澤東的海報。那些藏人便唯有在睡覺時以雙腳向著毛澤東像，以代表對他的鄙視（傳統上，人們敬拜時，應該以頭觸碰喇嘛）。[14] 這個例子可能並不普遍。但是，我們可以看到不少人並不視毛澤東為神，而是把他視為普通人，甚至只是政治宣傳的產物。正因如此，中共才得花這麼多工夫，去掩飾毛澤東僅僅是一個普通人的事實。

毛澤東作為社會道統

如果我們過分聚焦在毛澤東崇拜，便可能會過分放大人民的服從性（submissiveness），忽視了很多人其實著緊毛澤東的「社會性」（sociality），多於毛澤東本身。在那些崇拜活動中，不論是精神層面與物質層面，還是主體與主體互通的關係，都錯綜複雜，有待拆解與重構。我們可以用 "doxa" 的概念，去把握毛澤東和人民的關係。[15] "Doxa" 是希臘語，阿里斯多德用這個詞語去形容一些人民所抱持的共同意見、普遍信念和典型的期望——它們構成了人民溝通及其社群意識的基礎。布迪厄也用過 "doxa" 一詞。他認為，每一個已建立的秩序都有其隨意性和專橫性。制度要人們順從，就必須把這些不合理的東西自然化，使人們感受到這個制度的存在是理所當然，也不可被超越。布迪厄認為，"doxa" 就是一種使「自然和社會世界都看似不證自明」的經驗。[16] 從阿里斯多德到布迪厄，"doxa" 一般被理解為一種「常理」（common sense），不是人民對理想世界的想像，也不是個體的創造力。「常理」為人與人之間的互動，在世俗社會裏幫人定義如何去作有意識或半意識的計算。我們可以把 "doxa" 翻譯為「社會道統」。

14　Harris, "The Photograph Reincarnate," pp. 138–139.

15　我受周群與姚欣榮的啟發。見二人的文章〈新舊毛澤東崇拜〉。

16　Bourdieu, *Outline of a Theory of Practice*, p. 164.

　　沿著「社會道統」的概念去理解毛澤東崇拜，我們便可能會明白，領袖崇拜其實也可以是社會形構 (social formation) 的一部分。就讓我們先回頭看看文革是如何開始的。大字報——一種在公眾場合展示、作為政治溝通的媒介的手寫海報——其實並不是文革的新發明，而是在1957年的反右運動中，便已經被廣泛使用了。但是，把大字報重新用來作為一種展示群眾階級鬥爭和激進民主的工具，卻是由1966年5月一系列在北京發生的自發性事件所造成的。這也證明社會在革命的表達方式上有多快達成共識。5月25日，以聶元梓 (北京大學哲學系黨總支書記) 為首的七名教師，在校園中張貼了文革第一張大字報，公開批評北大領導。根據聶元梓的記憶，她的大字報旨在回應黨的〈五一六通知〉(一份標誌著文革開始的官方文件)，也包含了自己的個人怨恨。[17] 幾天之後，一些中學生被北大的大字報激發，也寫下了大字報向毛澤東表忠。8月，毛澤東寫了他的第一張大字報回應，展示了他跟人民可以建立直接的關係。這張大字報，也成為了毛澤東崇拜的一個主要象徵。這些富戲劇性的行動互相刺激，使宣傳的實踐 (propaganda practice) 四處蔓延。文革得以開始，既不全是領袖操縱，也不是由人民自行達成的共識，而是涉及不同勢力的各種激進的決定，而它們又鬆散地圍繞著同一個權力中心來開展。雖然毛澤東在當中還是起了重要作用，但僅僅用「毛澤東崇拜」的概念去理解文革初段忽然爆發的宣傳實踐，顯然並不足夠。

　　除了把毛澤東視為一個被崇拜的客體，我們也可以把他視為「社會道統」。換言之，對毛澤東的敬拜和尊崇，是人們日常生活的一部分，人們無法繞過，也沒有其他替代。當然，「革命」可以被視為一種跟「社會道統」相反的邏輯，畢竟革命正正是要打破社會的慣性。但在文化大革命時期，「社會道統」卻沒有消失。就讓我們分析一件差不多同期發生的事件：在1966年的暑假，已經73歲的毛主席決定再次在長江游泳。眾目睽睽下，毛澤東用一小時五分鐘，穿越了急湍的江水。一般論者認

17　聶元梓，《文革「五大領袖」：聶元梓回憶錄》，頁109–121。

為，此舉是他的個人政治秀，在全國的百姓和政敵面前展示他仍然身體健壯，仍有足夠能力呼風喚雨。似乎，已達高齡的毛澤東仍然自戀，非常著重自己身體的外形。很快地，《人民日報》便刊出了一篇著名的文章，叫〈大海航行靠舵手〉。文章激勵人民跟隨「舵手」毛澤東，對抗一切資本主義權貴。[18]

我們可以說，毛澤東以他的身體去吸引人民的注意力。但對一般人來說，一個73歲的男性身體，大概並不吸引。我相信對毛澤東的身體的戀物化是「社會道統」的一部分。在這宗媒體事件裏，有兩個毛澤東的身體：一個是衰老的普通凡人的身體（mortal body），一個則是體現不斷革命的不朽的身體（immortal body）。可能有不少人看到了毛澤東的老態，但也有很多中國人只著緊毛澤東那「不朽」的身體——恰恰是由於人民這種詮釋跟毛澤東的企圖一拍即合，才得以使整個革命的重擔落在毛澤東的身體之上，透過大量宣傳其圖像，使他的肉身（flesh）成為所有最狂野的革命活動的化身（avatar）。毛澤東的圖像能夠承載這些意義，並非僅僅因為儒家文化相對上不會歧視長輩，也是源自一種之前十多年早已形成、潛藏於社會之下的觀看文化和政治道統。換句話說，把毛澤東視為有活力和強勢的政治領袖，根本就是那個時代的常理。在當時，以其他方式去理解和觀看毛澤東，就是超越了「社會道統」的範圍，是危險的詮釋。如果我們隨便借用今天研究流行文化時常常運用的「文本盜獵」（textual poaching）的概念，強調人可以自由詮釋文本、對抗當權的編碼方式（dominant coding），那就是忽視了社會道統的強大力量。「社會道統」由社會的互通的主體性（social intersubjectivity）所建立。此互通的主體性可以讓我們從不同角度去理解毛澤東這個典範：除了理解典範如何直接影響人民之外，更重要的，可能是理解人民如何圍繞著典範去互動。

我們可以嘗試比較一下歐洲和中國的去皇朝化的過程，以理解毛澤東在新中國的「道統」位置。簡度維（Ernst Kantorowicz）的《國王的兩種身

18　《人民日報》，〈大海航行靠舵手〉。

體》(*The King's Two Bodies*),解說了歐洲中世紀皇權背後的政治神學。在這套政治神學中,國王是所有皇權力量(royal potencies)的持續體現。簡度維的分析是,不論國王是癡呆的小孩還是衰弱的老人,他都永遠不死,是因為他被想像成兩種身體:自然身體(natural body)和政治身體(body politic)。在中世紀的歐洲,人們以各種方法去理解自身跟這兩種國王身體的關係。基督教神學更致力闡釋國王和基督的關係,幫助人們理解國王並非一般平民百姓。[19] 辛拿(Eric Santner)從簡度維的經典之作出發,進一步解說歐洲進入現代時的政治。那時候,國王的第二個身體——也就是國王的政治身體——慢慢轉化成為一個大喻詞(master trope),讓世俗之物(特別是政府及其各工作單位和體制)以不同的方式去形成現代的主權(modern sovereignty)。[20] 皇權的機構(royal authority)排出了「肉感的多餘物」(fleshy excess),但在現代歐洲仍然持續存在,而餘下的皇權(royal remains)就被引導去建立人民的主權(popular sovereignty),在每位擔起主權權力的國民身上產生新的動力和激情。[21] 辛拿分析的重點,並不是國王本身,而是基於「國王」這個抽象的概念所發展出來的社會制度。這種分析提醒了我們,在現代化的進程中,即使「人民」成為了承擔主權的新單位,皇權的元素卻沒有完全消失,仍然在「人民」之中。

辛拿以新的方法去探討歐洲人在進入現代時如何自我賦能,他對法國大革命的分析也很精彩,但他的分析還是比較線性和層級化。他相信,進入現代社會的人民,還是需要依賴「國王」此高人一等的位置。即使「國王」已經排出了那「高貴的肉身」(sublime flesh),人民還是需要「國王」,才可以感受到新的符號秩序和自己新建立的權力。我不打算反駁這個有關歐洲史的研究。我想指出的是,相對於辛拿研究的早期現代歐洲社會,明清的中國的權力分佈,似乎容許朝廷與人民有更多直接的

19　Kantorowicz, *The King's Two Bodies*, pp. 42–86.

20　Santner, *The Royal Remains*, p. 39.

21　同上註,頁26。

連結，使人民有更多空間去發展出自己的權力結構。當時，儒家思想十分重要，不單單連結了「不朽」的皇帝和儒家的家庭宗族，也連結了地方社會和中央政府。正如科大衛（David Faure）指，自明代起，地方的人民便逐漸認同國家，跟隨皇帝的祭祀儀式。普通平民百姓會把自身的宗族譜系體制化，使自己的家世也和官方連結起來。明朝開始，新儒家的國家理論宣揚祭祖儀式的重要性，使它成為了連結中央權力和地方社群的關鍵因素。民間相信，只要跟從皇帝操演同一套儀式，就等於跟朝廷形成了一套相通的社會和政治結構，子孫也就有可能進身成官方的管治階層之一。[22] 在帝制晚期的儒家社會裏，官方也透過把不同的家族儀式體制化，把部分權力分給地方的氏族，以求組織社會秩序，保持地方的政治穩定。某程度上我們可以說，明清皇朝和老百姓都需要操演的這套儒家儀式，使中國的官民關係比中世紀的歐洲平等。

　　踏入二十世紀，毛主義的儀式，也可以被視為儒家體系以外一種相關的儀式。當時便有向毛澤東「早請示、晚匯報」的祝頌禮儀，明顯是從敬拜祖先的儒道儀式中發展出來。這些儀式可能反映了不少人把毛澤東視為人民共同的祖先，但它們也是把政治中心和人民連起來的象徵式連結。幾百年來，人們操演這些儀式，並不是因為臣服於權力之下，而是因為要獲得權力。儀式一向有團結社群、區分外人的功用，而這又往往出於權力的誘惑。簡言之，人民操演儀式，便可以更靠近權力。

　　把辛拿和科大衛的框架結合起來，有助我們探索另一套理解毛澤東的方法：除了把毛澤東視為一個被崇拜的偶像之外，我們也可以把他視為一個政治性的象徵（political symbol）——其意義由人民來建構和闡釋，不論這些詮釋活動有多消極被動。現代性意味著政治權力從國王轉移到人民的手中。在中國，毛澤東則在這個權力的轉移過程成為一個節點（nodal point），同時扮演皇帝和人民的角色。或者更準確的說，毛澤東既體現了國王的政治身體，又成為人民可以得到更多權力的場所。毛澤

22　Faure, *Emperor and Ancestor*, pp. 9–10.

東把自己樹立成典範，並不是要讓其人民成為他，而是要讓人民知道如何跟別人互動，以建立一個新社會。辛拿的分析提醒了我們十分重要的一點：殘餘的過去，一直都有積極地參與建構歐洲的現代政治生活。國王的自然身體早已死亡，但現代的人民卻會借用國王的政治身體，去強化（或擾亂）自身所擁有的主權。中國的人民操演精細的毛主義儀式，也是在學習如何成為一個既擔起主權、又服從於主權之下的公民。辛拿對現代歐洲人民的共同意志的看法，有可能過分樂觀。在毛澤東治下的中國，人民面對自己所認同的新主權，可以非常被動和懦弱。

當中國的傳統宗族儀式都被禁，新的儀式便建立起來——這些新儀式以毛澤東為中心，把他視為人民的父親。由於毛澤東是建立新中國的國父，所有新的儀式都指向毛澤東身上。傳統家庭的父親（familial father）和傳統中國皇朝的父親（dynastic father）二合為一，集中在毛澤東一人身上。毛澤東擁有個人魅力，又出身自農村家庭，有助這種想像性認同的發展，使他成為新的祖先主體（ancestral subject）。更重要的是，毛澤東能夠作為一個替社會提供穩定秩序的政治性象徵。正正是因為「毛澤東」這象徵，人際關係才會以兄弟姊妹等類家庭關係的方式去建立起來，也使一種「社會道統」存在的感覺得以持續——特別是在政治混亂似乎無日無之的時代。[23] 換句話說，毛澤東在精神、社會和政治層面上都有巨大影響力，因為他不僅僅為新的社會體制提供了合法性，也為社會道德提供了定義和界線，人民可以在其中過活。

1966年10月12日，《人民日報》刊登了兩封身在前線的解放軍士兵的來信。兩位士兵都誠懇地表示，自己希望得到幾個毛主席像章，因為部隊只有一個像章，人們只能輪流佩戴。不少讀者大為感動，把自己的像章寄給士兵。10月16日，一位青年寫信給《人民日報》，並且附上自

23　正如康浩說的，當一個藝術家無法掌握政治風向，不肯定自己的行為是對是錯，聲稱自己只是在仿傚毛澤東便是最安全的方法。見Clark, *The Chinese Cultural Revolution*, p. 204。

己的像章。那位青年說自己十分幸運，可以得到那個像章，而且戴了三小時。他雖然極不情願，但看到《人民日報》的報導，便決心把毛章寄了給編輯，希望編輯代為轉交前線的解放軍士兵。[24] 我們當然可以把這件事解讀為人們盲目崇拜毛澤東。可是，我們也可以留意一下人們如何互動：透過毛主席像章，一位青年可以跟千里之外的士兵接上。這種想像的兄弟情感，有助人們理解何謂革命，而自己又跟革命有何關係。對於這種狂熱的行為，我們不一定要把它當成是體現了布迪厄指那種（把世界合理化的）「社會道統」。圍繞著毛章所建立的同輩友誼，讓我們看到一種由上而下的領袖崇拜，可以促進橫向的革命同志的關係，也使我們可以重新探討「毛澤東」在鑄造共同體（common）時所扮演的角色。

　　簡言之，「毛澤東」必須無處不在。這跟歐洲拜占庭的聖像破壞者（iconoclast）截然不同。聖像破壞者會批評，人們把神聖的宗教人物視覺化，就是對宗教人物不敬；毛澤東的支持者卻認為，完全可以把自己崇拜的人物以各種視覺的方式再現，把它到處流傳。[25] 我們可以如此理解這種極端的做法：在人們可能隨意受政治批判的年代，毛澤東的圖像，可以是保護人們的有效方法。毛澤東的圖像既是無處不在，也往往被人視若無睹。

　　在衣衫上戴像章，在廣場上立塑像，或在家裏掛上毛澤東的照片，都是人民向毛澤東表忠的行為。不過，這些「崇拜」的行為，也是人們確認同一套「社會道統」和確立安全感的方法。這些行為在宣傳畫裏也看得見。在圖7.1，我們看到毛澤東的照片被高高掛在會議室，督察著人們一起學習。毛像也可以走進人們家中或工作單位裏，體現新中國的幸福生活。我們可以有兩種閱讀方法：一方面，毛像登堂入室，展示毛澤東能夠進入人民的生活空間，督察民間的各種活動。另一方面，人們

24　徐秋梅、吳繼金，〈「文化大革命」時期的毛澤東像章〉，頁52。

25　毛澤東主義紅衛兵上海總革命委員會宣傳部、上海美術界革命造反派批黑線聯絡站編，《徹底砸爛美術界資本主義復辟的宣言書》，頁5。

圖 7.1 林龍華，《越學心裏越亮堂》，宣傳畫，遼寧美術出版社，1965

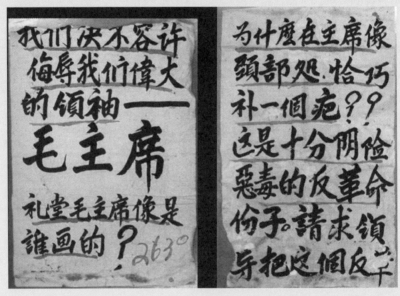

圖 7.2 作者不詳，兩張大字報，1966（上海宣傳畫藝術中心提供）

掛上毛澤東，也可能僅僅是因為「人掛我掛」，比較無意識地回應「社會道統」。通過那個毛澤東像，人們才可以進入社會主流的規範，受這些主流規範保護；因此，我們可以把毛澤東僅僅視為一種人造物，而不是私人空間的督察者。人民既崇拜毛澤東，但毛澤東在人民當中的意義，其實也是由人民所賦予。

那位年輕人跟遠方的軍人分享毛章，因而得到革命的入場券。也有其他人投入毛主義的儀式與毛澤東的圖像之中，就只是為了要去沉浸於那個同質的整體裏。我們可以藉柯國慶的例子加以闡釋以上的觀點。1966–1970年期間，柯國慶是復旦大學一隊叫「紅畫筆」的文藝宣傳隊的成員。根據他的回憶，有一晚，宣傳隊被動員，到火車站和人民廣場去畫最新的宣傳告示。其中一位年長一點的成員，把「敬祝毛主席萬壽無疆」寫錯成「敬祝毛主席無壽萬疆」，即把「萬」和「無」兩字互換，使整句的意義，從祝賀毛澤東長壽變成詛咒毛澤東去死。[26] 柯國慶記得，隊員先是錯愕，進而驚恐。由於當時嚴打任何不敬毛澤東的行為，那位宣傳隊的資深成員很有可能遭受重罰。很快地，宣傳隊漏夜趕工，重畫宣傳通告，保密此事。在這件小事裏，我們看到隊員們互相保護，怕的並不是毛澤東本身，而是那些在「毛澤東」社會道統之下，藉此打擊他人的行為。宣傳隊恐懼和憂慮的不是毛澤東，而是人民。在這案例中我們看到，毛澤東沒甚麼好怕的。令人畏懼的，是對毛澤東圖像和觀念的政治性運用──它們定義了社會的規範和界線。

人民必須尊敬毛澤東的圖像，因為它們十分神聖，「真實地」體現毛主席至高無上的力量。但是，人人都似乎清楚知道，這種神聖的形象不過是虛構。自1950年起，政府便下令所有毛澤東圖像的複製與刊印，都必須以人民出版社和人民美術出版社的圖像為基準。[27] 故此，人們早就習慣把官方所欽定的毛澤東圖像視為典範，然後作細緻的複製。文革

26　見金大陸、陳磊，〈關於復旦「紅畫筆」〉。
27　新聞出版總署，〈印製毛主席像應注意事項〉。

開始後，這種規定更成為法律。在那惡名昭彰的《公安六條》(1967)中，
第二條便訂明，任何對毛澤東和他的親密戰友林彪的中傷，都等於「反
革命」的行為。[28] 所以，我們看到不少人都控告自己的敵人對毛澤東的
圖像不敬（例如圖7.2）。印製正確的毛澤東圖像、禁制及處罰錯誤的圖
像，當然是最高政治領導層所推廣的工作；不過，這些工作又成為社會
的普遍法則，讓一般平民百姓有所跟隨，作為自己日常生活的依據。

鄭達提醒我們，人們在文革時期所享有的書寫自由，都不過是幻
覺。這是因為只有毛澤東一人，才有權力用草書去寫藝術性的書法。大
部分的中國人，都只能用楷書。[29] 草書不僅需要人們先接受特殊的寫作
訓練，連閱讀它也需要學習。所以，草書可以確立書法家在美學上的身
份，把毛主席樹立為中國唯一的權威「作者」。不過，鄭達忽略的一點
是：毛澤東的字體，經常被人們從其原作的篇章中逐隻字的摘下，然後
被重新組合成各種用途，放在匾額或橫額上。換言之，字體的確是毛澤
東所寫，但被組合起來的語句卻不是。很多聲稱是毛澤東所題的字，都
是以這種含混的方式合成——這既是歌頌毛澤東的神聖書寫，又同時把
它「煎皮拆骨」。

我想提出的論點是：我們可以轉換角度去觀察毛澤東時代的中國。
或者，在一個毛澤東無處不在的社會，毛澤東本身最不重要。我們得先
轉移視線，把焦點從毛澤東身上轉移到圍繞著「毛澤東」來行動的各色
人等，才會明白「毛澤東」在社會裏的真正意義。吉哈基於模仿的觀念
建立了一套關於欲望的理論，展示出人類如何在欲求相同的客體時去互
相影響、互相競爭。吉哈指，很多十九、二十世紀的小說，都展現出一
套主角與中介人 (mediator) 之間的欲望結構：主角通常首先被中介人的
傑出言行所吸引，然後開始追求中介人所欲求的客體，跟中介人競爭、

28　中共中央，〈中共中央、國務院關於在無產階級文化大革命中加強公安工作
　　的若干規定〉。

29　Zheng, "Chinese Calligraphy and the Cultural Revolution," pp. 185–201.

甚至成為中介人本身。雖然小說往往關於主角如何追求客體，但客體本身的意義不大，故事最重要的推動力，往往是主角和中介人的複雜關係。[30] 對吉哈而言，人其實並不知道自己應該欲求甚麼。每個個體都需要仿傚他人的欲望，才能定義自己。

在毛主義的社會裏，每人都互相學習去歌頌毛澤東。但當中所建立的人際關係，不僅僅有兄弟姊妹的情誼，也有互相競爭的關係。在高度密集地互相模仿的狀態下，每人都嘗試尋找批判競爭者的方法，佔有「毛澤東」，批判對方。據說文革期間，畫家張振仕被打倒，僅僅是因為他所畫的毛澤東像稍稍向左傾，只展示了毛澤東一面的耳朵，便被指暗諷毛澤東偏聽。[31] 石魯的名作《轉戰陝北》(1959) 也被大力批判，被指把毛澤東畫在懸崖邊上，使他無路可走。[32] 社會性的模仿之所以出現，並不總是因為人們之間互相連結，也同時包括各種競爭與衝突。人與人之間的同與異，總是互相辯證。我會在下一章加以闡述這點。

我想在這裏強調的一點是，即使「社會道統」可以被理解成社會性模仿的其中一種形式，它也可以被理解成任何社會整合工程下的暗流。文革的「社會道統」得以建立，一方面是由於人們互相學習和模仿如何去敬愛毛澤東，另一方面是由於人們希望在日常生活裏逃避革命。「社會道統」正正是日常生活形成的地方。文革倡導自由，更講求紀律與服從，但人們的日常生活，總是有各種方法抵抗這些「軍令」。在日常生活中，人們以自己的習性 (habits) 去引導自己的生活。這些習性擁有一定的社群性，卻又同時保有人們自己的特殊氣質。「社會道統」的領域提供各種資源，使人們的個體性得以被保護。如果說「毛澤東」是編織人們日常生活時最為安全、也最唾手可得的元素，那麼，這個經「毛澤東」而形成的「共同體」，也會有各種抵抗及顯露自身的方法。

30　Girard, *Deceit, Desire, and the Novel*, pp. 1–52.

31　朱玉，〈為毛澤東畫像的畫家們〉。

32　散木，〈文革中的「聖像」美術運動和廣場上的「紅色波普」〉，頁72–83。

毛澤東作為紀念碑

「社會道統」明顯有其保守一面。就像布迪厄所指，「社會道統」會造成社會界線日益僵化，使社會因循守舊，製造社會的惰性。它也往往有利於當權者，把權力不平等的關係視為不證自明和合理的政治結構。「社會道統」展示出能動者被配置的場域，被視為理所當然，有助社會的形塑。[33] 所以，毛澤東這位革命領袖一旦被置於「社會道統」之中，他的革命能量便有可能被融入人民日常生活的各種洪流之中。布迪厄提醒我們，「社會道統」總是「開放予權力的騎劫，把社會委託於某位賦有象徵性的發言者，而該發言者往往自視為獨一無二的能動者，能夠本體性地從踐行 (praxis) 跳躍到邏各斯 (logos)」。[34]「社會道統」往往被權力挪用和操控。在文革的語境下，毛澤東確實可以被視為該獨一無二的能動者。但是，我們也看到另一種相反 (而又相輔相承) 的傾向：他代表的那明確有力的意識形態，慢慢被人民的日常生活所吸納。人民只要緊緊抓著「毛澤東」，便不用作複雜的思考，也不會感到困擾和迷失，能夠簡單和務實地生活。本來，毛澤東發起文革，就是要人民去批判和奪權；但以「毛澤東」為社會道統，其實可以是違反毛澤東的精神。

一旦理解到以上的微妙張力，我們可能會明白，為何毛澤東是全國唯一公開地反對「毛澤東崇拜」的人。準確點說，毛澤東有時歌頌自己的光影和造像，有時則批判它。在文革初期，毛澤東明顯支持文革，以維持自己的權力和政策；但當革命發展下去，他自己也意識到，全國的政治狂熱被嵌進了各種隱藏的意識形態之中，而且關係十分複雜。簡度維的研究指，在歐洲歷史裏，國王往往被動地受當權的政治神學所規限；相比之下，毛澤東則似乎更著緊，執意要定義自身所擁有的權力。正如他在 1967 年對一批幹部所說的：

33　Bourdieu, *Outline of a Theory of Practice*, pp. 165–166.

34　Bourdieu, *Pascalian Meditations*, p. 185.

核心是在鬥爭中實踐中群眾公認的，不是自封的。自己提「以我為核心」是最蠢的。[35]

所以，毛澤東厭惡自身的形象在群眾中極端膨脹。而且，他也正確地預測到，這種權力必然會導致自己倒台。

不過，毛澤東可以做的事其實十分有限。舉例説，在1967年5月4日，清華大學樹立了一個毛澤東塑像。結果，其後兩年，中國各地競相打造更大、更壯觀的毛澤東像。[36] 當毛澤東讀了有關報告後，他批示要糾正這種情況。就在報告的旁邊，他用手寫上批示：

> 林彪、恩來及文革小組各同志：此類事勞民傷財，無益有害，如不制止，勢必會刮起一陣浮誇風。請在政治局常委擴大會上討論一次，發出指示，加以制止。[37]

中央政府立即行動，在7月13日發出通告，下令所有塑像必須由中央規劃。所有公共的紀念塑像，只能在恰當的時間和地點建造，也必須得到中央的允許。有趣的是，此項新政策毫無成效。全國各地仍然到處樹立毛澤東的塑像。1967年9月13日，中央政府又再發出〈中共中央關於認真貫徹執行中央「七‧一三」指示的通知〉，[38] 成效依然不彰。正如金大陸的研究所記載，即使上海市的黨中央和市革命委員會反覆下令停工，上海的革命群眾仍然沉醉於全市造毛像的熱潮之中。相互競爭的革命團體則指摘對方的工程，又聲稱自己的毛澤東塑像才是最政治正確。[39]

1967年12月17日，毛澤東再次嚴正表示反對到處為他樹立紀念塑像。毛澤東讀了一份報告，得知有人打造了一座塑像，慶祝韶山火車站

35　《湖北日報》，〈毛主席視察華北、中南和華東地區時的重要指示〉，頁3。

36　楊昊成，《毛澤東圖像研究》，頁175–177。

37　毛澤東讀到的報告是《全國各地群眾正在積極塑造毛主席巨像》。毛澤東的批示被重印收於《建國以來毛澤東文稿》，第12冊，頁368–369。

38　中共中央，〈中共中央關於認真貫徹執行中央「七‧一三」指示的通知〉。

39　金大陸，《非常與正常：上海「文革」時期的社會生活》，頁200–215。

落成，他便在報告旁寫道：

> （一）絕對權威的提法不妥。從來沒有單獨的絕對權威，凡權威都
> 是相對的，凡絕對的東西都只存在相對的東西之中，猶如絕對真理
> 是無數相對真理的總和，絕對真理只存在於各個相對真理之中一
> 樣。（二）大樹特樹的說法也不妥。權威或威信只能從鬥爭實踐中
> 自然地建立，不能由人工去建立，這樣建立的威信必然會垮下來。
> （三）黨中央很早就禁止祝壽，應通知全國重申此種禁令。[40]

年屆74歲的毛澤東，在政治上仍然清醒。他意識到權力要得以確立，只能透過政治鬥爭——這也是他發起文革的基本動力。毛澤東不僅僅是自戀的泳手，也是世故的政治理論家，既在波濤洶湧的大海中破浪前行，同時維持著極端的自信和決心，去管治這個混亂的國家。

1967年11月，中央政府發出一份通知，不許在未經審查和批准的情況下，重印任何未出版的毛主席照片。[41] 1969年6月，政府又發出另一份通知，明確禁止對毛主席的形式主義崇拜，禁止未經授權重便去印毛主席的作品和圖像，而且首次在官方文件中反對造毛像和印毛章。[42] 我們無法得知這些政策有多少是毛澤東的主意。不過，我們明顯看見中共日益憂慮——它也許是憂慮毛澤東崇拜會威脅脆弱的制度，又或者怕這種崇拜反映了人民的因循性，怕人民會拒絕再被動員。我認為後者比較準確形容當時的社會實況。當時，毛澤東崇拜已經成為「社會道統」，群眾需要它去尋求一種安穩和可預測的感覺。

韓少功便記得，文革時期曾經發展出一套交換文化：

> 比如毛主席像章一時走紅，各種新款像章必受追捧，那麼一個瓷
> 質大像章，可換五六個鋁質小像章。一個碗口大的合金鋼像章，

---

40 重印於中共中央文獻研究室編，《建國以來毛澤東文稿》，卷12，頁455–456。

41 中共中央，〈中共中央、中央文革關於嚴禁私自翻印未發表過的毛主席照片的通知〉。

42 中共中央，〈中共中央關於宣傳毛主席形象應注意的幾個問題的通知〉。

可換三四個瓷質像章或竹質像章。過了一段，像章熱減退，男生對軍品更有興趣，於是一頂八成新軍帽可換十幾個像章，一件帶四個口袋的軍衣可換兩三本郵票集。再過一段，上海產的回力牌球鞋成了時尚新寵，尤其是白色回力幾成極品，至少能換一台三極管收音機外加軍褲一條，或者是換雙面膠乒乓球拍一對再加高射機槍彈殼若干。[43]

這裏，韓少功憶述了文革時期的黑市潮流。當時，學校已經停止運作，上課時間大減，青年都在街上過自己的日常生活。事實上，就在文革高峰的1967年，上海就有數十個市場，人們在其中交換和買賣毛章，甚至有人大量非法生產毛章以牟利。[44] 正正是在這種民間文化中，我們看到毛澤東本人跟毛澤東的圖像有多遠距離。當毛澤東的圖像成為風尚和大眾流行文化，不再從屬於政治領域之中，它們的崇拜價值 (cult value) 就被消解，被置換成交換價值。毛澤東的政治意義被遺忘，被一些嵌進了潮流物品 (回力牌球鞋) 和軍事用品 (機槍彈殼) 的大眾意識形態所取代。在1966年，文革本來首先就是在解放軍之中發起的，[45] 不過，軍事用品在民間的快速向外散播、甚至成為潮流，就證明了「社會道統」與「革命」兩者之間的張力與動力。

當毛澤東圖像的意識形態價值被掏空，毛澤東就只能被動地看著自己的圖像在歷史中隨處浮動，被歷史淹沒。我們知道，毛澤東的視力在1970年代起急速惡化，在1975年已經幾近失明。他沒有清楚看到自己的圖像淪為商品，也許是福氣。毛章的「市場化」反映毛澤東的「社會道統」是世俗多於神聖，也反映了毛澤東支持者的激情，原來可以輕易地被置換成一雙時尚的運動鞋。在這裏，個人崇拜、革命的戰鬥精

43　韓少功，〈漫長的假期〉，頁568–569。

44　金大陸，《非常與正常：上海「文革」時期的社會生活》，卷二，頁176–183。

45　在一封毛澤東寫於1966年5月7日的信中 (即公認的「五七指示」) 說，林彪被授權把解放軍變成學校，教授政治、國防、農業。軍隊也會自行操作工廠，幹部也會被派到民間鼓動階級鬥爭。

神和消費主義三者仿似毫不相干，又互相連結，間接揭示了政治與反政治（antipolitics）的界線可以很模糊。[46]

既然毛澤東圖像如此大量被人複製，就代表毛澤東圖像要接受人們最仔細的檢視，也要經歷各種難以預料的挪用方式。所以毛澤東無法控制自己的圖像，是他必然要承擔的風險。同時，雖然人們確實愛戴毛澤東，視他為偉大的領導，但除此之外，人民又確實別無選擇。人們對毛澤東的認同，可說是既自願又被迫的。毛澤東和人民都因為對方而失去部分自己的身份和特性，兩者複雜地互相認同對方，不能被簡化地視為一種簡單的洗腦和麻醉工程。毛澤東沒有完全掌控一切權力。相反，權力透過毛澤東來彰顯。毛澤東屈從於權力之下，又同時運用這種權力。

1966年，毛澤東寫了一封信給江青。信中，毛澤東以旁觀者的角度（他當時不在北京），表達自己頗為憂慮人民對自己的崇拜急劇膨脹。他清楚知道，自己被各色人等利用來達到各種政治目的。但是，他只能暫時按兵不動，跟隨這股潮流：

> 我少年時曾經說過：自信人生二百年，會當水擊三千里。可見神氣十足了。但又不很自信，總覺得山中無老虎，猴子稱大王，我就變成這樣的大王了⋯⋯我猜他們的本意，為了打鬼，借助鍾馗。我就在二十世紀六十年代當了共產黨的鍾馗了⋯⋯事物總是要走向反面的，吹得越高，跌得越重，我是準備跌得粉碎的。[47]

根據這封信，我們看到毛澤東本人並不認同被官方所宣傳的「毛澤東」。信中的作者（真人的毛澤東）跟被崇拜的「毛澤東」有明顯的差距。信中所反映的毛澤東，似乎不太情願配合某些由其他人提出的計劃。不過，他又清楚明白，他只不過是巨大的歷史洪流中的角色之一。用毛澤

46　今天，毛澤東的物品仍然是收藏家的至愛。見Schrift, *Biography of a Chairman Mao Badge*; Barmé, *Shades of Mao*; Dutton, "From Culture Industry to Mao Industry," pp. 151–167。

47　毛澤東，〈給江青的信〉，頁72。

東在信中的比喻來説，他似乎並不是山中的老虎：他無法控制場面，只是一隻緊緊跟隨歷史潮流的猴子，更準備跌得粉碎、被歷史所吞噬。

毛澤東也許只想當一隻在森林裏率性而行的猴子；可現實是，這隻頑皮野性的猴子被困在全中國各地的塑像之中，被崇拜者視若無睹。從這裏出發，我們可以沿著「社會道統」的概念，去重新思考宏偉主義（monumentalism）的意義。宏偉的紀念塑像之所以被打造，本來是要用來對照老百姓的平凡生活，而它也往往跟乏味的日常相互辯證。可是，宏偉的力量最終也會耗盡，重新融入到日常生活之中。儘管宏偉的紀念像在一開始會有壓倒群眾的感覺，但它最終還是會被當成日常生活的平凡一角。或者，宏偉的紀念像總是希望成為「社會道統」的一部分。要成為紀念像，崇高感就注定會消退、融入集體文化的洪流之中，最後甚至成為生活裏最不為人所感知的東西。關於這點，胡辛（Andreas Huyssen）也曾經評論德國各地爭相打造紀念像和紀念碑的現象。他説：「紀念碑愈多，過去就愈模糊，也就愈容易遺忘：救贖，全靠遺忘。」[48] 樹立在群眾之中的紀念像，最終都會成為人們熟悉的一部分，每天路過紀念像的人們，都無視其存在。

所以，以紀念像此形式去呈現的典範，總是受困於時間的推移：紀念像的本意，就是要把「過去」凝固，把它保存至永恆的「未來」；但在它所期待的「未來」裏，造像那一刻的「現在」也必然會過氣。根據莊臣（Barbara Johnson）的説法，被摧毀或廢棄的紀念像，往往在流行文化（例如荷李活電影）有巨大吸引力，就是因為紀念像總是諷刺地同時代表權力及其消逝。[49] 紀念像涉及的，是過去—現在—未來的複雜關係。在替毛澤東造像的例子中，毛澤東代表了現在的權力；但為他建立紀念像，又同時暗示了他在未來將會成為過氣的「過去」。到那時，毛澤東便只是一個毫不相干的人物，或者會被另一些人再政治化，以達成各種目的。不論如何，在文革中大量打造毛像，正正是體現了文革注定會變得過時。

48　Huyssen, "Monumental Seduction," p. 184.

49　Johnson, *Persons and Things*, p. 35.

　　由於文革本來是一場革命，很多離經叛道的行為和反常事件，都會被視為正常。人們願意接納和支持一些在其他時空被視為違反常理的事物，以證革命破舊立新。在當時的宣傳文化中，「文化大革命」一詞反覆出現，這既是提醒人們正處於一段特別和過渡的時期，也間接預示了生活始終會回復正常。那是一段很多主流價值可以暫時被忘卻的時刻，但當中一些價值，可能有待以更堅韌的姿態重臨。為「革命」立碑以證永恆，其實可以很矛盾。

　　事實上，這種惰性（inertness）與轉化（transformation）之間的辯證，正正是毛主義的核心。正如巴迪烏（Alain Badiou）提醒我們，沒有任何政黨可以徹底地聲稱黨就是人民的代表。政黨總要訴諸一些外部力量的支持——特別是領袖的個人本領——才可以把政黨那令人懷疑的代表性體現出來。[50] 毛澤東的例子當然有代表性，卻也令人費解：因為他既代表中共，又代表推翻中共的力量。現時，研究毛澤東的學者都傾向認為，毛澤東就是權力的代表，即權力的起點和終點，都在他一人身上。但是，就像毛澤東自己也在信中所承認，他也是權力的產物（power-effect），是一個權力流通的網絡的其中一分子。文革直面權力，意圖摧毀整個體制和權力配置，讓人民從體制的內外和上下都有可能重建秩序。但要重建秩序，替人民重新制定一種得以生活的連續感和常理，可以有很多方法。作為圖像的「毛澤東」正身在其中，同時扮演「摧毀者」和「社會道統」的象徵，人們也得以在矛盾的時代混過困難的日子。我跟王斑一樣，都相信很多中國人在當時愛毛澤東，是出於深切的感激之情。[51] 但是，我們不應該過分強調人民的革命意志，忽略了人民也有另一種跟革命同等強烈、甚至可能比革命更強烈的渴望：日復日的過平常日子，對革命的光榮與失敗毫無概念，身邊盡是隨意和鬆散的事物，卻足夠讓人抓緊和糊口。

50　Badiou, *The Communist Hypothesis*, pp. 149–155.

51　見 Wang, "Human Rights, Revolutionary Legacy, and Politics in China," pp. 153–155。

第 8 章

知識分子作為牛鬼蛇神

如果說文化大革命在起初是由人民與毛澤東的互相賦權 (mutual empowerment) 之下所帶動的話，此聯盟最終證明了它可以無堅不摧。群眾得到領袖的祝福和授權，幾乎可以無所不作，足以瓦解任何社會結構和體制秩序。當時，王西彥是被大力批判的作家。他後來回憶自己和一些知識分子被關在「牛棚」接受再教育的日子，特別記得一位濫權獨裁的退休軍人。這位軍人折磨王西彥時曾經說：

> 你們看我胸前配的是甚麼？是偉大領袖的金像章！你們再看我胳膊上套的是甚麼？是偉大領袖上天安門時套的紅袖章！我無限忠於偉大領袖，我對你們這些「牛鬼蛇神」就有無限的權力！[1]

由群眾教導知識分子的結構，最能象徵文革社會層級的顛倒狀況。此結構之所以諷刺，在於毛澤東教育群眾時似乎愛民如子，但群眾再教育知識分子的時候，卻是如此殘暴不仁。不過，很多知識分子大概不會認為這狀況完全是意料之外，甚至可能比所有人都清楚知道：一個最理想的毛式社會，正正是一個完全平等、再沒有知識分子的社會。那麼，這是否代表知識分子明知故昧、坐以待斃？更複雜的是，在此前的十七年時期，大部分毛主義知識分子 (Maoist intellectuals) 都曾經是中共政權

1　王西彥，《焚心煮骨的日子：文革回憶錄》，頁113。

的捍衛者，故此都以不同方式參與了那些貶低和懷疑知識分子的論述。知識分子在文革裏並非完全被動。本章就是要重新審視那一段歷史。我並不是要把政權的道德責任轉嫁到知識分子身上，也並非要指責知識分子自掘墳墓。我關注的，仍然是文革的社會結構。除了把知識分子在文革的慘痛遭遇看成是一個瘋狂社會的特殊例證外，我們是否也可以重組一個比較細緻的歷史、社會和理論脈絡，去理解知識分子在文革中的構成功能？我希望透過研究知識分子的社會角色，理解「尋找代罪羔羊」（scapegoating）此一社會現象，並且探討它跟本書一直所討論的社會性模仿有何關係。沒有知識分子作為代罪羔羊，就沒有文革，而最弔詭的是，知識分子本身就是這個論述的建構者之一。我會探索知識分子如何作為一種否定性模仿（negative mimesis）的力量，而且會聚焦於犧牲者（sacrifice）和鬼（ghost）這兩個概念。

知識分子作為犧牲者

模仿不單單產生認同，也造成差異；它不只建立親密的情誼，也製造仇恨。文革一大特點，就是極端仇視被打成敵人的人。當然，我們可以說毛主義本身就十惡不赦，但我們也可以用其他角度，去理解這股仇恨的根源。這股仇恨來自最少兩種社會機制：第一，在一個十分強調模仿和社會整合的處境下，人們難免感到人與人之間的劇烈競爭。按佛洛伊德的說法，當人感到跟別人相似（例如對親密的鄰居和兄弟姊妹），就會發展出一種對差異極之敏感的心理，以建構自我的身份，把競爭合理化。佛洛伊德把這心理稱為「小差別、大自戀」（narcissism of small differences）：人們為了要與一些跟自己很相似的人區分開來，會確立一些微小的差別，把它無限放大，而這也往往孕育出各種敵意和暴力。[2]

2　雖然佛洛伊德曾經數次提及這個概念，但他從來沒有完整地把它理論化。有關這個概念的整全解說以及跟它相關的議題，見Anton Blok, "The Narcissism of Minor Differences"。

所以，最親密的人，往往也可能會成為最大的敵人。文革期間，所有人都要跟從同一套毛主義的理念；不同的個體與社群，也努力尋找跟自身不同的人，把那些人當成敵人。在一個不容許展示獨特性、嚴打個人主義的社會，人們就轉而把人與人之間最微小的差異視為社會威脅。文革被批判的對象，並不只有「資本家」和「右派」等階級敵人。很多時，人與人之間一些極度微小的差異，都會被挖出和誇大。文革裏一些最災難性的悲劇，就是出於這種要在雞蛋裏挑骨頭的強迫性欲望。

　　第二，在一個如此講求團結統一的社會，往往需要用犧牲者來喚起緊密的情誼。「模仿」與「犧牲者」關係緊密。很多要求社會團結的論述都斷言，不肯犧牲小部分成員，社群就不能組織和發展各種社會關係。[3]確實，中外古今很多社會都是通過犧牲才得以建立；當犧牲的過程完成後，模仿就成為社會的複製機制。總喜歡用核心家庭關係看社會結構的佛洛伊德就認為，圖騰動物可以被視為被殺的父親的替代物。父親必需被殺，兄弟間的情誼才得以重新建立。被殺後的父親的力量，也比起在生的父親更強大。隨著「父親」這位最終的權力主體（也是被欲求的對象）之死，互相競爭的兄弟得以和解。[4]巴塔耶（Georges Bataille）也提醒我們，人類世界總是充滿「過剩」（excess）的元素，人們千方百計要把它們排出。這就是巴塔耶所指的「普遍經濟」（general economy）。此「普遍經濟」跟我們一般認知、有關生產的經濟領域不同；它是一個過剩的領域，一個把有用之物摧毀的領域。[5]他認為，不同文化會有不同的儀式去確立被犧牲的受害者，無論是動物、奴隸、小孩，甚至王子公主，都可以代表社會的「剩餘物」。對受害者施行暴力，就是要釋放過剩的能量，重新為社會帶來和平與秩序。

3　見Chow, "Sacrifice, Mimesis, and the Theorizing of Victimhood (A Speculative Essay)"。

4　Freud, *Totem and Taboo*, pp. 132–143.

5　Bataille, *The Accursed Share*, vol. 1, pp. 27–61.

雖然佛洛伊德和巴塔耶的理解都以一個想像的原初社會為論證前提，但把他們的理論放在文革社會，我們確實看到有很多「階級敵人」成為社會的「犧牲者」。受害者不僅有劉少奇、鄧小平等毛澤東的政敵，還有很多在1949年新中國建立之前便存在的地主、資本家及其後代。官方有所謂「黑五類」的說法：地主、富農、反革命分子、壞分子和右派。中共認為這批人是「階級敵人」，沒收其土地及特權。可是，即使這些「階級敵人」已身無一物，卻仍然在各種後來的政治運動中被抽出來，作為「資產階級」的代表，反覆備受迫害。後來，官方還更新了說法，加進四種「階級敵人」：叛徒、特務、走資本主義道路的當權派，還有反動學術權威。

九種「階級敵人」中，知識分子名列榜末，被稱「臭老九」，也暗示指知識分子完全無用。事實上，毛式社會的知識分子都一直被困在一種介乎於「有用」和「無用」之間的模糊位置。按巴塔耶的普遍經濟論，被選中的犧牲者，往往是極珍貴的客體，被社會暴力地消費，從而展示社會如何排除有用的財富。[6] 從這角度看，文革的知識分子之所以被選中成犧牲者，也許是因為他/她們在新中國的建設過程中極之「有用」。可是，在大大小小的政治集會裏，都出現群眾「再教育」知識分子的儀式，顯示群眾是社會的主人，而知識分子則從被社會尊重的導師，變成毫無用處的廢物。可見，文革對知識分子的理解是矛盾的。如果知識分子真的全然無用，人們又何必大費周章去展現和消費整個犧牲過程？也許正是因為毛式社會對知識分子愛恨交纏，才令他/她們成為造就文革的犧牲者。也正因此，被犧牲掉的，並不是個別知識分子的性命，而是知識分子的社會地位。在犧牲的儀式裏，知識分子的「有用性」(usefulness) 被挑戰了，然後成為社會的他者 (social alterity)，卻從而得到新的價值，使群眾得以團結起來。但是，這些已被犧牲的知識分子卻又不是完全消失，而是像鬼魂般存在，讓社會辯證地維持著一種善與惡、黑與白、是

6　Bataille, *The Accursed Share*, vol. 1, p. 59.

與非的對立氛圍。其實，任何要證明自身意義的啟蒙或文化革命運動，都非常依賴這種辯證的價值對立。作為代罪羔羊，這些知識分子在文革的最大價值，可能就是其負面性（negativity）。

在中國的語境裏，「知識分子」是一個現代的概念，指涉作家、藝術家、教育家、科學家和官員等各類型擁有知識者。大概由於儒家思想的持續影響和民族主義情緒，自晚清起，「知識分子」這身份便往往帶有強烈的公共性和社會責任。任何中國人，只要受過教育、又運用其知識去影響別人，都有可能被視為知識分子。在毛澤東時代，存在著「黨內」和「黨外」知識分子的區分，把一套社會性的分類方法加諸在知識分子之上。

對王紹光來說，文革之所以發生，是因為兩種不同的知識分子——政治精英（紅）和專業精英（專）——在1950年代到1960年代早期的時候持續鬥爭，造成社會和政治上的矛盾。[7] 在1949年之後，新成立的中國政府需要社會各界的廣泛支持，使兩群知識精英都地位優越。這兩群人要確立自身的精英地位，抱著兩套不同、而且互相競爭的原則：政治精英自稱對國家極為忠誠可靠，努力達成社會主義式的平等；專業精英則對國家有用，有助國家發展、提高生產力。王紹光認為，推動社會主義的平等理念和推動現代的工業發展，是兩組衝突的原則。文革可以被視作兩種原則和兩群精英的公開鬥爭。不過，我在本章重點考察的文化精英，卻不能被簡單歸類成「紅」或「專」。我所研究的文化精英不算「紅」。在十七年時期，這批精英的政治資本並非來自其政治忠誠；恰恰相反，由於這群人的家庭背景很多都相對優越，一直無法被中共信任，甚至在反右運動中被加以迫害。這批文化精英也不「專」，對工業和經濟改革無甚用處。這群知識分子的特殊價值，來自其文化知識和溝通技巧；這些能力的用處可能並不明顯可見，卻有助管治。

要理解這群知識分子的特殊性，我們可以借用葛蘭西（Antonio

7　Wang, "The Structural Sources of the Cultural Revolution," pp. 58–91.

Gramsci) 的概念來加以對照。葛蘭西區分了兩種知識分子：「有機型知識分子」(organic intellectuals) 和「傳統型知識分子」(traditional intellectuals)。[8] 有機型知識分子由管治階級所創造，負責幫忙建設社會，讓政權得到下層人民的認同和支持，例子有技術人員、政策制定者、律師和各行各業的專業人士；傳統型知識分子——例如老師和教士——則抱持道德領導者的社會角色，世世代代傳承教育人民的責任，而且會自視為跟主流社會有一定距離，有一定的獨立性和自主性。對葛蘭西來說，兩種知識分子是相反的。有機型知識分子由管治階級所創造，其功能是協助管治階級，故此它在歷史上的位置會跟管治階級共同起起落落。相反，傳統型知識分子代表了一種歷史的連續性，即使是最激烈的政治和社會變革，也無法輕易動搖這種歷史傳統。可是，當權的社會群體會希望同時得到兩群知識分子的支持：有機型知識分子的直接支援固然重要；但佔領傳統型知識分子的道德領地，也同樣重要，因為這可以塑造管治者的合理性和合法性。

　　葛蘭西的有機型知識分子也許跟中國的專業精英可比，但把傳統型知識分子和中國的紅色政治精英比較，卻大有問題。這是因為紅色精英只忠於既定的政治建制，而葛蘭西的傳統型知識分子，卻是忠於自身的道德和政治理想，並不會被任何外力強行改變。我在本章所關注的知識分子史，是有關一群中國的文化精英努力嘗試同時成為「傳統型」和「紅色」的知識分子，卻失敗了。這批文化精英既支持當權者，幫忙提高政權的正當性，又同時意識到自己支持的政權其實對自己的知識分子身份懷有敵意。或者，兩種身份之間本身便存在一種結構性的張力：「傳統型」的知識分子，應當跟權力保持一定的批判性和道德距離；而要做「紅色」的知識分子，卻要向權力展示自身的「有用性」。這批在十七年時期受國家重用的文化精英，大多希望同時成為這兩種知識分子，最終失敗而消亡。

8　　Gramsci, *Selections from Prison Notebooks*, pp. 134–139.

　　雖然十七年時期有很多由國家主導、致力打擊部分知識分子的計劃，但文革對知識分子的整體打擊——尤其是包括了那些一直對黨忠誠的知識分子——在不少人眼裏是始料不及的。在十七年時期，中共政府一直為專業的文化工作者提供不錯的報酬和工作環境，讓他/她們專注工作。[9]我們也看到社會角色的整合：很多文化工作者變成政治領袖，而那些不太願意跟政權走得太近的知識分子，會明顯感受到自身所擁有的自由空間急速收窄。1956年的匈牙利事件，可能提醒了中共，知識分子在政治上並不可靠。毛澤東的對策就是軟硬兼施，既作意識形態上的誘導（百花運動），又直接打壓異議（反右運動）。反右運動便是一個針對不忠誠者的政治運動。但儘管如此，知識分子（特別是文藝工作者）作為一個階層，仍然受到一定程度的保護。格羅斯說，蘇聯的社會主義現實主義既是文化計劃，也是政治計劃，嘗試把藝術創作者（creators of arts）和社會現實創造者（creators of social reality）兩者的角色重疊。在史太林時代，很多作家、藝術家和電影人都可以接觸蘇共的精英圈子，也被鼓勵去直接參與史太林的權力機構。蘇共希望這些文藝工作者可以深入了解黨領導塑造現實的過程，並且在自己的文藝作品中反映出來。在1950年代的中國，我們也得見相似的情況。當時的文化精英可以跟政治精英比肩。但兩個國家也有差異。蘇共的官僚跟文化精英，始終有頗為清楚的分野；但在中國，政治和藝術的關係非常親密，不少中共領導人本身也是業餘藝術家或藝術愛好者，很多都在文化圈廣交朋友，一些私交甚篤。事實上，在文革裏最有權力的領袖，有一些根本就是專業作家或藝評家。即使是在政治動盪、文化審查和自我審查嚴緊的十七年時期，藝術家和作家仍然保留了其優越的地位和特權。這個社會群體，可以享有當時大部分平民百姓都沒有的自由度、尊重和權威。這也解釋了為何文革對三種著名文化工作者（名作家、名表演家、名教授）和三種高收入者（高工資、高稿酬、高獎金）特別懷有敵意。這群人被稱為「三名三高」。

9　郝富強，〈「十七年」文藝稿酬制度研究〉。

現存的學術研究，都傾向只強調文革時期的知識分子如何被迫害，也就是如何被動。但既然好一部分知識分子在文革前的十七年被新成立的政府敬重和保護，我們可以說，他／她們多多少少也有份造成自己後來的悲慘遭遇。按毛式浪漫主義的邏輯，文化不單單生產符號，也同時定義物質性的存在。文化再現反映社會關係，社會關係也反映文化再現。這種邏輯，一方面嚴重打擊文化工作者的自主性，卻又同時讓文化工作者涉足政治。最後，大部分毛式知識分子都無法好好掌握這種文化與政治間的張力，也無法駕馭權力。這些知識分子由社會的建設者到被打成社會的破壞者，有一段糾結和詭異的歷史。我回溯這段知識分子史時，從「鬼」這一文學和政治的比喻出發。有關「鬼」的文化再現，本來由十七年時期的文化工作者負責生產和保護，但很快地，這些文化工作者本身也被標籤為「鬼」。鬼也不單是一個當時常用的政治寓言。鬼作為一種想像，確實能夠準確地表達當時文化工作者既邊緣、又鬼魅的政治位置。

「鬼」的再現

文革之前，中共要打擊某些知識分子，往往用「右派」來標籤。但到了1966年，「知識分子」這身份本身便已經是原罪，而且被賦予一個新名詞──「牛鬼蛇神」。這個詞語體現了文革的所有邪惡和仇恨，政治意涵豐富，卻是源自佛教。在佛教故事中，「牛鬼」負責在地獄行刑，而「蛇神」負責保護天上的經典。本來，「牛鬼」和「蛇神」屬不同領域，各司其職，毫無交疊之處。直到唐代詩人杜牧在其〈《李賀集》序〉如此形容同代詩人李賀：「鯨呿鰲擲，牛鬼蛇神，不足為其虛荒誕幻也。」在毛澤東時代之前，「牛鬼蛇神」一詞便已經在中國的文藝作品中出現。但這詞得以家喻戶曉，是拜李賀的粉絲毛澤東所賜。

在1950年代末，毛澤東開始常常運用「牛鬼蛇神」一詞。但是，真正使這詞語成為傳奇的，是一篇名為〈橫掃一切牛鬼蛇神〉（1966年6月

1日）的《人民日報》社論。[10] 這篇社論宣告了文革正式開始，呼籲人民
用毛澤東思想作為武器，橫掃一切牛鬼蛇神。文中的「牛鬼蛇神」，泛指
支配了全國意識形態和文化戰線的知識分子。當牛鬼蛇神被除，人民就
得以破除剝削階級加諸自身的精神枷鎖。根據社論，文革的首要戰場，
就是意識形態及文化戰線。清除知識分子，就像人民每年歲晚掃除邪物
一樣，有必要時更要狠心一點。忽然，所有知識分子都成為「牛鬼蛇神」
了。大體來說，「牛鬼蛇神」指涉所有階級敵人；但在文革期間，它往往
特指知識分子。

　　如果我們追溯歷史，會發現中共論述裏的「鬼」有兩種主要意義：
「鬼」作為民間文化的一部分，和「鬼」作為政治敵人的比喻。在兩套論
述中，文化工作者都扮演重要的角色。在1920年代尾到1930年代初的
中央蘇區，中共感到土地改革的其中一個主要障礙，是地方的民間宗
教。[11] 到中共撤出中央蘇區、到達延安之後，便意識到它必須更加包容
地方迷信，以爭取地方人民的信任，[12] 因此，延安時期的中共尊重「鬼」
為地方文化的一部分，也容許有關的文化創作。雖然中共持續創作反對
迷信的劇作，[13] 但也創作了不少既合乎地方信仰、又可以推動新社會主
義世界觀的宣傳作品。例如，新的秧歌戲就有不少改編自傳統的鬼故
事。另外，魯藝的京劇團不單單為當地人創作新的文藝，也演出包括鬼
故事在內的傳統劇目。這既可以訓練文藝工作者的京劇表演，又同時為
暫居延安的中共黨員（包括毛澤東自己）一解思鄉之愁。[14] 在中共的農村
管治裏，往往暗暗假設鬼的再現和人民有著密切的關係。文藝工作者身
為黨和人民之間的橋樑，要生產出政治正確的鬼故事。

10　《人民日報》，〈橫掃一切牛鬼蛇神〉。

11　諸山，〈土地革命時期江西蘇區的反迷信運動〉，頁 34–35。

12　Lieberthal, *Governing China*, pp. 48–52.

13　王予霞，〈中央蘇區文化新透視〉，頁 63–67。

14　個人的回憶，可見任均，《我這九十年，1920–2010：一段革命家庭的私人
　　記憶》，頁 167。

中共在 1949 年建國後，打算同時兼顧兩大工作：既要尊重農村人口，把農民視為黨的支持者和捍衛者；同時又追隨國民黨的發展路線，要把中國現代化和世俗化，使它轉化成一個不再受迷信及宗教思想「污染」的國家。在文化領域，中共矛盾地處理兩個不同領域所呈現的迷信思維。在電影界，超自然的神怪元素被審查部門大力掃盪；[15] 相反，中共對戲曲界的鬼卻稍為手下留情。這是因為電影是意識形態的國家機器，有重要的教育功能；地方戲曲裏模糊的元素，則被視為餘暇活動和民俗傳統，得以保留下來。而且，在政府的許可和田漢等文化名流的倡議下，也有知識分子倡導保留一些有神怪元素的傳統劇目。[16] 1950 年，中國知識界有很多圍繞著神話與迷信的激烈辯論。一些知識分子認為，中國傳統戲曲的神怪元素極之豐富，應該盡力保留，只需去除那些導人迷信的部分。[17] 當然，究竟哪些是文化傳統、哪些導人迷信，實在難以區分。不過，這場大辯論過後，共識基本成形——至少在傳統戲曲裏，中國的神怪故事可以保留。

在新中國建立的頭八年，文化領域中的「鬼」尚未遇上甚麼風浪。但在 1957 年起，相關論述便改變了。1957–1961 年期間是政治動盪的年代 (百花運動、反右運動、大饑荒、中蘇交惡)，毛澤東的演辭經常出現「鬼」。鬼——不論是真實還是虛構的——都不斷被毛澤東用作政治比喻，指涉各種不同形式和關係的敵人。

毛澤東第一次用「牛鬼蛇神」一詞的時候，是要表明批准鬼故事的存在。1957 年 1 月，毛澤東下令不應禁演那些涉及「牛鬼蛇神」的文藝作品。他認為觀眾應該先有機會去認識及批評這些鬼神故事，之後便自然會放棄它們。[18] 三個月後，毛澤東再次申述相同的觀點。而且，他更把「牛鬼蛇神」連接到社會上一些真實存在的壞人：

15　Pang, "The State against Ghosts," pp. 461–476.

16　Pang, "Tian Han's Historical Dramas in the Great Leap Forward Period."

17　例如，見馬少波，〈迷信與神話的本質區別〉，頁 29–33。

18　毛澤東，〈在省市自治區黨委書記會議上的講話〉，頁 349。

社會上有牛鬼蛇神，劇本裏有也不稀奇。中國人不一定很相信鬼，演來看看也沒有甚麼可怕。許多青年都不懂甚麼是牛鬼蛇神，讓他們看看也不要緊。[19]

這裏的「鬼」，所指涉的既是真實存在的階級敵人，也是劇場作品中的再現。毛澤東隨意在現實和虛構之間跳躍，沒作甚麼闡釋，就把社會中的「鬼」和文藝裏的「鬼」混為一談。諷刺的是，這種令人混淆的邏輯，又使人感到毛澤東更有魅力。兩場演講，其實都不是單單在談文化，而是在評論社會主義的整體管治。毛澤東就是有這種能力，以動聽的手法引入各種新元素，打動聽眾。

同年5月，文化部宣佈撤銷所有針對傳統戲曲的禁令，所謂的「迷信作品」都可以全國公演（雖然這些迷信作品其實一直都廣泛存在，從來沒有消失）。禁令撤銷的原因，有說是因為人民及文化工作者已有足夠的政治意識，有足夠能力區分不同作品的好壞。[20]最重要的是，這些屬於民間民俗文化的作品，都有強烈的道德元素，強調處罰社會上的壞蛋，也往往是頗有效的政治寓言。「牛鬼蛇神」一詞經常跟「帝王將相」一詞出現：雖然涉及這兩組詞語的劇作，都是傳統文化中的反動元素，但在百花運動中，「牛鬼蛇神」被批判的程度相對較輕，及不上為了統治階級所作的「帝王將相」。[21]

但在大約同一時期，知識分子也從「鬼」的捍衛者被轉化成「鬼」本身。1957年初，「鬼」雖然是不良的社會分子，也仍然可以被觀眾看到和享受。但到了反右運動開始，「鬼」就變成了某些被選中來大力批判的知識分子。從1957年7月起，個別知識分子開始被《人民日報》稱為「牛鬼蛇神」。[22]毛澤東在1月到3月期間對這個詞語的溫和用法開始消失，

---

19 毛澤東，〈同文藝界代表的談話〉，頁257–258。

20 何海生，〈文化部發出通令禁演劇目一律開放〉，頁63。

21 陳晉，〈毛澤東的文藝傳統〉，頁256–257。

22 王毅，〈毛澤東的「打鬼戰略」〉，頁15–19。

「牛鬼蛇神」變成直接指涉一些隨時找機會攻擊社會主義的右派。[23]

不過，把知識分子稱作「鬼」，只維持了一段頗短的時間。官方很快又把其他東西塞進「鬼」這把傘下。1959年，毛澤東下令中國科學院文學研究所收集一些關於中國傳統英雄對抗妖魔鬼怪的故事。毛澤東希望以這些故事作為比喻，激發人民對抗西方帝國主義和蘇聯的修正主義。[24] 故事被編輯成《不怕鬼的故事》（1961），[25] 而且聲稱由毛澤東直接授權出版。這本故事選集，收錄了很多中國的傳統短篇故事，展示出中國人面對超自然的精神力量時仍然無畏無懼，且盡力對抗這些怪力亂神。這些傳統故事，大部分都承認鬼神的存在，而故事選則旨在歌頌人類有能力戰勝鬼怪。在其中一個故事，一隻女鬼試圖威脅一位名叫曹竹、在鬼屋過夜的清朝官吏：[26]

> 突然那女人披散頭髮，吐出舌頭，裝作吊死鬼的樣子。兄長（按：曹竹）笑著說：「頭髮還是頭髮，不過稍微亂了一些；舌頭還是舌頭，不過稍微長了一些。這有甚麼可怕！」突然那女人又摘下腦袋放在桌子上。兄長又笑著說：「有腦袋都不足以讓人害怕，何況沒有腦袋呢！」鬼怪伎倆窮盡，一下子不見了。[27]

雖然知識分子在1957年被視為「鬼」而遭受批判；但在1961年的故事選編，我們卻看到曹竹這位身為知識分子的官員被稱許，原因就是他展示了對抗鬼怪的意志和能力。何其芳是當時的名作家，也是文學研究所的領導。他在《不怕鬼的故事》的引言上說，這些故事都以寓言的方式，鼓勵人們對抗今天社會所面對的「鬼」，即「帝國主義、反動派、修

23　在中國歷史裏，這並不是第一次知識分子被稱為「鬼」。元代劇作家鍾嗣成有一本《新校錄鬼簿正續編》，詳細記錄元代劇作家的生平和作品。

24　陳晉，〈在「不怕鬼」的背後──毛澤東指導編選《不怕鬼的故事》的前前後後〉。

25　中國科學院文學研究所編，《不怕鬼的故事》。

26　故事原出清代紀昀的《閱微草堂筆記》。

27　紀昀，《曹竹虛言》。

正主義等等」。[28] 據稱，毛澤東想用《不怕鬼的故事》作為文化宣傳，鼓勵中國人對抗敵人。可是，幾年之後，鬼又會再變成社會內部的敵人。

這裏，我們看到兩組發展。一方面，有一種認同人民的知識分子傳統，在鬼怪的再現上展現出來。這裏有撰寫曹竹故事的的紀昀、搜集和編輯這個故事的何其芳、努力捍衛傳統戲曲的鬼神元素的田漢，還有保護民間藝術的毛澤東。另一方面，毛澤東自己以比喻的方式去運用「鬼」，總是把他在不同時候遇到的不同敵人視作妖魔鬼怪。毛澤東當然並不是第一個用鬼作為比喻的人。在中國的傳統文化裏，志怪小說有非常悠久的歷史，它們都以鬼神怪異的元素為主題。志怪小說得以流行，不單單因為讀者喜歡鬼神傳說，也因為作者試圖把自己對社會及歷史的看法和評價注入故事之中。[29] 毛澤東隨心所欲地以鬼為喻，跟中國的文藝史一脈相承。在這兩方面上，知識分子不單單保護鬼，也有創作和為鬼的再現編碼，佔有一個重要的角色。

以上的兩種「鬼」的呈現——作為民間傳統文化，及作為政治比喻——在 1963 年的《李慧娘》事件中直接衝突。以鬼為主題的文藝作品熬得過反右運動，卻在《李慧娘》事件後全面被禁。[30] 這件事也再次把「牛鬼蛇神」和知識分子扯上關係。一些論者認為，文化大革命的真正起點，是對《李慧娘》的全國性批判。因為江青集團是隨著《李慧娘》事件而冒起的，而這件事也代表著當權者決意打壓和侮辱當時的主流知識分子文化。[31]

1959 年，中共鼓勵文藝工作者參與改編傳統戲曲，以證明百花運動的精神仍然持續。因應中共政策，歷史學家孟超便按明代名劇《紅梅閣》創作了新的崑劇《李慧娘》。該劇大受歡迎，演出超過二百次，[32] 鋒芒

28　何其芳，〈序〉，《不怕鬼的故事》。

29　見謝明勳，《六朝志怪小說研究述論：回顧與論釋》。

30　文化部，〈關於停演「鬼戲」的請示報告〉。

31　見陳均，《京都崑曲往事》，頁 263。

32　張煉紅，《歷練精魂：新中國戲曲改造考論》，頁 157。

畢露,卻在四年後被禁。有關《李慧娘》劇本的歷史和演化非常複雜,
在此不贅。[33] 簡言之,故事涉及三個角色:腐敗的宰相賈似道、他的小
妾李慧娘,以及秀才裴舜卿。賈似道因為李慧娘和裴舜卿相戀而大怒,
殺死李慧娘。後來李慧娘重回人間拯救她的愛人,同時向賈似道報復。

在明代的原著,李慧娘只是個小角色。但是,作為女鬼的李慧娘在
此後的改編作品中日益重要,甚至使故事成為家喻戶曉的鬼故事。解放
後,有些新的改編版本為了除去迷信成分,把故事改寫成是李慧娘扮死
以逃過賈似道的迫害,刪掉了那些有關鬼神和回到人間等情節。[34] 但
是,孟超卻保留了這些情節,甚至強化了這些神怪元素,加入了「幽恨」
和「鬼辯」兩場,強調李慧娘的英雄主義。孟超的新崑曲強化了李慧娘
的能動性 —— 她既是悲劇人物,卻也充滿勇氣。

在孟超的改編崑曲故事中,神怪元素極之突出;可是,它在1961
年公演的時候,卻沒有觀眾和論者認為它是在鼓吹迷信思想。相反,很
多評論家和官員都力讚故事,認為它歌頌了正面的女性形象、人的意志
和對社會公義的奮鬥。[35] 有評論家也認為,孟超嘗試減輕故事中的浪漫
元素,強了李慧娘和裴舜卿的階級友誼。[36] 鬼明顯地被閱讀為一個充
滿政治性意義的比喻。

1963年,一份上海大報刊出了一篇批判《李慧娘》的評論。[37] 該篇
評論據說跟江青本人有明顯關係。[38] 該篇長評論仔細分析了《李慧娘》的
文本和歷史,指責故事和公眾的好評,都是把人文主義當成了普世和非
唯物的。作者指,李慧娘只是一個悲劇和微弱的小人物,她被傳統封建
社會所規限,軟弱無力得根本不值得社會大眾所歌頌。同類型的評論很

33　同上註,頁139–171。
34　見1953年馬健翎的秦腔劇《遊西湖》。
35　廖沫沙是當時北京市的宣傳部部長,以「繁星」為筆名,寫了一篇〈有鬼無害論〉,支持該劇。
36　張真,〈看崑曲新翻《李慧娘》〉;酈青雲,〈談談李慧娘的「提高」〉。
37　梁璧輝,〈「有鬼無害」論〉。
38　葉永烈,〈「四人幫」興亡:「文官」要奪華國鋒的權〉,頁503–508。

快接踵而來，慢慢讓人看出該篇文藝評論背後的政治動機，就是要打擊孟超及其盟友。到了1964年，孟超的《李慧娘》就被官方視為「反黨反社會主義的毒草」。被攻擊的也不再單單是劇本，而是作者孟超。[39] 很快地，另一場全國性的批判也展開，這次針對的是吳晗的《海瑞罷官》。[40] 這兩場對《李慧娘》和《海瑞罷官》的全國大批判，為後來的文革開路。

　　從1950年代有關神話和迷信的大辯論開始，到毛澤東於1957年有關牛鬼蛇神的演講，再到1961年所出版的《不怕鬼的故事》，討論的重點主要在於「鬼」的文化再現，看它如何被讀者接收和理解，而非討論故事作者個人的政治身份。《李慧娘》事件標誌著一個明顯的論述轉向，把文化領域中的「鬼」跟文藝創作者扯上關係。被批判的既是李慧娘這隻女鬼，也是作者孟超。[41] 到了1963年，任何涉及非人間的元素的文藝作品，不論作者是有意還是無意，也不論觀眾的反應如何，都會被批判。即使故事試圖歌頌人類必定能戰勝妖魔鬼怪（就像1961年那本《不怕鬼的故事》），也不能逃過批判。文藝世界中的鬼怪，不再被閱讀成比喻，而是會被直接等同鼓吹迷信。創作鬼怪的文藝工作者，也會被視為鬼，要被關起來，以免其創作為禍人間。所有使藝術變得可能的作者和作品之間的距離，都消失了。作者的政治身份和創作題材被混為一談。

幽靈般的知識分子

　　1963年，毛澤東發表了著名的〈關於文藝問題的批示〉，跟《李慧娘》事件差不多同期。毛澤東指，在許多文化領域，真正的社會主義改革尚未來臨。很多政府部門仍然被很多「死人」把持著：

39　齊向群，〈重評孟超新編《李慧娘》〉。

40　見第3章，註52。

41　孟超是非常資深的中共黨員，於1926年入黨。1929年左翼作家聯盟成立之時，他是創立者之一。1949年後，他是中國出版業的領軍人物，監督人民美術出版社、戲劇出版社及人民文學出版社。

各種藝術形式——戲劇、曲藝、音樂、美術、舞蹈、電影、詩和
文學等等，問題不少，人數很多，社會主義改造在許多部門中，至
今收效甚微。<u>許多部門至今還是「死人」統治著。</u>不能低估電影、
新詩、民歌、美術、小說的成績，但其中的問題也不少，至於戲劇
等部門，問題就更大了。社會經濟基礎已經改變了，為這個基礎服
務的上層建築之一的藝術部門，至今還是大問題。這需要從調查研
究著手，認真地抓起來。[42]

這篇演講辭的重點，是毛澤東判定很多「死人」在把持政府部門。
不過，毛澤東特別針對文化部門，以它作代罪羔羊，以反映整個國家的
問題。這是由於文化部門由「死人」管，也生產「死人」，文藝工作者和
文化官員都變成了「鬼」。「鬼」成為一群沮喪、被排擠又陰魂不散的群
體的比喻，好像準確地描繪新中國下知識分子的社會狀態。知識分子寫
鬼故事，被當成鬼來大力批判，也要像鬼一般過活。

鬼有一特徵：它永遠不死，所以人類可以用任何最暴力的方法去打
擊它。利夫頓（Robert Jay Lifton）也留意到，毛澤東時代的中國，經常以
妖魔鬼怪來作比喻。他認為，把不同人視為（永遠不死的）鬼的化身，
反映了毛澤東及其信徒害怕革命終會消失。利夫頓的說法是，在1961–
1962年期間，蘇聯和東歐知識界那反革命的「人文主義」被引入中國，
毛主義者害怕人文主義會使人民背棄革命。[43] 利夫頓認為，毛主義最怕
的，恰恰是這種超越階級出身和階級鬥爭的「人文精神」。毛主義者不會
稱這種思想為「人文主義」，而是會指責它代表邪魔妖道。諷刺的是，鬼
是永遠不死的，所以也不會被完全消滅，這也間接解釋了為何革命永不
終止。我很贊同這說法，但也必須指出，鬼這個漂浮玄空的概念，可以
承載各種不同的論述——它可以是六十年代東歐的人文思想，也可以是
任何一種文革吐棄的社會元素。

42　毛澤東，〈關於文藝工作的批語〉（1963年12月12日）。底線為我所加。

43　Lifton, *Revolutionary Immortality*, pp. 19–27.

　　當時，季羨林教授是北京大學東方語系的系主任，也是知名的作家和翻譯家。根據他的記憶，像他這種知識分子，在文革時期不能走大路，否則很易被人打和擲石：

> 不敢走陽關大道怎麼辦呢？那就專揀偏僻的小路走。在十年浩劫期間，北大這樣的小路要比現在多得多。這樣的小路大都在舊老房屋的背後，陰溝旁邊。這裏垃圾成堆，糞便遍地，雜草叢生。臭氣薰天。平常是絕對沒有人來的。現在卻成了我的天堂。[44]

　　在很多知識分子的回憶裏，文革都是一個被隔離的時期。知識分子在肉體上被監禁，心理上被周邊的人否定和批判，活在地獄般的環境，像生活在另一個平行時空。就像季羨林説的，一些知識分子甚至享受自己像幽靈般的存在，於遠離人類干擾的地獄過活。但是，他／她們仍然十分害怕被拖到群眾之中，一再扮演妖魔鬼怪。換言之，知識分子並沒有死亡，跟群眾的關係並非完全割裂，而是不斷被拉回人間，咿咿呀呀去重演那台戲。通過不斷對知識分子的否定，革命才可以繼續。

　　在以下這段個人回憶裏，作者提及他曾經目擊的一場政治集會。周揚是其中一位主角，得表演屬於他的特定角色：

> 不管會場如何狂燥，如何虛張聲勢，如何威逼不饒，他（按：周揚）都能從容以對，滴水不漏。不管問他多少「為甚麼？」他總是一言以蔽之曰：「我反對毛主席！」好像是説，你要的最高價不就是「惡攻」麼，給你！於是，會場裏「誓死捍衛」、「打倒」之類的口號聲震耳欲聾；於是，施虐的人便大獲全勝，心滿意足；於是，他也便乘機擺脱糾纏，得以喘息。皆大歡喜。[45]

　　周揚肯定出席過無數類似的集會，清楚知道他在這種儀式中要扮演的角色。他的表演千篇一律，觀眾的反應也是意料之內。巴塔耶對犧牲

44　季羨林，《牛棚雜憶》，頁93。
45　李屏錦，〈青春之歌的遭遇〉。

的看法，可以幫我們理解這種對知識分子的儀式性迫害——它可以是一種手段，旨在解決尚未解決的社會糾紛。但中國的情況也是特殊的。正如之前所指，巴塔耶認為犧牲品通常有一定的社會價值，但在被犧牲的過程中，會得到更高的價值：本來是世俗的客體，經過犧牲的儀式而變得神聖。這是因為，犧牲品是唯一可以在儀式中離開現實的秩序而成為神聖之物。[46] 但中國沒有這種神聖的概念，毛主義者的儀式，也不是要排除奢侈品。文革中的受害者並沒有受敬重，而是被侮辱，例如被強行剃陰陽頭、戴高帽子。受害者不是為了神聖的力量而犧牲性命，而是以最荒謬的方式維持生命，讓群眾確信自己業已啟蒙。

巴塔耶感興趣的，不僅僅是把「犧牲品」視為有待被清除的過剩物，它也是一種讓人感受死亡的獨特客體。[47] 犧牲的行為，跟暴力和非理性有緊密的關係。觀眾可以藉此超越日常生活的邊界，達到一種他所謂「自主」(sovereignty) 的自由狀態，人們在其中可以逃離各種工作和功利式的計算，盡情沉醉於無謂的消費、情欲和毒癮。雖然犧牲的儀式不一定要殺死「犧牲品」，卻一定要帶出死亡的觀念。[48] 不過，文革中被「犧牲」的「鬼」卻沒有進入神聖的地帶，讓人排出各種情欲。這可能是因為中國沒有一種跟巴塔耶的「自主」觀念接近的概念，也可能是因為儒家和道家都沒有一個跟人間完全割裂的神聖概念，因此也沒有一個純粹的解脫。知識分子可能被徹夜侮辱，但又不是要真的被「犧牲」——他／她們是不斷被折磨，而不是被殺。自殺作為一種反抗無產階級專政的方式，也是被禁止的。文革的受害者被困於生與死之間的地帶，偶爾被人從黑暗的地獄中拖到光明的人間，讓人加以摧殘發洩。恰恰是鬼定期出現，才得以推動革命。

在道家的思想裏，生與死並不那麼截然二分。亡者往往以不同方式

46　Bataille, *The Accursed Share*, vol. 1, pp. 49–51.

47　同上註，頁 60。

48　Bataille, *Theory of Religion*, pp. 43–61.

跟人共存。亡靈經過超渡儀式之後，便進入祖先的牌位，護佑子孫後代。有些亡靈或會無所容身，漂流於人間之中，人們得舉辦不同的節慶和儀式，以安撫這些遊魂野鬼。人與鬼的各種關係，就是建基於這種既平和、又不安的共存關係之上。因此，在中國文化裏，人和鬼的關係並非對立。「鬼」往往是一種比喻，讓人藉這種自然之物，去評論人間的各種問題。在十七年時期，知識分子捍衛「鬼」，除了因為要保衛幾部傳統戲曲，也想保留這種以鬼作喻的傳統。但在《李慧娘》的個案，當權者打算直接掌控文化。至於知識分子，則從生產鬼的文藝工作者，變成社會上的鬼。這種對精神世界的徹底否定，也是文革作為一場社會主義式文化啟蒙運動的證據。

啟蒙並不是一種固定的狀態，而是一個永不完成的辯證過程，需要他者來操作。文革並不是要徹底消滅階級敵人。敵人必須在被批判過後重新回來，以證明啟蒙的過程仍然持續進行。文革是一個鬼魂處處的時代。但「鬼」並不單單指那些行屍走肉的知識分子，還有很多自殺者，或「意外地」在階級鬥爭中被殺的受難者。這些鬼並沒有到達神聖的天國，而是成為含恨的冤魂，流連於人間。冤魂誓要報復的伸冤聲響徹夜空。那些難以安睡的人都清楚知道，不散的冤魂曾經在生前受過種種屈辱和痛楚。所有掃除鬼怪的儀式和替冤魂申冤的故事，都是文革的一部分。正因為文革志在啟蒙，它就必須製造社會的黑暗面，以證啟蒙之光。要凝聚和掌控那想像中的團結的「社會」，「鬼」成為了敵對的「他者」，這也是一種不能完全死去的文化觀念。

我們也可以把《李慧娘》和其他批鬥知識分子的劇場表演，視為革命能量過多的證明。誇張的表演，顯示文化─政治過剩物（cultural-political excesses）的溢出。文革的舞台既展示這些能量，又把它們排出。正如我在第2章說的，文革期間當道的經濟模式，並不是物質性的經濟，而是一個宣傳文化無處不在、也源源不盡的世界，跟巴塔耶講的「普遍經濟」有相似之處。物質性的存在，當然可以被經驗得到，但是人們更多以各種虛構的故事和表演去想像世界，跟世界建立不同的關係。

全中國各地的舞台，都不停上演樣板戲和大大小小的政治集會，就是最明顯不過的例證。

在全中國，知識分子都被迫唱侮辱性的〈牛鬼蛇神嚎歌〉，在觀眾面前動物般嚎叫、像慟哭的厲鬼，大聲唱「我是牛鬼蛇神／我是牛鬼蛇神／我有罪／我有罪／我對人民有罪／人民對我專政」。[49] 官方並沒有刊印這首歌的歌詞，但這歌卻唱遍當時全中國。類似的以鬼為喻的流行文化，在同期迅速冒起的諷刺漫畫之中也找得到。一般來說，對知識分子批判往往是千篇一律的陳腔濫調，十分公式化，毫無創意。這情況下，圖像卡通就成為政治批判和宣傳的好工具。其中一幅震動中共政治領導的諷刺漫畫，叫做《群醜圖》（圖8.1）。這幅在1967年2月22日刊於一份北京小報《東方紅》的漫畫，由一個中央美術學院的學生所作，似乎在呼應著傳統中國民間流行的《鍾馗嫁妹》圖，當中鍾馗親率眾鬼卒浩浩蕩蕩把妹妹嫁給他的恩人杜平。漫畫刊出之時，很多圖中的「丑角」還未下台，但此圖到處流傳，使中共很多高層幹部深感不安。[50]《群醜圖》更引來很多後續的創作，例如人們創作各種版本的《百醜圖》。從這些歌曲和圖像可見，「牛鬼蛇神」既是政治論述，也是文化論述。我們很難區分哪些是現實，哪些是虛構和想像。

文革是一個充滿幻象的年代。劉文彩、黃世仁、南霸天和周扒皮這「四大惡霸地主」，一直被視為階級敵人的代表人物。[51] 但是，四人中有

49　戴嘉枋，《走向毀滅：「文革」文化部長于會泳的沉浮錄》，頁98。

50　在39位被批判的人物中，有九位是知名的知識分子，其他都是中共領袖。在轎上的有劉少奇和鄧小平。有趣的是，帶頭的都是知識分子，以宣傳部部長陸定一帶領，跟隨的知識分子包括「三家村」的吳晗、鄧拓、廖沫沙；「四條漢子」夏衍、周揚、田漢、陽翰笙；還有林默涵和齊燕銘。

51　四人之中，只有劉文彩是真人，是民國時期的軍人。但他之所以成為著名的「惡霸」，主因是泥塑群雕《收租院》。但當中的虛構性，今天被人們質疑。黃世仁和南霸天是《白毛女》、《紅色娘子軍》的邪惡地主。周扒皮是小說《高玉寶》的地主。

圖8.1　翁如蘭，《群醜圖》，諷刺畫，1967

三人都是虛構人物，可見文革如何把虛構和現實混為一談。一些情況更為複雜。例如著名的演員陳強，在《白毛女》的電影版演黃世仁，也在《紅色娘子軍》演南霸天，後來他自己也被批判。[52] 究竟被批判的「階級敵人」是陳強這位演員本身，還是他所演的角色，實在難以區分。

　　在政治集會裏，台上台下的人都很清楚集會的表演性質，人人都有相應的角色要扮演。在公眾表演的儀式以外，革命的劇場性也到處溢出，四處奔流。只要儀式持續上演，文革的鬼怪和冤魂就永遠不能離開人間。觀眾並沒有感受到犧牲儀式可帶來的極端的他異性（radical alterity）。大部分觀眾都只是參與儀式的旁觀者，馬馬虎虎地看著千篇一律的劇目。

52　秦紀民，〈「南霸天」「陳強」「文革」歷劫記〉。

牛鬼蛇神的轉世

文革發展到某階段，中共又逐漸重新召喚知識分子幫忙。1969年，政府對那些主動投入群眾運動的知識分子示好。[53] 最富象徵意義的事件，是周恩來於1972年以高規格接待物理學家楊振寧（1957年諾貝爾獎得主）。在1960年代末，這類大學教授在國內仍然是禁忌，但這類人物後來開始可以在官方的文化出現。例如在1973年的「全國連環畫、中國畫展覽會」，鍾增亞以一幅中國水墨《老教授新著作》（圖8.2），描繪了一個在小油燈旁邊默默工作的教授，紀錄他分析一些從附近撿來的中草藥。我們可以把這幅老教授圖視為赤腳醫生（見第4章）的更新版，也帶出誠惶誠恐的知識分子重新受國家重用。也有不少文革末期的作品，呈現出愛國的工程師和地質學家既能協助國家現代化，又會謙卑地向工人學習毛主席的正確思想。1974年的電影《創業》就是一例。[54]

人文學者和文化精英也開始受重用。這在1974年的批林批孔運動之中尤甚。為了要同時批判林彪和孔子，毛主義者要求中國人重讀儒家經典，而且要透過最好的哲學家去重讀，得到「正確」的解讀方法。一些經「思想改造」的哲學家，也被召來支援這場運動。當時有不少以「梁效」（即清華及北大「兩校」）為筆名的文章出現，執筆者很多都是著名的哲學家或歷史學家（例如馮友蘭）。批孔的作品多不勝數，從短小的口號到嚴肅的學術論著都有。[55] 這裏，我們看到一個似乎充滿自信的政權，確信自己有能力控制所有的文化意義如何生產。不過，當知識分子被召喚來進行科學研究和「教育」大眾，又證明了沒有一個現代政府能夠完全棄絕知識分子。

53　見《人民畫報》，〈貧下中農歡迎這樣的知識分子〉。

54　可以說，科學工作者和文化工作者之間最大的差異，是前者對工業和科技發展有用，所以部分在文革期間仍受氣重。不過，曹聰認為，由於中國現代科學的歷史和制度都非常脆弱，文革對中國科學的破壞，遠遠大於蘇聯和納粹德國。見Cao, "Science Imperiled," pp. 135–136。

55　很多這類文章都收錄在人民出版社編，《批林批孔文章匯編》。

圖 8.2　鍾增亞，《老教授新著作》，中國水墨畫，1973

在文革時備受壓抑的知識分子重新獲得重用，可以對照德里達
（Jacques Derrida）如何評論馬克思主義的幽靈狀態（specter status）──它
被視為一種反教條式的視野，可以在新自由主義化的世界裏，建立新的
左翼政治批判。德里達認為，由於教條化的共產主義在1980年代末崩
潰，使我們有機會重新學習馬克思留給世人的遺產。只有當馬克思主義
變成了在野的幽靈或鬼魂，從官方的形上學轉化成一種想像未來的可能
性，才出現一個可以讓人重新審視馬克思主義的空間。[56] 用德里達的說
法去理解中國的情況，我們也許會得出這看法：只有當知識分子從高高
在上的導師位置被拉下來，成為被打壓的牛鬼蛇神，才能夠重新成為真
正的馬克思主義知識分子，批判性地討論歷史、其斷裂及重構。

可惜，這情況並沒有出現。中國不少相信馬克思主義的學者，並沒
有認真審視和批判當權的意識形態。相反，這群學者仍然支持現實主義
（甚至是社會主義現實主義）的意識形態，認為這是知識分子的存在意
義。1977年，文革結束後第一次舉辦文藝工作者的會議。在一個名為
「在京文學工作者座談會」的場合中，很多被復職的作家憤怒地抗議文革
期間所承受的痛苦，訴說有多少同伴遇害。周揚演講完畢後眼泛淚光。
曹禺幾乎昏倒，會議未完便要被扶著離場。[57] 夏衍則向大部分是作家的
全場觀眾問了一條問題：「為何（四人幫）如此敵視對現實的書寫？我不
明白。」[58] 整個會議的核心，似乎都圍繞著這個問題：「為何我們這些作
家背負了文革的苦難？」似乎，夏衍已經有答案：知識分子如此可懼，
正是因為他／她們就是現實的代言人。對夏衍、又或者一整代信仰毛主
義的知識分子來說，最重要的歷史任務，仍然是再現社會的現實。夏衍
既是作家，又是文革期間的代罪羔羊，親身見證意識形態的操作過程，
可以有多廣泛和可怕。可是，即使是在文革期間被迫當了十年「牛鬼蛇

56　Derrida, *Specters of Marx*.

57　會議由《人民文學》主編張光年組織，在1977年12月20–30日於北京舉行。

58　張守仁，《燕山夜話被批前後──我的十年經歷》，頁149。

神」，夏衍也沒有重新反思意識形態和寫作、國家與知識分子等等的複雜關係。不消說，文革後成長的那一代知識分子，身處激烈地市場化的文化與學術領域之中，就更少關注文化與政治的辯證關係了。

也許我們過分相信作為「幽靈」的馬克思主義；或者，馬克思主義真的不能拯救世人，知識分子也不能。安德訓 (Ann Anagnost) 指，社會主義現實主義在實踐上根本就是一套審查制度，直接打壓各種文藝作品；相反，在文革及後文革的時代，一般平民百姓卻能夠在日常生活以各種靈活的對策，去積極參與再現的政治。1979 年，就有一個騙子假扮高官的兒子，因而得到各種他此前無法想像的厚禮和待遇。這些「模仿」的行為以「戲弄」的方式展現出來，讓人們發現政權所建構的「真實」本身，也不過是透過虛構和自我指涉而打造出來。[59] 作家跟一般平民百姓相比，理應擁有更高的能力去表現這種模仿的力量。可是，很多作家都有意無意放棄了這種以模仿來挑戰權力的潛能。如果真的存在完全透明、沒有任何偏頗的現實，那就是一個沒有意識形態和壓迫的世界。意識形態總是要透過虛構的想像，才得以操作。對意識形態的抗爭，也同樣需要想像力。在今天的中國，知識分子跟政治的距離愈來愈遠。可能只有一般平民百姓，才能夠在日常生活中重燃文化與政治的辯證關係。德里達無法完全否定馬克思主義，仍然相信它作為「幽靈」有一定意義。或者，我們也是時候重新開展有關中國左翼知識分子的討論。

59　Anagnost, *National Past-times*, pp. 45–74.

結　語

　　四十年前，漫長的文革慘淡結束。現在，當人們討論文革對當代中國有何意義的時候，主要有兩種看法：一，我們需要重燃共產主義的精神，對抗統治中國的資本主義；二，文革使道德淪喪，直到現在仍然為害中國。兩種看法，我都明白和理解。但是，我的看法比較接近大部分平民百姓——文革其實跟中國的現狀已經無甚直接關連。從一個宏觀及制度性的角度看，半世紀前發生的這場「浩劫」，沒有為今天中國的發展劃界；另一方面，要解決中國當下面對的種種難題，也肯定不可能訴諸任何以共產主義神話為號召的群眾運動。中國政府之所以擁有巨大的權力，而且直接或間接製造了大量社會問題，主因不在毛主義者的革命，而在新自由主義下的全球性格局。此格局願意和中國互惠互利，原因是這個政治穩定的國家可以源源不斷地大量供應廉價的勞動力，同時願意「暫時」擱置處理大部分有關勞工、環保和社會貧富不均等的問題。一些本書討論過的條件，是後社會主義中國發展時的重要因素。例如中國有一個強大的中央政府，能夠自信和高效率地調配大量土地和人口；也有一大群沒太多宗教包袱的世俗人民，激烈地投入各式各樣的市場活動。但是，即使有沒有文革也好，這些原型的資本主義條件也會存在。鄧小平在1970年代末的開放政策，可能是對文革的一種糾正。但此後幾十年，也發生了很多不同的歷史事件和世界性潮流，一起引領著這個龐大國家的發展方向。

　　如果我們把注意力轉移到普通平民百姓身上，我相信絕大多數的中國人，都沒有興趣把自己的生活跟過去的歷史事件扯上關係。很多人都大體滿意自己的生活，也不認為須要去重構和沉迷於一段狂熱、天真和惡名昭著的歷史，去搞亂很多人都甚為滿意的經濟發展，還有對國家的自豪感。如果回望過去會帶來困擾和尷尬，我們又何必要在太平盛世讓人感到羞愧和疑慮？既然鄧小平已經在文革後帶來了意識形態的大轉折，糾正了歷史的錯誤，我們為何還要把早已毫不相干的過去和現在連接起來？毛澤東與周恩來之死，結束的不只是兩條生命，也是一整個社會主義時代。一些人可能仍然選擇性地回憶和緬懷那個時代，但很少中國人真的想過回從前那種日子，或糾正過去的錯誤。我相信，在今天的中國，歷史只有微乎其微的力量。

　　如果文革真的跟「崛起」後的中國道路有任何關連的話，那可能就是它為人帶來了一種神奇的祛魅（disenchantment）——它破除了政治的幻象，使人跟歷史和政治都保持距離。中產心態抬頭，不少人從公共廣場退守到自己的家，只求保住當下所得的一切和將來的穩定。這種心態，為資本主義在這個後社會主義國家開路。中國人從文革所繼承的遺產，並不是「相信未來」（食指的文革詩歌名句），也不是「我——不——相——信」（北島的文革詩歌名句），而是某種犬儒主義——它懷疑任何追求共善（common good）的行為，也不相信人們可以超越私利去造福公眾。更準確的說，人們被困在一個延綿不斷的「當下」裏。過去已逝，而未來又只能是一種當下的延續。這種無力直面過去與未來的逃避心態，也迫使當下變得去政治化。政治被視為等同於權謀，不過是野心家不擇手段的權力博弈。那些有志於參與政治和促進公眾利益的少數人，如履薄冰的遊走於灰色地帶，作最微小的改變。可是，大部分人都在經濟和消費領域裏，努力解救自我。

　　事後看來，我們可以觀察到「去政治化」並不是文革的歷史產物，而是在文革裏跟極端的政治狂熱同時發展出來。在一個如此重視模仿和順從性的社會，人們不單單被政治化，也同時去政治化。由於被政治化

的群眾花了大量精力去尋找差異、確立敵友，很多人也就學懂如何小心
翼翼，以免自己的一言一行被政治定性。人們愈被要求舉止一致，就愈
憂慮被視為特立獨行的個體，也就愈努力找尋保護自己的方法。當文革
徘徊不前，去政治化的情況就更加明顯了。各種典範也愈來愈紮根於社
會道統之中，因為跟從這些典範就可以確保安全。不論是獨立的政見還
是公眾的價值，都同樣被壓抑。人們怯於真誠地參與政治。詩人北島曾
經記述，1971年的時候，22歲的他下放到工地，剛好在午飯前聽說林
彪之死的消息：

> 林副統帥的幽靈引導午餐話題，七嘴八舌，包括逃亡路線等假設。
> 我開口説話，單蹦的辭彙成語流，滔滔不絕，一發不可收拾。我説
> 到革命與權力的悖論，説到馬克思的「懷疑一切」，説到我們這代人
> 的精神出路⋯⋯直到安智勝用胳膊肘捅我，這才看到眾人眼中的
> 惶惑，他們紛紛起身告辭。[1]

　　北島的回憶，生動地呈現了朋友和敵人、政治化和去政治化、過去
與未來等模糊而微妙的界線。日常生活的閒聊，隨時有可能發展成危險
的政治禁忌。人們似乎清楚知道有甚麼可説、有甚麼不可説，也知道不
可説的禁忌，遠遠多於可説的話。北島本來只是八卦聊天，但工人們卻
很快意識到，兩位年青人可能會帶來麻煩。北島應該慶幸他沒有像其他
人一樣被舉報。強烈的政治化，往往也帶來同樣強烈的去政治化。舉報
敵人是一種政治化的行為，還不過是一種自保的舉動，實在難以區分。
毛澤東最大的盲點，大概是他看不到「去政治化」也是文革必然產生的
結構性後果。

　　我們可以説：文革得以發動，因為人們有參與政治和打造未來的志
向。文革的「失敗」，就代表這志向的失敗。很明顯，文革有其根本的錯
誤。在毛澤東的管治下，每人都被視為獨一無二的個體；但在集體的層

1　北島，〈斷章〉，頁23。

次，人民卻被要求形成一個絕對一致的集體。文革要求個體主動認同毛主義，又妄想能夠控制人民的自主性。正如本書所指，這種要求個體既要獨一無二、又要絕對團結的矛盾呼籲，把很多人都撕成碎片。毛主義聲稱個體和集體可以高度重疊，卻沒有成功激發起人們互助互惠的精神。自我，也沒有開展出一個真正能夠尊重不同他者和關係的政治計劃。相反，人們都被封鎖在自身的、無中介的主觀主義（immediate subjectivism）之中，輕易地被權力客體化。在這種社會裏，「相似」和「相異」被極端地二分，難以孕育出同情心和真誠的互相尊重。同情心和尊重，在兩種條件下才有可能出現：第一，只有承認差異性（difference）多於一致性（sameness），才會孕育出一種渴求，使我們希望跟那些想法和言行都跟我們截然不同的人盡力溝通。第二，這種差異觀不能是絕對性的（absolute），而是要處境性（situational）的：當我們承認人與人的差異並非根本性的，而是在某個時刻下由不同狀況交錯出來的結果，我們便能夠跟他人連接。文革並不容許這種情境性和非目的性（non-purposive）的差異觀。因為差異被視為絕對性的差異，人們也沒有被鼓勵向別人報以同情的回應。當然，這不代表文革時期的中國人都沒有同情心或同理心，只不過這些複雜的人際關係不在官方的視野之中，也無法找到一個文化的出口去被表達出來。

更糟的是，權力的結構不透明和不穩定，使人焦慮而混亂。文革是為了達致激進的社會平等而發動的。革命群眾響應呼籲，暴力地打倒領導，但又很快發現那個領導、黨和群眾之間的權力架構並沒有被真正地挑戰，仍然極不平等。在混亂的氛圍下，這種不平等的權力架構幾乎是毫無章法地到處複製，在一個體制和規範價值都不牢固的社會中擴散。平等的原則，並沒有透過互相尊重和分工合作去落實；相反，人們競相搶著要做「革命分子」，希望合乎某種只有天知曉的革命標準。所以，被視為文革終極目標的新革命主體，從來就沒有達到一個可以定義和指引革命的高度。往好處看的話，這種毛式主體壓抑了自我本位的利己主義，也沒有建構出一個像西方形上學式、自信滿滿而希望掌握世界的主

體性。可是，毛式主體卻從來無法發展出一個比狹義的革命更為寬廣的舞台，往往被一種更強大的意識形態所異化。如果典範文化從一開始便是文革的核心部分，那麼，革命的主體就永遠無法逃離典範的控制，也永遠不會自由。文革後，人們在一個企業化和個人主義的社會裏重新發現自己之前被奪去的自由，也因為國家的快速富強而感到無比驕傲。文革所承諾的政治解放，被證實是謊言。很快地，經濟上的自由主義和愛國主義，便填補了這個意識形態的真空狀態。

基於以上理由，文革從一開始便注定失敗。怎麼可能生產一種既要革命、又要完全馴服權力的革命能動者？如果只能以一種非友即敵的態度去看待社會上的各色人等，這些革命者又怎麼可能產生真正持久和平等的團結？或者，我們可以把文革視為一個激進的現代性計劃，志在把粗獷散漫、難以進入現代世界秩序的中國文化馴化。可是，文革又不相信官僚系統，浪漫地寄情人的自由創作力。今天，新自由主義式的流行文化到處泛濫，販賣著標準化和淺薄的類個體性 (quasi-individuality)；但是，毛主義的宣傳文化作為其反面，也不等於可以孕育出理智、盡責和愛人如己的好公民。文革的本意是打倒資本主義，但如果試圖歌頌毛主義，把毛主義浪漫化成資本主義以外的替代方案，則肯定是在製造妄想。

我研究文革，本來是希望從這場革命中，尋找一些可以引導人民解放的種子，為今天後資本主義的毀滅性帶出另類想像。但最後，我找到的卻往往是革命對人民的背叛：所有解放的承諾，被召喚出來之後都被加以鎮壓和操控。當年毛澤東和他的戰友們有這樣的洞見和勇氣，要通過文化把整個中國推倒重來，既高瞻遠矚也觸目驚心。可是，「文化」和「革命」兩者的關係其實並不平等：文鬥被提倡，但跟武鬥一樣，都只是作為一種工具去達成「革命」這一目的。文化和武力，變得可以互相替換，兩者都只是讓權力去統治和延續的工具，也放下了它們本來互相牽制的關係。如果我們認真對待政治，不論是武力還是文化，都不應該被視為工具。動武之前，總是應該作最嚴格的深思熟慮，動武者也必須願

意負上所有責任。但在文革中，我們看到的武鬥完全是情緒的反射和自私的藉口。而在一個健康的社會，文化也必須免於被功利主義式的思維所利用。這是因為文化本身是一個過程，它指向一個開放的未來，讓人通過那條多樣化、卻也令人惴惴不安的路徑，去想像人與人之間的種種可能。可是，文革卻把文化跟多元性的緊密連結破壞了，使人無法想像一個開放的未來。習近平政府近年提倡的「中國夢」也是一樣，想像力貧乏，不過是對現狀的麻木認可而已。「革命」也成為了當代中國主流社會裏最被壓抑和嘲弄的觀念之一。可是，即使文革被判定為一場失敗的革命，但廣義的革命所帶來的想像力，我們卻不應該放棄。沒有這些想像力，我們無法看清今天我們有多異化，也難以找到克服這些異化的方法。

正正是因為文革無法兌現其承諾，我們才更不能忘記文革。拒絕遺忘文革，即是對抗中國政府在過去四十年叫人忘記文革的政策。有趣的是，在國內，現時正有一批長者熱烈討論文革，形成一股小浪潮。這批過去的革命青年已經過了壯年，其政治恐懼日漸消解，也可以直視權力。他／她們跟中國社會的發展若即若離，見證了鄧小平的開放政策、資本主義化及全球化，如何使中國上升為世界強權之一。同時，面對仍然屬官方禁忌的文革，這批退休長者開始重新探索自己的青年時代。正如我在導論說的，近幾年，互聯網成為另類的公共領域，出現愈來愈多有關文革的自傳和懺悔錄。很多官方檔案仍未解禁，但不少長者興致勃勃，希望訴說自己的文革故事。這些文革故事，都以拯救回憶為名。回憶可能很私人，而且記錄之事瑣碎、主觀，甚至矛盾。但是，這些書寫使文革得以沒有在社會上完全消失，而且不斷追問文革對人民和中國的意義為何。2013–2014年期間，宋彬彬和陳小魯這兩位紅衛兵，公開向文革的受害者道歉，還有一本收錄了37位紅衛兵懺悔書的著作也出版了。[2] 很多已屆暮年的紅衛兵都聚首一堂，談論過去，甚至一起行動，把討論於網上出版。

2　王克明、宋小明編，《我們懺悔》。

　　要評價這股文革懺悔潮的歷史意義，現在可能為時尚早。2014年，中國的主流媒體讚揚這批老人家的行動，但潮流很快便過去。我們不清楚官方的態度如何，也許它仍然舉棋未定。相比之下，這些雜亂的個人反思，無論是誠懇的還是算計的，無論最終是為自己開脫還是真心懺悔，都跟習近平政府推動的「毛澤東熱」形成強烈對比，甚至是刺破了這項官方工程的神話。這些老年紅衛兵的書寫雖然意圖不一，也肯定有虛偽和造假的成分，但我們確實看到一些自我懺悔和自我克服的欲望，就像他/她們年輕時對毛澤東和中共所投放過的真誠一樣。不論在文革時期還是今天，這批人也希望通過真正的自我實踐，去建構一個更好的社會。人人拾筆書寫，是爭取和體會平等的一個好方法。這些書寫在內容、形式和修辭上可能非常重複；但是，它們對書寫者來說卻很有意義，也呼應了我在本書一直在思考的「獨一性」的邏輯。兩個時代的最大分別，大概是這代人跟毛主義的關係：五十年前，這代人需要高度服從毛澤東思想；現在，大部分人都已經放下這包袱。

　　最重要的是，這批長者是唯一親歷革命、而且仍然活躍於世的一代人。我們或者可以好好運用這代人的經歷和反思，加以對照今天這個不惜任何代價去達致「穩定壓倒一切」的時代。正如我在導論所說，把這些個人回憶錄崇拜成歷史真相，無疑大有問題。可是，我們可以把這些書寫理解成一批主體的故事，衍生自不同的個人意圖。這樣，這些懺悔錄與回憶錄，就有可能使革命主體形塑時的矛盾，再次充滿魅力（re-enchanted），重新連結過去與現在。這些「健談」的主體，也跟無力和不願談論文革的官方形成鮮明對比。在中國，文革幾乎已經等同口述歷史。要今天的中國領導人——不少都做過紅衛兵——深入反思文革及其造成的災難，明顯是不切實際。但是，只要存在一個由回憶和好奇心所構築的新環境，我們便能寄望那些被文革種下、又被文革壓抑的解放種子重新發芽。有關文革的回憶與文字，可以有助我們建立一個存在不同意見和敘事的公共領域，抵抗文革及現時中共政府都有的某種極權主義傾向。我希望對文革的批判性反思，可以使我們不會忘記想像的勇

氣、政治的信念和改變的意志。我們一步步的不斷重新審視文革，就是
要更細緻地理解革命的思維與平等的政治社群如何互為因果。我深信，
在一個平等的政治社群裏，自我和別人的關係可以少一點憂慮和不安，
多一點多元和尊重。

參考書目

英文著作

Althusser, Louis. "Ideology and Ideological State Apparatuses." In *Lenin and Philosophy and Other Essays*, 85–126. New York: Monthly Review Press, 2001.

Anagnost, Ann. *National Past-times: Narrative, Representation, and Power in Modern China*. Durham: Duke University Press, 1997.

Andreas, Joel. *Rise of the Red Engineers: The Cultural Revolution and the Origins of China's New Class*. Stanford, CA: Stanford University Press, 2009.

Andrews, Julia F. *Painters and Politics in the People's Republic of China, 1949–1979*. Berkeley, CA: University of California Press, 1994.

Apter, David E., and Tony Saich. *Revolutionary Discourse in Mao's Republic*. Cambridge, MA: Harvard University Press, 1994.

Arendt, Hannah. *On Violence*. Orlando: Harcourt, 1970.

Badiou, Alain. *The Communist Hypothesis*. London: Verso, 2010.

Bai, Di. "Feminism in the Revolutionary Model Ballets *The White-Haired Girl* and *The Red Detachment of Women*." In *Art in Turmoil: The Chinese Cultural Revolution, 1966–76*, ed. Richard King, 188–202. Vancouver: UBC Press, 2010.

Bakken, Børge. *The Exemplary Society: Human Improvement, Social Control, and the Dangers of Modernity in China*. New York: Oxford University Press, 2000.

Balibar, Etienne. *Politics and the Other Scene*, trans. Christine Jones, James Swenson, and Chris Turner. London: Verso, 2002.

Bao, Weihong. *Fiery Cinema: The Emergence of an Affective Medium in China, 1915–1945*. Minneapolis: University of Minnesota Press, 2015.

Barlow, Tani. *The Question of Women in Chinese Feminism*. Durham, NC: Duke University Press, 2004.

Barmé, Geremie. *Shades of Mao: The Posthumous Cult of the Great Leader*. Armonk: M. E. Sharpe, 1996.

Barnstone, Willis. *The Poems of Mao Zedong*. Berkeley: University of California Press, 2008.

Barthes, Roland. *The Responsibilities of Forms: Critical Essays on Music, Art, and Representation*. Berkeley: University of California Press, 1991.

Bataille, Georges. *The Accursed Share: An Essay on General Economy*, vol. 1. New York: Zone Books, 1991.

———. *Theory of Religion*, trans. Robert Hurley. New York: Zone Books, 1989.

Benewick, Robert. "Icons of Power: Mao Zedong and the Cultural Revolution." In *Picturing Power in the People's Republic of China: Posters of the Cultural Revolution*, ed. Harriet Evans and Stephanie Donald, 123–137. Lanham: Rowman & Littlefield, 1999.

Benton, Gregor, and Alan Hunter, ed. *Wild Lily, Prairie Fire: China's Road to Democracy, Yan'an to Tian'anmen, 1942–1989*. Princeton, NJ: Princeton University Press, 1995.

Berry, Chris. "Every Color Red? Colour in the Films of the Cultural Revolution Model Stage Works." *Journal of Chinese Cinemas* 6, no. 3 (2012): 233–246.

Blok, Anton. "The Narcissism of Minor Differences." *European Journal of Society Theory* 1, no. 1 (1998): 33–56.

Blumi, Isa. "Hoxha's Class War: The Cultural Revolution and State Reformation, 1961–1971." *East European Quarterly* 33, no. 3 (Fall 1999): 303–326.

Bonnin, Michel. *The Lost Generation: The Rustification of Chinese Youth, 1968–1980*, trans. Krystyna Horko. Hong Kong: The Chinese University Press, 2013.

Bosteels, Bruno. *The Actuality of Communism*. London: Verso, 2011.

Bourdieu, Pierre. *Pascalian Meditations*. Stanford: Stanford University Press, 2000.

———. *The Field of Cultural Production*. New York: Columbia University Press, 1993.

———. *Distinction: A Social Critique of the Judgment of Taste*. London: Routledge, 1986.

———. *Outline of a Theory of Practice*, trans. Richard Nice. Cambridge: Cambridge University Press, 1977.

Bramall, Chris. *Chinese Economic Development*. London: Routledge, 2009.

Brandenberger, David. *Propaganda State in Crisis: Soviet Ideology, Indoctrination, and Terror under Stalin, 1927–1941*. New Haven: Yale University Press, 2011.

Brown, Jeremy. "Staging Xiaojinzhuang: The City in the Countryside, 1974–1976." In *The Chinese Cultural Revolution as History*, ed. Joseph W. Esherick, Paul G. Pickowicz, and Andrew G. Walder, 153–184. Stanford, CA: Stanford University Press, 2006.

Brown, Matthew Cullerne. *Socialist Realist Painting*. New Haven: Yale University Press, 1998.

Buck-Morss, Susan. *The Dialectics of Seeing: Walter Benjamin and the Arcades Project*. Cambridge, MA: MIT Press, 1989.

Butler, Judith. *Gender Trouble: Feminism and the Subversion of Identity*. New York: Routledge, 1990.

Cao, Cong. "Science Imperished: Intellectuals and the Cultural Revolution." In *Mr Science and Chairman Mao's Cultural Revolution: Science and Technology in Modern China*, ed. Chunjuan Nancy Wei and Darryl E. Brock, 119–142. Lanham: Lexington Books, 2013.

Chen, Tina Mai. "The Human-Machine Continuum in Maoism: The Intersection of Soviet Socialist Realism, Japanese Theoretical Physics, and Chinese Revolutionary Theory." *Cultural Critique* 80 (Winter 2012): 151–181.

———. "Proletarian White and Working Bodies in Mao's China." *Positions: East Asia Cultures Critique* 11, no. 2 (Fall 2003): 361–393.

———. "Female Icons, Feminist Iconography? Socialist Rhetoric and Women's Agency in 1950s China." *Gender & History* 15, no. 2 (Aug. 2003): 268–295.

Chen, Xiaomei. *Acting the Right Part: Political Theater and Popular Drama in Contemporary China*. Honolulu: University of Hawai'i Press, 2002.

Chen, Yun. *Transition and Development in China: Towards Shared Growth*. Surrey, England: Ashgate, 2009.

Cheng, Yinghong. *Creating the "New Man": From Enlightenment Ideals to Socialist Realities*. Honolulu: University of Hawai'i Press, 2009.

Chion, Michel. *The Voice in Cinema*, trans. Claudia Gorbman. New York: Columbia University Press, 1999.

Chow, Rey. "Sacrifice, Mimesis, and the Theorizing of Victimhood (A Speculative Essay)." *Representations* 94, no. 1 (Spring 2006): 131–149.

———. *Writing Diaspora: Tactics of Intervention in Contemporary Cultural Studies*. Bloomington and Indianapolis: Indiana University Press, 1993.

Ci, Jiwei. *Dialectic of the Chinese Revolution: from Utopianism to Hedonism*. Stanford, CA: Stanford University Press, 1994.

Clark, Paul. *Youth Culture in China: From Red Guards to Netizens*. Cambridge: Cambridge University Press, 2012.

———. *The Chinese Cultural Revolution: A History*. Cambridge: Cambridge University Press, 2008.

———. *Chinese Cinema: Culture and Politics since 1949*. Cambridge: Cambridge University Press, 1987.

Clark, Toby. *Art and Propaganda in the Twentieth Century: The Political Image in the Age of Mass Culture*. New York: Harry N. Abrams, 1997.

Coderre, Laurence. "Breaking Bad: Sabotaging the Production of Hero in the Amateur Performance of *Yangbanxi*." In *Listening to the Cultural Revolution: Music, Politics and Cultural Continuities*, ed. Paul Clark, Laikwan Pang, and Tsan-huang Tsai, 65–83. New York: Palgrave MacMillan, 2016.

Collett-White, Mike. "China Cultural Revolution 'Not All Bad' for Ballet." *Reuters*. Last modified July 29, 2008. Accessed September 27, 2012. http://uk.reuters.com/article/2008/07/30/arts-china-ballet-dc-idUKL927781320080730.

Crespi, John A. *Voices in Revolution: Poetry and the Auditory Imagination in Modern China*. Hawai'i: University of Hawai'i Press, 2009.

Dal Lago, Francesca. "Personal Mao: Reshaping an Icon in Contemporary Chinese Art." *Art Journal* 58, no. 2 (Summer 1999): 46–59.

De Man, Paul. "Intentional Structure of the Romantic Image." In *The Rhetoric of Romanticism*, 1–18. New York: Columbia University Press, 1984.

Derrida, Jacques. *Specters of Marx: The State of the Debt, the Work of Mourning, and the New International*, trans. Peggy Kamuf. New York: Routledge, 1994.

Dirlik, Arif. *Marxism in the Chinese Revolution*. Lanham: Rowman and Littlefield, 2005.

Dobrenko, Evgeny. *Political Economy of Socialist Realism*, trans. Jesse M. Savage. New Haven, CT: Yale University Press, 2007.

Dong, Guoqiang, and Andrew G. Walder. "Factions in a Bureaucratic Setting: The Origins of Cultural Revolution Conflict in Nanjing." *The China Journal* 65 (Jan. 2011): 1–25.

Duckett, Jane. "Challenging the Economic Reform Paradigm: Policy and Politics in the Early 1980ss Collapse of the Rural Co-operative Medical System." *The China Quarterly* 205 (2011): 80–95.

Dutton, Michael. "Fragments of the Political, or How We Dispose of Wonder." *Social Texts* 110 (Spring 2012): 109–141.

———. "From Culture Industry to Mao Industry: A Greek Tragedy." *boundary 2* 32, no. 2 (2005): 151–167.

———. *Policing and Punishment in China: From Patriarchy to "The People."* Cambridge: Cambridge University Press, 1992.

Eagleton, Terry. *Why Marx Was Right*. New Haven, CT: Yale University Press, 2011.

Edison, Victoria, and James Edison. *Cultural Revolution: Posters and Memorabilia*. Atglen, PA: Schiffer, 2005.

Ellul, Jacques. *Propaganda: The Formation of Men's Attitudes*. New York: Alfred A. Knopf, 1969.

Esherick, Joseph W., Paul G. Pickowicz, and Andrew G. Walder. "The Chinese Cultural Revolution as History: An Introduction." In *The Chinese Cultural Revolution as History*, ed. Joseph Esherick, Paul Pickowicz, and Andrew George Walder, 1–28. Stanford, CA: Stanford University Press, 2006.

Evans, Harriet. "Ambiguities of Address: Cultural Revolution Posters and Their Post-Mao Appeal." In *Red Legacies: Cultural Afterlives of the Communist Revolution*, ed. Li Jie. Cambridge, MA: Harvard Asia Center, 2016.

———. "'Comrade Sisters': Gendered Bodies and Spaces." In *Picturing Power in the*

People's Republic of China—Posters of the Cultural Revolution, ed. Harriet Evans and Stephanie Donald, 63–78. Lanham: Rowman & Littlefield, 1999.

Evans, Megan. "The Emerging Role of the Director in Chinese Xiqu." *Asian Theatre Journal* 24, no. 2 (Fall 2007): 470–504.

Fang, Xiaoping. *Barefoot Doctors and Western Medicine in China*. New York: University of Rochester Press, 2012.

Faure, David. *Emperor and Ancestor: State and Lineage in South China*. Stanford, CA: Stanford University Press, 2007.

Fitzpatrick, Sheila. "Cultural Revolution Revisited." *Russian Review* 58, no. 2 (Apr. 1999): 202–209.

———. "Cultural Revolution in Russia, 1928–32." *Journal of Contemporary History* 9, no. 1 (Jan. 1974): 33–52.

Fletcher, D. M. "The Good Citizen as Hero in Chinese Fiction, 1968–76." *Australian Journal of Politics and History* 28, no. 2 (Aug. 1982): 266–280.

Foucault, Michel. "What is Enlightenment?" In *The Foucault Reader*, ed. P. Rainbow, 32–50. New York: Patheon Books, 1984.

Freud, Sigmund. *Totem and Taboo: Some Points of Agreement between the Mental Lives of Savages and Neurotics*, trans. James Strachey. London: Routledge & Paul, 1950.

Gebauer, Gunter, and Christoph Wulf. *Mimesis: Culture, Art, Society*. Berkeley: University of California Press, 1992.

Girard, René. *Violence and the Sacred*, trans. Patrick Gregory. Baltimore: John Hopkins University Press, 1977.

———. *Deceit, Desire, and the Novel*, trans. Yvonne Freccero. Baltimore: Johns Hopkins University Press, 1965.

Goldman, Merle. "Mao's Obsession with the Political Role of Literature and the Intellectuals." In *The Secret Speeches of Chairman Mao, from the Hundred Flowers to the Great Leap Forward*, ed. Roderick MacFarquhar, Timothy Cheek, and Eugene Wu, 39–58. Cambridge, MA: Harvard University Asia Center, 1989.

Goldstein, Joshua S. "Scissors, Surveys, and Psycho-Prophylactics." *Journal of Historical Sociology* 1, no. 2 (1998): 153–184.

Goldstein, Melvyn C., Ben Jiao, and Tanzen Lhundrup. *On the Cultural Revolution in Tibet: The Nyemo Incident of 1969*. Berkeley: University of California Press, 2009.

Gramsci, Antonio. *Selections from Prison Notebooks*, ed. and trans. Quentin Hoare and Geoffrey Nowell Smith. London: Elec Book, 1999.

Grey, Beryl. *Through the Bamboo Curtain*. St James's Place, London: Collins, 1965.

Groys, Boris. *The Total Art of Stalinism: Avant-Garde, Aesthetic Dictatorship, and Beyond*. London: Verso Books, 2014 (1999).

Guillain, Robert. *The Blue Ants: 600 Million Chinese under the Red Flag*. London: Secker & Warburg, 1957.

Gutkin, Irina. *The Cultural Origins of the Socialist Realist Aesthetics, 1890–1934*. Evanston, IL: Northwestern University Press, 1999.

György, Péter. "Hungarian Marginal Art in the Late Period of State Socialism." In *Postmodernism and Postsocialist Condition: Politicized Art under Late Socialism*, ed. Aleš Erjavec, 175–207. Berkeley, CA: University of California Press, 2003.

Haldeman, H. R. *The Haldeman Diaries*. New York: Berkley, 1995.

Harding, Harry. *Organizing China: The Problem of Bureaucracy, 1946–1976*. Stanford, CA: Stanford University Press, 1981.

Harris, Clare. "The Photograph Reincarnate: The Dynamics of Tibetan Relationships with Photographs." In *Photographs Objects Histories*, ed. Elizabeth Edwards and Janice Hart, 132–147. London: Routledge, 2004.

Heilmann, Sebastian, and Elizabeth J. Perry. "Embracing Uncertainty: Guerrilla Policy Style and Adaptive Governance in China." In *Mao's Invisible Hand: The Political Foundations of Adaptive Governance in China*, ed. Sebastian Heilmann and Elizabeth J. Perry, 1–29. Cambridge, MA: Harvard University Asia Center, 2011.

Henderson, Gail. "Issues in the Modernization of Medicine in China." In *Science and Technology in Post-Mao China*, ed. Denis Fred Simon and Merle Goldman, 199–222. Cambridge, MA: Council on East Asian Studies, Harvard University, 1989.

Hershatter, Gail. "Birthing Stories: Rural Midwives in 1950s China." In *Dilemmas of Victory: The Early Years of the People's Republic of China*, ed. Jeremy Brown and Paul G. Pickowicz, 337–358. Cambridge, MA: Harvard University Press, 2007.

Ho, Denise Y., and Jie Li. "From Landlord Manor to Red Memorabilia: Reincarnations of a Chinese Museum Town." Unpublished manuscript, 2014.

Honig, Emily. "Maoist Mappings of Gender: Reassessing the Red Guards." In *Chinese Femininities, Chinese Masculinities: A Reader*, ed. Susan Brownell and Jeffrey N. Wasserstrom, 255–268. Berkeley: University of California Press, 2002.

———. "Iron Girls Revisited: Gender and the Politics of Work in the Cultural Revolution, 1966–76." In *Re-Drawing Boundaries: Work, Households, and Gender in China*, ed. Barbara Entwisle and Gail E. Henderson, 97–110. Berkeley: University of California Press, 2000.

Huang, Philip C. C. "Rural Class Struggle in the Chinese Revolution: Representational and Objective Realities from the Land Reform to the Cultural Revolution." *Modern China* 21, no. 1 (Jan. 1995): 105–143.

Hung, Chang-Tai. *Mao's New World: Political Culture in the Early People's Republic.* Ithaca and London: Cornell University Press, 2011.

Huyssen, Andreas. "Monumental Seduction." *New German Critique* 69 (Fall 1996): 181–204.

Irigaray, Luce. *Speculum of the Other Woman*, trans. Gillian C. Gill. Ithaca: Cornell University Press, 1985.

Jameson, Frederic. *The Antinomies of Realism.* London: Verso, 2013.

———. *Representing Capital: A Reading of Volume One.* London: Verso, 2011.

———. *Valences of the Dialectic.* London: Verso, 2009.

———. *The Modernist Papers.* London: Verso, 2007.

———. *Archaeologies of the Future: The Desire Called Utopia and Other Science Fictions.* London: Verso 2005.

———. *The Political Unconscious: Narrative as a Socially Symbolic Art.* Ithaca: Cornell University Press, 1981.

Jin, Yihong. "Rethinking the 'Iron Girls': Gender and Labour During the Chinese Cultural Revolution." *Gender & History* 18, no. 3 (Nov. 2006): 613–634.

Johnson, Barbara. *Persons and Things.* Cambridge, MA: Harvard University Press, 2008.

Johnson, Kay Ann. *Women, the Family, and Peasant Revolution in China*. Chicago: University of Chicago Press, 1983.

Kantorowicz, Ernst. *The King's Two Bodies: A Study in Mediaeval Political Theology*. Princeton, NJ: Princeton University Press, 1957.

Karl, Rebecca E. *Mao Zedong and China in the Twentieth-Century World: A Concise History*. Durham, NC: Duke University Press, 2010.

———. "Culture, Revolution, and the Times of History: Mao and 20th Century China." *The China Quarterly* 187 (Sep. 2006): 693–699.

Kelly, Deirdre. *Ballerina: Sex, Scandal, and Suffering behind the Symbol of Perfection*. Vancouver: Greystone Books, 2012.

Kenez, Peter. *The Birth of the Propaganda State: Soviet Methods of Mass Mobilization, 1917–1929*. Cambridge: Cambridge University Press, 1985.

Khestanov, Rouslan. "The Role of Culture in Early Soviet Models of Governance." *Studies of East European Thought* 66 (June 2014): 123–138.

King, Richard, ed. *Heroes of China's Great Leap Forward*. Honolulu: University of Hawai'i Press, 2010.

Kipnis, Andrew B. *Governing Educational Desire: Culture, Politics, and Schooling in China*. Chicago: University of Chicago Press, 2011.

Kraus, Richard Curt. *The Cultural Revolution: A Very Short Introduction*. Oxford: Oxford University Press, 2012.

———. *Pianos and Politics in China: Middle-class Ambitions and the Struggle over Western Music*. New York: Oxford University Press, 1989.

Kristeva, Julia. *About Chinese Women*, trans. Anita Barrows. New York: Marion Boyars, 1977.

Kuan, Teresa. *Love's Uncertainty: The Politics and Ethics of Child Reading in Contemporary China*. Berkeley: University of California Press, 2015.

Kumaraswami, Par. "Cultural Policy and Cultural Politics in Revolutionary Cuba: Re-reading the Palabras a los intelectuales (Words to the Intellectuals)." *Bulletin of Latin American Research* 28, no. 4 (2009): 527–541.

Leese, Daniel. *Mao Cult: Rhetoric and Ritual in China's Cultural Revolution*. Cambridge: Cambridge University Press, 2011.

Lenin, Vladimir Ilyich. *What Is to be Done? Burning Questions of Our Movement*. In vol. 1 of *Lenin Selected Works*, trans. Joe Fineberg and George Hanna, 119–271. Moscow: Foreign Languages Publishing House, 1961.

———. "On Cooperation." In vol. 33 of *Collected Works*, 467–475. Moscow: Progress Publishers, 1965. Originally published in *Pravda*, May 26–27, 1923.

Lieberthal, Kenneth. *Governing China: From Revolution through Reform*, 2nd ed. New York: W. W. Norton, 2004.

Lifton, Robert Jay. *Revolutionary Immortality: Mao Tse-tung and the Chinese Cultural Revolution*. New York: Vintage Books, 1968.

Lin, Xiaoping. "Challenging the Canon: Socialist Realism in Traditional Chinese Painting Revisited." *Third Text* 21, no. 1 (Jan. 2007): 41–53.

Liu, Kang. "Popular Culture and the Culture of the Masses in Contemporary China." *boundary 2* 24, no. 3 (1997): 99–122.

———. "The Legacy of Mao and Althusser: Problematics of Dialectics, Alternative Modernity, and Cultural Revolution." In *Critical Perspectives on Mao Zedong's Thought*, ed. Arif Dirlik, Paul Healy, and Nick Knight, 234–266. Atlantic Highlands, NJ: Humanities Press, 1997.

Liu, Ping. *My Chinese Dream: From Red Guard to CEO*. San Francisco: China Books, 2012.

Lowe, Lisa. "*Des Chinoises*: Orientalism, Psychoanalysis, and Feminine Writing." In *Ethics, Politics, and Difference in Julia Kristeva's Writing*, ed. Kelly Oliver, 150–163. New York: Routledge, 1993.

Lu, Xing. *Rhetoric of the Chinese Cultural Revolution: The Impact on Chinese Thought, Culture, and Communication*. Columbia, SC: University of South Carolina Press, 2004.

Ludden, Yawen. "Making Politics Serve Music: Yu Huiyong, Composer and Minister of Culture." *TDR: The Drama Review* 56, no. 2 (2012): 152–168.

Lukács, Georg. *The Theory of the Novel: A Historical-philosphical essay on the Forms of Great Epic Literature*, trans. Anna Bostock. Cambridge, MA: MIP Press, 1971.

MacFarquhar, Roderick, and Michael Schoenhals. *Mao's Last Revolution*. Cambridge, MA: Belknap Press of Harvard University Press, 2008.

Manning, Kimberley Ens. "Embodied Activisms: The Case of the Mu Guiying Brigade." *China Quarterly* 204 (Dec. 2010): 850–869.

———. "Making a Great Leap Forward? The Politics of Women's Liberation in Maoist China." *Gender and History* 18, no. 3 (2006): 574–593.

———. "The Gendered Politics of Woman-work: Rethinking Radicalism in the Great Leap Forward." *Modern China* 32, no. 3 (2006): 349–384.

Mao, Zedong. "Talks at the Yan'an Forum on Literature and the Arts." In *Chinese Theories of Theater and Performance from Confucius to the Present*, ed. and trans. Faye Chunfang Fei, 129–141. Ann Arbor, MI: University of Michigan Press, 1999.

———. "Snow." In *Reverberations: A New Translation of Complete Poems of Mao Tse-tung*, trans. Nancy Lin, 41–42. Hong Kong: Joint Publishing Co., 1980. Originally a poem written in 1936.

———. *A Critique of Soviet Economics*, trans. Moss Roberts. New York and London: Monthly Review Press, 1977.

———. "On the Ten Major Relationships." In vol. 5 of *Selected Works of Mao Tse-tung*, ed. the Committee for Editing and Publishing the Works of Chairman Mao Tsetung, Central Committee of the Communist Party of China, 284–307. Beijing: Foreign Languages Press, 1977. Originally a speech at an enlarged meeting of the Political Bureau of the Central Committee of the Chinese Communist Party, April 25, 1956.

———. "Reading Notes on the Soviet Union's 'Political Economics.'" In *Miscellany of Mao Tse-Tung Thought (1949–1969)*, Part II, 247–313. Springfield, VA: Joint Publications Research Service, 1974. Originally written in 1961–1962.

———. "Instruction on 12 December 1963." In *Five Documents on Literature and Art*, 10–11. Beijing: Foreign Languages Press, 1967.

———. "On Contradiction." In *Selected Works of Mao Tse-tung*, vol. 1, 311–347. Beijing: Foreign Languages Press, 1967. Originally lectures at the Anti-Japanese Military and Political College in Yan'an, August 1937.

———. *Selected Works of Mao Tse-Tung*, vol. 6. India: Kranti Publications, n.d.

Marx, Karl, and Friedrich Engels. *The German Ideology, including Theses on Feuerbach*. New York: Prometheus Books, 1998.

McGrath, Jason. "Cultural Revolution Model Opera Films and the Realist Tradition in Chinese Cinema." *The Opera Quarterly* 26, nos. 2/3 (2010): 343–376.

Meisner, Maurice. *Mao Zedong*. Cambridge: Polity, 2007.

———. *Mao's China and After: A History of the People's Republic*, 3rd ed. New York: Free Press, 1999.

Melvin, Sheila, and Jindong Cai. *Rhapsody in Red: How Classical Music Became Chinese*. New York: Algora, 2004.

Meng, Yue. "Female Image and National Myth." in *Gender Politics in Modern China, Writing and Feminism*, ed. Tani E. Barlow, 118–136. Durham: Duke University Press, 1993.

Mersch, Dieter. "Presence and Ethicity of the Voice." In *Vocal Music and Contemporary Identities: Unlimited Voices in East Asia and the West*, ed. Christian Utz and Frederick Lau, 25–44. New York: Routledge, 2013.

Mill, John Stuart. *On Socialism*. Buffalo: Prometheus, 1987.

Min, Anchee. "The Girl in the Poster." In *Chinese Propaganda Posters: From the Collection of Michael Wolf*, ed. Anchee Min, Stefan Landsberger, Duo Duo and Michael Wolf, 3–9. Koln: Taschen, 2003.

Mittler, Barbara. *A Continuous Revolution: Making Sense of Cultural Revolution Culture*. Cambridge, MA: Harvard University Asia Center, 2013.

Munro, Donald J. *The Concept of Man in Contemporary China*. Ann Arbor: The University of Michigan Press, 1977.

Pang, Laikwan. "Tian Han's Historical Dramas in the Great Leap Forward Period: History, State, and Authorship." In *Oxford Handbook of Chinese Literature*, ed. Carlos Rojas and Andrea Bachner. New York: Oxford University Press, 2016.

———. "Colour and Utopia: The Filmic Portrayal of Harvest in Late Cultural Revolution Narrative Films." *Journal of Chinese Cinemas* 6, no. 3 (2012): 263–282.

———. "The State against Ghosts: A Genealogy of China's Film Censorship Policy." *Screen* 52, no. 4 (Winter 2011): 461–476.

———. The Distorting Mirror: Visual Modernity in China. Honolulu: University of Hawai'i Press, 2007.

Pease, Rowan. "The Dragon River Reaches the Borders: The Rehabilitation of Ethnic Music in Model Opera." In *Listening to the Cultural Revolution: Music, Politics and Cultural Continuities*, ed. Paul Clark, Laikwan Pang, and Tsan-huan Tsai, 167–186. New York: Palgrave MacMillan, 2016.

Perry, Elizabeth, and Li Xun. *Proletarian Power: Shanghai in the Cultural Revolution.* Boulder: Westview, 1997.

Priestland, David. *Stalinism and the Politics of Mobilization: Ideas, Power, and Terror in Inter-war Russia.* Oxford: Oxford University Press, 2007.

Rancière, Jacques. *Aesthetics and Its Discontents,* trans. Steven Corcoran. Cambridge: Polity, 2009.

———. *The Politics of Aesthetics,* trans. Gabriel Rockhill. London: Continuum, 2006.

Roberts, Rosemary. *Maoist Model Theatre: The Semiotics of Gender and Sexuality in the Chinese Cultural Revolution (1966–1976).* Boston: Brill, 2010.

Rojas, Carlos. *Homesickness: Culture, Contagion, and National Transformation in Modern China.* Cambridge, MA: Harvard University Press, 2015.

Rummel, R. J. *China's Bloody Century: Genocide and Mass Murder since 1900.* New Brunswick, NJ: Transaction Publishers, 1991.

Said, Edward. *Representations of the Intellectuals.* New York: Vintage Books, 1996.

Sakai, Naoki. "Subject and Substratum: On Japanese Imperial Nationalism." *Cultural Studies* 14, nos. 3/4 (July 2000): 462–530.

Santner, Eric L. *The Royal Remains: The People's Two Bodies and the Endgames of Sovereignty.* Chicago: University of Chicago Press, 2011.

Scheid, Volker. *Chinese Medicine in Contemporary China.* Durham, NC: Duke University Press, 2002.

Schmalzer, Sigrid. *The People's Peking Man: Popular Science and Human Identity in Twentieth-Century China.* Chicago: The University of Chicago Press, 2008.

———. "Labor Created Humanity: Cultural Revolution Science on Its Own Terms." In *The Chinese Cultural Revolution as History,* ed. Joseph W. Esherick, Paul G. Pickowicz, and Andrew G. Walder, 185–210. Stanford, CA: Stanford University Press, 2006.

Schram, Stuart. *The Thought of Mao Tse-Tung.* Cambridge: Cambridge University Press, 1989.

Schrift, Melissa. *Biography of a Chairman Mao Badge: The Creation and Mass Consumption of a Personality Cult.* New Brunswick, NJ: Rutgers University Press, 2001.

Schurmann, Franz. *Ideology and Organization in Communist China*. Berkeley: University of California Press, 1968.

Schwarcz, Vera. *The Chinese Enlightenment: Intellectuals and the Legacy of the May Fourth Movement of 1919*. Berkeley: University of California Press, 1990.

Schwartz, Benjamin I. "A Personal View of Some Thoughts of Mao Tse-tung." In *China and Other Matters*, ed. Benjamin I. Schwartz, 187–207. Cambridge, MA: Harvard University Press, 1996. Originally published in Chalmers Johnson, ed., *Ideology and Politics in Contemporary China* (Seattle: University of Washington Press, 1973).

———. "Thoughts on the Late Mao: Between Total Redemption and Utter Frustration." In *The Secret Speeches of Chairman Mao, from the Hundred Flowers to the Great Leap Forward*, ed. Roderick MacFarquhar, Eugene Wu, and Timothy Cheek, 34–35. Cambridge, MA: Harvard University Press, 1989.

Siegelbaum, Lewis H. *Stakhanovism and the Politics of Productivity in the USSR, 1935–1941*. Cambridge: Cambridge University Press, 1988.

Snow, Edgar. *The Long Revolution*. New York: Random House, 1972.

Spivak, Gayatri Chakravorty. *In Other Worlds: Essays in Cultural Politics*. New York: Routledge, 1988.

Su, Yang. *Collective Killings in Rural China during the Cultural Revolution*. Cambridge: Cambridge University Press, 2011.

Tang, Xiaobing. *Chinese Modern: The Heroic and the Quotidian*. Durham: Duke University Press, 2000.

Taussig, Michael. *Mimesis and Alterity: A Particular History of the Senses*. New York: Routledge, 1993.

U, Eddy. "*Third Sister Liu* and the Making of the Intellectual in Socialist China." *The Journal of Asian Studies* 69, no. 1 (2010): 57–83.

Valjakka, Minna. "Parodying Mao's Image: Caricaturing in Contemporary Chinese Art." *Asian and African Studies* XV, issue 1 (2011): 87–112.

Vattimo, Gianni, and Santiago Zabala. *Hermeneutic Communism: From Heidegger to Marx*. New York: Columbia University Press, 2011.

Wacquant, Loïc J. D. "Toward a Social Praxeology: The Structure and Logic of Bourdieu's Sociology." In *An Invitation to Reflexive Sociology*, ed. Pierre Bourdieu and Loïc J. D. Wacquant, 15–19. Chicago: University of Chicago Press, 1992.

Walder, Andrew G. "Rebellion and Repression in China, 1966–1971." *Social Science History* 38, nos. 3/4 (Fall/Winter 2014): 513–539.

———. *Communist Neo-Traditionalism: Work and Authority in Chinese Industry.* Berkeley: University of California Press, 1986.

———. *Chang Ch'un-ch'iao and Shanghai's January Revolution.* Ann Arbor: Center for Chinese Studies, University of Michigan, 1978.

Wang, Aihe. "*Wuming*: An Underground Art Group during the Cultural Revolution." *Journal of Modern Chinese History* 3, no. 2 (2009): 183–199.

Wang, Ban. "Human Rights, Revolutionary Legacy, and Politics in China." *boundary 2* 38, no. 1 (2011): 135–163.

———. The *Sublime Figure of History: Aesthetics and Politics in Twentieth-Century China.* Stanford, CA: Stanford University Press, 1997.

Wang, Shaoguang. "The Evolution of China's Rural Health Care Financing." *Modern China* 35, no. 4 (2009): 370–404.

———. "The Structural Sources of the Cultural Revolution." In *The Chinese Cultural Revolution Reconsidered: Beyond Purge and Holocaust*, ed. Kam-yee Law, 58–91. New York: Palgrave Macmillan, 2003.

———. *Failure of Charisma: The Chinese Cultural Revolution in Wuhan.* Oxford University Press, 1995.

Wang, Tuo. *The Cultural Revolution and Overacting: Dynamics between Politics and Performance.* Lanham: Lexington Books, 2014.

Wei, Chunjuan Nancy. "Barefoot Doctors: The Legacy of Chaiman Mao's Healthcare." In *Mr. Science and Chairman Mao's Cultural Revolution: Science and Technology in Modern China*, ed. Chunjuan Nancy Wei and Darryl E. Brock, 251–280. Lanham: Lexington Books, 2013.

White III, Lynn T. *Policies of Chaos: The Organizational Causes of Violence in China's Cultural Revolution.* Princeton, NJ: Princeton University Press, 1989.

Williams, Raymond. *Marxism and Literature.* Oxford: Oxford University Press, 1977.

Wong, Chuen-Fung. "The West is Red: Uyghur Adaptation of *The Legend of the Red Lantern* (Qizil Chiragh) during China's Cultural Revolution." In *Listening to the Cultural Revolution: Music, Politics and Cultural Continuities*, ed. Paul Clark,

Laikwan Pang, Tsan-huang Tsai, 147–165. London: Palgrave Macmillan, 2016.

Wu, Yiching. *The Cultural Revolution at the Margins*. Cambridge, MA: Harvard University Press, 2014.

Yang, Hon-Lun. "Unraveling *The East Is Red* (1964): Socialist Music and Politics in the People's Republic of China." In *Composing for the State: Music in Twentieth-century Dictatorships*, ed. Esteban Buch, Igor Contreras Zubillaga, and Manuel Deniz Silva, 51–68. Abingdon, Oxon: Ashgate Publishing, 2016.

Yang, Lan. *Chinese Fiction of the Cultural Revolution*. Hong Kong: Hong Kong University Press, 1998.

Yeh, Michelle. "Chinese Literature from 1937 to the Present." In vol. 2 of *The Cambridge History of Chinese Literature*, ed. Kang-I Sun Chang and Stephen Owen, 565–696. Cambridge: Cambridge University Press, 2010.

Yung, Bell. *Cantonese Opera: Performance as Creative Process*. Cambridge: Cambridge University Press, 1989.

———. "Model Opera as Model: From Shajiabang to Sagabong." In *Popular Chinese Literature and Performing Arts in the People's Republic of China, 1949–1979*, ed. Bonnie S. MacDougall, 144–164. Berkeley: University of California Press, 1984.

Zheng, Da. "Chinese Calligraphy and the Cultural Revolution." *Journal of Popular Culture* 28, no. 2 (Fall 1994): 185–201.

Zhou, Enlai. *"Report on the Work of the Government," delivered in the Fourth National People's Congress of the People's Republic of China on April 18, 1959*. Beijing: Foreign Language Press, 1959.

中文著作

Mike Collett-White。〈專訪趙汝蘅：不能抹卻文革對中國芭蕾舞的貢獻〉。路透社。最後修改於 2008 年 7 月 30 日。摘取於 2013 年 7 月 26 日。http://cn.reuters.com/article/wtNews/idCNChina-1844820080730。

Redredpei。〈在宣傳畫中看懂中國〉。《新聞半週報》，第 4 期（2009 年 9 月 26 日）。摘取於 2013 年 5 月 15 日。http://www.baibanbao.net/nonfiction/2009/09/26/semi-weekly-004/#comments。

一隊副隊長王新民。〈親人來到咱們村〉。《小靳莊詩歌選》，天津人民出版社編，頁 16。天津：天津人民出版社，1974。

丁東。〈文革寫作組興衰錄〉。《文史博覽》，第 10 期（2005）：4–11。

丁學良。《革命與反革命追憶：從文革到重慶模式》。台北：聯經出版社，2013。

《人民日報》評論員。〈惡毒的用心 卑劣的手法 —— 批評安東尼奧尼拍攝的題為《中國》的反華影片〉。《人民日報》，1974 年 1 月 30 日。

人民美術出版社編。《美術參考資料報頭選輯》卷 1。北京：人民美術出版社，1971。

———。《美術參考資料報頭選輯》卷 2。北京：人民美術出版社，1972。

力平。〈勞動模範要站在無產階級文化大革命的前列〉。《紅旗》188，第 2 期（1967）：44–45。

上海京劇團《智取威虎山》劇組。〈努力塑造無產階級英雄人物的光輝形象 —— 對塑造楊子榮英形的一些體會〉。《紅旗》218，第 11 期（1969）：62–71。

上海革命大批判寫作小組。〈評斯坦尼斯拉夫斯基「體系」〉。《紅旗》213/214（1969 年 6/7 月）：36–46。

于會泳。〈讓文藝界永遠成為宣傳毛澤東思想的陣地〉。《文匯報》，1968 年 5 月 23 日。

子蘊。《跨越文革的人生歲月》。台北：新銳文庫，2011。

山華。〈為無產階級的英雄人物塑像 —— 學習革命現代舞劇《紅色娘子軍》運用舞蹈塑造英雄形象的體會〉。《讚革命樣板戲舞蹈設計》，上海人民出版社編，頁 17–25。上海：上海人民出版社，1974。

中央電視台《重訪》欄目組。〈消失的紅舞鞋〉（2010）。光明網。摘取於 2013 年 6 月 6 日。http://big5.gmw.cn/02sz/2010-01/01/content_1075748.htm。

中共中央。〈關於制止建造毛澤東塑像等問題的批語〉。《建國以來毛澤東文稿》卷 12，中共中央文獻研究室編，頁 368–369。北京：軍事科學出版社，2010。原為寫於 1967 年 7 月 5 日的批示。

———。〈中共中央關於宣傳毛主席形象應注意的幾個問題的通知〉，1969 年 6 月 12 日（中發[1969] 33 號）。《中國文化大革命文庫光盤》，宋永毅編。香港：香港中文大學中國研究服務中心，2002。

———。〈中共中央、中央文革關於嚴禁私自翻印未發表過的毛主席照片的通知〉，1967 年 11 月 27 日（中發[1967] 357 號）。《中國文化大革命文庫光盤》，宋永毅編。香港：香港中文大學中國研究服務中心，2002。

———。〈中共中央關於認真貫徹執行中央「七‧一三」指示的通知〉，1967 年 9 月 13 日（中發[1967] 298 號）。《中國文化大革命文庫光盤》，宋永毅編。香港：香港中文大學中國研究服務中心，2002。

———。〈中共中央、國務院關於在無產階級文化大革命中加強公安工作的若干規定〉，1967 年 1 月 13 日（中發[1967] 19 號）。《中國文化大革命文庫光盤》，宋永毅編。香港：香港中文大學中國研究服務中心，2002。

中共中央文獻研究室編。《毛澤東早期文稿》。長沙：湖南出版社，1990。

中共中央政治局。〈中共中央關於統一抗日根據地黨的領導及調整各組織間關係的決定〉。《毛澤東集》卷 8，頁 155–164。東京：近代史料供應社，1975。原為於 1942 年 9 月 1 日發出的文件。

中共中央黨史研究室。《中國共產黨歷史‧二卷‧一九四九至一九七八》。北京：中共黨史出版社，2011。

中國科學院文學研究所編。《不怕鬼的故事》。香港：三聯書店，1961。

《中國戲曲志‧廣東卷》編輯委員會編。《中國戲曲志‧廣東卷》卷 1。香港：交流出版社，1987。

中華人民共和國文化部。〈文化部黨委關於進一步減低報刊圖書稿酬的情勢報告〉。《中國版權史研究文獻》，周林、李明山編。北京：中國方正出版社，1999。

巴金。《無題集》。香港：三聯書店，1986。

文化部。〈關於停演「鬼戲」的請示報告〉。新華網。摘取於 2009 年 7 月 16 日。http://news.xinhuanet.com/ziliao/2005-01/28/content_2519064.htm。原為 1963 年 3 月 29 日發出的文件。

方厚樞。〈「文革」十年毛澤東著作毛澤東像出版工作的回憶〉。《親歷新中國出版六十年》，宋應離、劉小敏編，頁 247–282。開封：河南大學出版社，2009。

———。〈毛澤東著作出版紀事（1949–1982 年）〉。《出版史料》，第 1 期（2001）：70–86。

———。《中國出版史話新編》。開封：河南大學出版社，2010。

方耘。《革命樣板戲學習箚記》。上海：上海人民出版社，1974。

止庵。〈「文革」讀書與中國 60 年〉。騰訊新聞網。最後修改於 2009 年 9 月 28 日。摘取於 2015 年 3 月 5 日。http://news.qq.com/a/20090928/000942. htm。

毛澤東。〈在八屆十中全會上的講話〉。《毛澤東全集第四十五卷》，張迪杰編，頁 224–232。香港：潤東出版社，2013。原為在 1962 年 9 月 24 日八屆十中全會上的講話。

———。〈關於醫療衛生工作的重點問題〉。《建國以來毛澤東文稿》卷 11，中共中央文獻研究室編，頁 387。北京：軍事科學出版社，2010。原為於 1965 年 6 月 26 日與醫療工作者談話的部分內容。

———。〈同文藝界代表的談話〉。《毛澤東文集》卷 7，中共中央文獻研究室編，頁 249–259。北京：人民出版社，1999。原為 1957 年 3 月 8 日全國宣傳工作會議上的談話。

———。《讀社會主義政治經濟學批註和談話》。北京：中華人民共和國國史學會，1998。原刊於 1958 年。

———。〈對中共八大政治報告稿的批語和修改〉。《建國以來毛澤東文稿》卷 16，中共中央文獻研究室編，頁 137–144。北京：中共中央文獻出版社，1996。原寫於 1956 年 8 月 21 日。

———。〈五七指示——致林彪〉。《中國近代名家著作選粹——毛澤東卷》，姜義華編，頁 589–592。香港：商務印書館，1994。原為 1966 年 5 月 7 日的信。

———。《毛澤東早期文稿》。長沙：湖南出版社，1990。

———。〈《倫理學原理》批註（1917–1918 年）〉。《毛澤東早期文稿 1912.6–1920.11》，中共中央文獻研究室、中共湖南省委《毛澤東早期文稿》編輯組編，頁 116–285。長沙：湖南出版社，1990。

———。〈湖南建設問題的根本問題——湖南共和國〉。《毛澤東早期文稿 1912.6–1920.11》，中共中央文獻研究室、中共湖南省委《毛澤東早期文稿》編輯組編，頁 503–506。長沙：湖南出版社，1990。原刊於《大公報》（湖南），1920 年 9 月 3 日。

———。〈給江青的信〉（1966 年 7 月 8 日）。《建國以來毛澤東文稿》卷 12，頁 71–75。北京：中央文獻出版社，1987。

———。〈辯證唯物論〉。《毛澤東集補卷》卷 5，竹內實編，頁 187–280。東京：蒼蒼社，1984。原作於 1938 年，由大眾書店刊於 1946 年。

———。〈在省市自治區黨委書記會議上的講話〉。《毛澤東選集》卷 5，頁 330–362。北京：人民出版社，1977。原為 1957 年 1 月的講話。

———。〈七律·到韶山〉。《毛主席詩詞》，頁 36。北京：人民文學出版社，1963。原為 1959 年的詩作。

毛澤東主義紅衛兵上海總革命委員會宣傳部。《上海美術界革命造反派批黑線聯絡站編：徹底砸爛美術界資本主義復辟的宣言書》。上海：出版社不詳，1967。

王力。《王力反思錄》。香港：北星出版社，2001。

王力堅。《回眸青春：中國知青文學》台北：華藝數位，2008。

王凡。〈馬曉先女士談江青〉。《歷史學家茶座》，第 3 期（2006 年 1 月）：105–113。

王予霞。〈中央蘇區文化新透視〉。《黨史研究與教學》，第 6 期（1998）：63–67。

王玉玨。〈技法、意境與表現〉。Artxun.com。最後修改於 2011 年 2 月 17 日。摘取於 2014 年 11 月 12 日。http://news.artxun.com/wangyuzuo-1582-7909847.shtml。

王安憶。《王安憶讀書筆記》。北京：新星出版社，2007。

王西彥。《焚心煮骨的日子：文革回憶錄》。香港：崑崙製作公司，1991。

王克明、宋小明編。《我們懺悔》。北京：中信出版社，2014。

王明賢、嚴善錞。《新中國美術圖史，1966–1946》。北京：中國青年出版社，2000。

王威孚、王智。〈1956–1976：技術革命與文化革命思想的揚抑軌跡〉。《新華文摘》307，第 7 期（2004）：53–55。

王家平。《文化大革命時期詩歌研究》。開封：河南大學出版社，2004。

———。《紅衛兵詩歌研究》。台北：五南圖書，2002。

王朔。《看上去很美》。北京：華藝出版社，1999。

王勝。〈赤腳醫生群體的社會認同及原因分析——以河北省深澤縣為個案〉。《中共黨史研究》，第 1 期（2001）：109–115。

王朝天。《我是一個「紅衛兵」》。台北：中國大陸問題研究所，1976。

王超。《廣州電影界的造反者——珠影「東方紅」》。香港：中報周刊，1969。

王寧。《從苦行者社會到消費者社會》。北京：社會科學文獻出版社，2009。

王毅。〈毛澤東的「打鬼戰略」〉。《炎黃春秋》，第 5 期（1999）：15–19。

王曉明。〈「憶苦思甜」眾生相〉。民間歷史檔案庫。摘取於 2014 年 10 月 4 日。http://mjlsh.usc.cuhk.edu.hk/Book.aspx?cid=4&tid=1152。

北島。《城門開》。香港：牛津大學出版社，2010。

———。〈斷章〉。《七十年代》，北島、李陀編，頁 20–38。香港：牛津大學出版社，2008。

北島、李陀編。《七十年代》。香港：牛津大學出版社，2008。

史雲、李丹慧。《中華人民共和國史 第 8 卷 難以繼續的繼續革命：從批林到批鄧，1972–1976》。香港：香港中文大學當代中國文化研究中心；中文大學出版社，2008。

任均。《我這九十年：1920–2010 一段革命家庭的私人記憶》。北京：華文出版社，2010。

冰心。〈用畫來歌頌〉。《拾穗小札》，頁 115–118。北京：作家出版社，1964。原刊於《北京晚報》，1960 年 1 月 16 日。

印紅標。《失蹤者的足跡：文化大革命期間的青年思潮》。香港：中文大學出版社，2009。

———。〈文化大革命中的武鬥〉。《我們都經歷過的日子》，季羨林編，頁 292–298。北京：十月文藝出版社，2001。

朱玉。〈為毛澤東畫像的畫家們〉，《僑園》，第 2 期（1999）：22–23。

朱學勤。《思想史上的失蹤者》。廣州：花城出版社，1999。

江青。《江青自傳》，常笑石編。香港：北運河出版社，2012。

———。〈中央首長接見電影、戲劇、音樂工作者座談會上的講話〉。摘取於 2011 年 12 月 14 日。http://www.wyzxsx.com/Article/Class14/200912/120680.html。原為發表於 1973 年 1 月 1 日的講話。

———。〈林彪同志委託江青同志召開的部隊文藝工作座談會紀要〉。《江青同志講話選編》，頁 1–17。北京：人民出版社，1968。

江青、張春橋、姚文元。〈江青張春橋姚文元接見文化組成員時的講話〉。《中文馬克思主義文庫》。摘取於 2014 年 2 月 28 日。https://www.marxists.

org/chinese/reference-books/chineserevolution/zhangchunqiao/61-92/83.htm。
原發表於 1970 年 10 月 30 日的講話。

何其芳。〈序〉。《不怕鬼的故事》，中國科學院文學研究所編，頁 1–11。香
港：三聯書店，1961。

何明（關鋒）。〈擦亮眼睛、辨別真假〉。《光明日報》，1966 年 5 月 8 日。

何海生。〈文化部發出通令禁演劇目一律開放〉。《劇本》，第 6 期（1957）：
63。

何啟翔、范德。〈何啟翔，范德同志的發言〉，《中南區戲劇觀摩演出大會經
驗交流座談會資料》，廣東省檔案館，312-1-70-50-5。

何維克。〈「文化大革命」時期外國著作翻譯出版情況概述〉。《譯苑新譚》，
第 1 期（2009）：439–448。

余思牧。〈粵劇文化講座〉。靈風藝術學會。摘取於 2011 年 6 月 21 日。
http://www.ningfung.org.hk/19/20d.htm。

余華。《十個詞彙裏的中國》。台北：麥田，2011。

吳中杰。《海上學人》。桂林：廣西師範大學出版社，2005。

吳有恆。《山鄉風雲錄》。廣州：廣東人民出版社，1962。

吳晗。《吳晗文集》卷 4。北京：北京出版社，1988。

吳錫安。〈文革畫毛主席像的往事〉。吳錫金的博客。最後修訂於 2008 年 3
月 20 日。摘取於 2009 年 7 月 21 日。http://wxa45.blog.163.com/blog/sta
tic/24646420082209102268/?mode=edit。

宋原放編。《中國出版史料 第三卷（現代部分）上冊》。濟南：山東教育出版
社；武漢：湖北教育出版社，2001。

李一哲。《關於社會主義民主與法制》。香港：和尚打傘出版社，1976。

李成瑞。〈「文化大革命」期間我國經濟情況分析〉。《回首「文革」》，張化、
蘇采青編，頁 383–401。北京：中國黨史出版社，2000。

李松。《「樣板戲」的政治美學》。台北：秀威出版，2013。

———。《「樣板戲」編年史（前篇）》。台北：秀威資訊，2011。

———。《「樣板戲」編年史（後篇）》。台北：秀威資訊，2012。

李金銓。〈記者與時代相連〉。《報人報國》，李金銓編，頁 403–463。香港：
中文大學出版社，2013。

李屏錦。〈青春之歌的遭遇〉。《新聞出版交流》，第 2 期（2000）：16–17。

李乾。《迷失與求索：一個中學生的文革紀實》。紐約：柯捷出版社，2008。

李斌。〈一個「狗崽子」的迷惘〉。《我們懺悔》，王克明、宋小明編，頁 238–239。

李硯洪。〈赤腳醫生應時而生〉。《黨政論壇——幹部干部文摘》，第 4 期（1999）：52–53。

李遜。《大崩潰：上海工人造反派興亡史》。台北：時報文化，1996。

李輝。《李輝文集》卷 1。廣州：花城出版社，1998。

李曉航。〈「文革」時期群眾組織編印的《毛澤東思想萬歲》考略〉。《黨史資料研究》，2002 年 4 月。

汪宗猷、陳摩人編。《粵劇表演家郎筠玉》。北京：中國戲劇出版社，2003。

汪雷。《劍河浪》。上海：上海人民出版社，1974。

沈國凡。《紅燈記的台前幕後》。北京：當代中國出版社，2009。

肖敏。〈文革小說的神諭話語功能〉。《文學前沿》，第 2 期（2008）：189–197。

佳朋之月。〈倒踢紫金冠〉。最後修訂於 2008 年 11 月 17 日。摘取於 2013 年 7 月 10 日。http://junqing0008.blog.163.com/blog/static/10954332008 1117104654351/。

周光蓁。《鳳凰咏：中央樂團史，1956–1996》。北京：三聯出版社，2013。

周孜仁。《一個紅衛兵小報主編的文革記憶》。台北：新銳文庫，2012。

周海沙、郭巖。〈我國初級衛生保健體系形成的歷史和成功因素分析〉。《中國初級衛生保健》23，第 1 期（2009）：2–4。

周揚。〈我國社會主義文學藝術的道路〉。《人民日報》，1960 年 9 月 4 日。

周群、姚欣榮。〈新舊毛澤東崇拜〉。《二十一世紀》，第 12 期（1993）：37–43。

孟西安。〈活學活用老三篇，全心全意為人民——記西安市十九糧店為工農兵服務的先進事跡〉。《人民日報》，1970 年 9 月 7 日。

季羨林。《牛棚雜憶》。香港：三聯出版社，1999。

林榆。〈中南區戲劇觀摩演出大會經驗交流座談會林榆同志的發言——談導演粵劇《山鄉風雲》的體會〉。廣東省檔案館，312-1-70-50-55。

社評。〈大海航行靠舵手〉。《人民日報》，1966 年 8 月 15 日。

社評。〈不再使用「赤腳醫生」名稱，鞏固發展鄉村醫生隊伍〉。《人民日報》，1985 年 1 月 25 日。

社評。〈毛主席為貧下中農培養的好醫生 —— 記江鎮人民公社的赤腳醫生〉。《文匯報》，1968 年 9 月 14 日。

社評。〈把革命樣板戲推向全國去〉。《人民日報》，1967 年 6 月 18 日。

社評。〈要文鬥，不要武鬥〉。《人民日報》，1966 年 9 月 5 日。

社評。〈粉碎蔡若虹、華君武在美術界的資產階級專政〉。《人民日報》，1967 年 1 月 11 日。

社評。〈從「赤腳醫生」的成長看醫學教育革命的方向〉。《文匯報》，1968 年 9 月 14 日。

社評。〈掀起文藝創作的高潮！建設共產主義的文藝！〉。《文藝報》。

社評。〈當年片酬萬七，早是圈中富婆：李鐵細訴任姐從前〉。《快報》，1989 年 12 月 1 日。

金一虹。〈「鐵姑娘」再思考 —— 中國文化大革命期間的社會性別與勞動〉。《社會學研究》，第 1 卷（2006）：169–193。

金大陸。《非常與正常：上海「文革」時期的社會生活（下）》。上海：上海辭書出版社，2011。

金大陸、陳磊。〈關於復旦「紅畫筆」〉。《東方早報》，2013 年 9 月 16 日。摘取於 2014 年 12 月 6 日。http://www.dfdaily.com/html/8759/2013/9/16/1072353.shtml。

金鐘。〈最新版文革死亡人數〉。《開放雜誌》，第 310 期（2012 年 10 月）：48–50。

———。《遇羅克：中國人權先驅》。香港：開放出版社，2010。

長正。《中流砥柱》。石家莊：河北人民出版社，1974。

南匯縣八一中學一教師。〈我們開設革命文藝課的嘗試〉。《文藝戰報》，1969 年 2 月 9 日。

哈瓊文。〈宣傳畫《毛主席萬歲！》創作追憶〉。《檔案春秋》1，第 3 期（2007）：24–25。

姚文元。《評「三家村」——〈燕山夜話〉、〈三家村札記〉的反動本質》。上海：上海人民出版社，1966。

———。〈評新編歷史劇《海瑞罷官》〉。《文匯報》，1965 年 11 月 10 日。

段景禮。《戶縣農民畫沉浮錄》。開封：河南大學出版社，2005。

洪子誠。《大陸當代文學史》卷 1。台北：秀威出版，2008。

紀昀。〈曹竹虛言〉。《不怕鬼的故事》，中國科學院文學研究所編，頁 64–65。香港：三聯書店，1961。

───。《閱微草堂筆記》，廣州財政司本，1835。

紅線女。《紅豆英彩》。廣州：廣東人民出版社，1998。

胡風。《論現實主義的路》。上海：青林社，1948。

胡發雲。〈紅魯藝〉。《1966：我們那一代的回憶》，徐友漁編，頁 205–230。北京：中國文聯出版公司，1988。

范世濤。〈文革日記：規訓、懲罰和日常記錄〉。《昨天》，第 1 期（2012 年 1 月），電子版。

食指。《食指的詩》。北京：人民文學出版社。

哲平。〈學習革命樣板戲，保衛革命樣板戲〉。《人民日報》，1969 年 10 月 19 日。

夏宗素。《勞動教養制度改革問題研究》。北京：法律出版社，2001。

孫沛東。《時尚與政治：廣東民眾日常著裝時尚（1966–1976）》。北京：人民出版社，2013。

孫雲。〈中共英模表彰制度的肇始及演變〉。《黨的文獻》，第 3 期（2012）：71–76、82。

孫聞浪。〈江青插手芭蕾舞劇《白毛女》〉。《黨史天地》，第 4 期（2006）：38–41。

孫曉靂。《中國勞動改造制度的理論與實踐：歷史與現實》。北京：中國政法大學出版社，1994。

徐友漁。《蓦然回首》。鄭州：河南人民出版社，1999。

徐希景。〈極端政治的藝術宣示 ——「革命樣板戲」劇照中權力意志的視覺表達〉。《福建師範大學學報》，第 3 期（2008）：95–103。

徐秋梅、吳繼金。〈文化大革命時期的毛澤東像章〉。《黨史縱覽》，第 9 期（2008）：51–54。

時傳祥。《讓無產階級革命精神代代相傳：我們是怎樣向青年工人進行階級教育的》。北京：工人出版社，1965。

晉永權。《紅旗照相館：1956–1959 年中國攝影爭辯》。北京：金城出版社，2009。

浩然。《金光大道》。北京：人民文學出版社，1972。

海巴子。〈風靡一時的「雞血療法」〉。《檔案春秋》，第 12 期（2009）：
　　24–28。

海楓。《廣州地區文革歷程述略》。香港：友聯研究所，1971。

祝勇。《反閱讀》。台北：聯合文學，2008。

秦川。《郭沫若評傳》。重慶：重慶出版社，1993。

秦紀民。〈「南霸天」陳強「文革」歷劫記〉。《文史春秋》，第 4 期（1994）：
　　15–20。

袁成亮。〈蔣祖慧的芭蕾情（三）〉。小說閱讀網。最後修改於 2012 年 3
　　月 23 日。摘取於 2012 年 9 月 9 日。http://www.readnovel.com/novel/
　　19548/4.html。

逢先知。《毛澤東年譜（1949–1976）》。北京：中央文獻出版社，2013。

郝富強。〈「十七年」文藝稿酬制度研究〉。《江海學刊》19，第 4 期（2006）：
　　200–205。

馬少波。〈迷信與神話的本質區別〉。《戲曲改革散論》，頁 29–33。北京：藝
　　術出版社，1956。原刊於《新戲曲》，1950 年 10 月。

高炬。〈向反黨反社會主義的黑線開火〉。《解放日報》，1966 年 5 月 8 日。

高華。《紅太陽是怎樣升起的：延安整風運動的來龍去脈》。香港：中文大
　　學出版社，2000。

國際文化出版社。〈疾步向前的背影〉。以商會友．商友圈。最後修訂於
　　2009 年 10 月 8 日。摘取於 2012 年 6 月 25 日。http://club.china.alibaba.
　　com/forum/thread/view/472_26825501_r98328644.html。

張守仁。〈燕山夜話被批前後——我的十年經歷〉。《我們都經歷過的日
　　子》，季羨林、牛漢、鄧九平編，頁 135–151。北京：十月文藝出版
　　社，2001。

張抗抗。《大荒冰河》。桂林：桂林人民出版社，1998。

張峻。《擒龍圖》。石家莊：河北出版社，1974。

張真。〈看崑曲新翻《李慧娘》〉。《戲劇報》，第 5 期（1961）：47–49。

張紹城。〈「文革」時期的廣州美術活動〉。《羊城晚報》，2013 年 10 月 26
　　日。

張雅心。《樣板戲劇照：張雅心攝影作品》。北京：人民美術出版社，2009。

張煉紅。《歷練精魂：新中國戲曲改造考論》。上海：上海人民出版社，
　　2013。

張曉良。〈列寧穿朝靴粉墨登場 —— 文革中短暫出現過的舞台「奇葩」〉。《昨天》，第 53 期（2015 年 6 月）：1–8。

曹普。〈人民公社時期的農村合作醫療制度〉。《中共中央黨校學報》13，第 6 期（2009 年 12 月）：78–83。

梁沛錦。《廣州粵劇發展 1949–1965》。香港：非常品出版集團，2008。

———。《劇研究通論》。香港：龍門書店，1982。

梁秋川。《曾經的艷陽天：我的父親浩然》。北京：團結出版社，2014。

梁茂春。〈讓音樂史研究深入下去：淺談「文革」音樂研究〉。《音樂藝術》，第 4 期（2006）：19–27。

梁壁輝（俞銘璜）。〈有鬼無害論〉。《文匯報》，1963 年 5 月 6–7 日。

梁曉聲。《梁曉聲作品自選集》。桂林：漓江出版社，1996。

清水正夫。《松山芭蕾舞白毛女 —— 日中友好之橋》。北京：國際文化出版公司，1985。

章宏偉。〈雪泥幾鴻爪 苔庭留履痕 —— 新中國 60 年出版大事記〉。《編輯之友》，第 9 期（2009）：137–176。

莊永平。〈現代京劇《杜鵑山》音樂分析〉。《樂府新聲》29，第 3 期（2011）：80–89。

莫偉鳴、何瓊。〈「文化大革命」時期的「樣板戲」圖書出版物〉。《黨史文苑》，第 5 期（2007）：4–8。

許紀霖。〈我們這一代知識分子〉。《南方都市報》，2013 年 11 月 12 日。

郭秉箴。〈廣東戲曲改革三十年〉。《粵劇研究文選（二）》，謝彬籌、陳超平編，頁 423–452。廣州：廣州市文藝創作研究所，2008。

郭益耀。《不可忘記毛澤東：一位香港經濟學家的另類看法》。香港：牛津大學出版社，2010。

陳大斌。《奔騰的東流河》。天津：天津人民出版社，1975。

陳申、徐希景編。《中國攝影藝術史》。北京：三聯書店，2011。

陳伯達。〈陳伯達、江青、周恩來、謝鏜忠、吳德在文藝界大會上的講話〉。《中國文化大革命文庫光盤》。宋永毅編。香港：香港中文大學中國研究服務中心，2002。原刊於 1966 年 11 月 11 日的文藝界大會。

陳均。《京都崑曲往事》。台北：秀威出版，2010。

陳明遠。《人‧仁‧任》。鄭州：河南人民出版社，2004。

陳明遠。《忘年交：我與郭沫若、田漢的交往》。上海：學林出版社，1999。

陳東林。〈「文化大革命」時期毛澤東的經濟思想探析〉。《回首「文革」》第 1 期，張化、蘇采青編，頁 517–533。北京：中國黨史出版社，2000。

陳建華。《「革命」的現代性——中國革命話語考論》。上海：上海古籍出版社，2000。

陳晉。〈在「不怕鬼」的背後——毛澤東指導編選《不怕鬼的故事》的前前後後〉。《黨的文獻》，第 3 期（1993）：67–74。

———。《毛澤東與文藝傳統》。北京：中央文獻出版社，1992。

陳益南。《青春無痕：一個造反派工人的十年文革》。香港：中文大學出版社，2006。

陳荒煤。〈論正面人物形象的創造〉。《1920–1989 中國電影理論文選，上冊》，羅藝軍編，頁 360–377。北京：文化藝術出版社，1992。原本是 1955 年文化部電影局召開的電影劇作講習會的發言。

陳啟智。《啟功教我學書法》。北京：百花文藝出版社，2015。

傅雷。《傅雷遺書》。摘取於 2012 年 3 月 3 日。http://www.cclawnet.com/fuleijiashu/fl0191.htm。寫於 1966 年 9 月 2 日的遺書。

傅謹。《新中國戲劇史：1949–2000》。長沙：湖南美術出版社，2002。

散木。〈「文革」中的「聖像」美術運動和廣場上的「紅色波普」〉。《社會科學論壇》，第 6 期（2004）：72–83。

湖北日報編。〈毛主席視察華北、中南和華東地區時的重要指示〉。出版日不詳，1967。

程賢章。《樟田河》。廣州：廣州人民出版社，1976。

陽泉工人業餘美術編創組編。《陽泉工人美術大字報、壁畫選》。北京：人民美術出版社，1976。

馮錫剛。〈1966 年的郭沫若〉。《昨天》，第 14 期（2013 年 2 月 28 日），電子版。

黃艾禾。〈趙汝蘅：新中國第一代芭蕾舞演員往事〉。《中國新聞週刊》。最後修訂於 2011 年 7 月 27 日。摘取於 2012 年 9 月 27 日。http://history.gmw.cn/2011-08/29/content_2548946_3.htm。

新華社記者。〈粵劇的新生——記廣東省粵劇團學習移植革命樣板戲沙家浜〉。《人民日報》，1974 年 5 月 21 日。

新聞出版總署。〈印製毛主席像應注意事項〉，1951 年 4 月 25 日。

楊念群。《再造「病人」──中西醫衝突下的空間政治（1832–1985）》。北京：中國人民大學出版社，2006。

楊昊成。《毛澤東圖像研究》。香港：時代國際出版社，2009。

楊素秋。〈「文革文學」與「新時期文學」的關聯研究〉。博士論文，蘇州大學，2010。

楊潔。〈芭蕾舞劇《白毛女》與胡蓉蓉的民族芭蕾探索〉。博士論文，上海戲劇學院，2010。

楊寶智。〈一個「右派」參加造反派宣傳隊的經歷〉。《昨天》，第 27 期（2013 年 12 月 30 日）：1–26。

葉永烈。《「四人幫」興亡：「文官」要奪華國鋒的權》。北京：人民日報出版社，2009。

葉長海。〈上海戲劇舞台三十年〉。《戲劇研究》，第 1 期（2008）：179–194。

葉劍英。〈在中央工作會議閉幕會上的講話（1978 年 12 月 13 日）〉，愛思想網。最後修訂於 2008 年 12 月 14 日。摘取於 2015 年 3 月 5 日。http://www.aisixiang.com/data/23237.html。原為發表於 1978 年 12 月 13 日。

葛政。〈政治統帥經濟：革命統帥生產〉。《紅旗》，第 213/214 期（1969 年 6/7 月）：55–57。

葛劍雄。〈樣板戲貼近的是甚麼生活〉。《南方都市報》，2008 年 2 月 24 日。

路丁。《轟動全國的偽造毛主席詩詞冤案》。長沙：湖南文藝出版社，1986。

熊景明。《家在雲之南》。北京：人民文學出版社，2010。

甄光俊。〈文革期間江青與河北梆子〉。《讀書文摘》，第 1 期（2011）：40–42。

翟建農。《紅色往事：1966–1976 年的中國電影》。北京：台海出版社，2001。

趙國春。〈張抗抗的第一部長篇小說《分界線》〉。摘取於 2012 年 6 月 25 日。http://www.zjzq.com.cn/wz_Print.asp?ArticleID=233。

趙聰。《中國大陸的戲曲改革》。香港：中文大學出版社，1969。

趙豐。《忠字下的陰影》。北京：朝華出版社，1993。

齊向群。〈重評孟超新編《李慧娘》〉。《戲劇報》，第 103 期（1965 年 1 月）：2–8。

儀表局團委辦公室。〈社會主義文化大革命中團組織和青年的動態：反映強烈、行動迅速〉，1966 年 5 月 16 日，頁 1–3。上海市檔案館，B103-3-720。

劉小萌。《中國知青口述史》。北京：中國社會科學出版社，2004。

劉少奇。〈中國共產黨中央委員會向第八屆全國代表大會第二次會議的工作報告〉。中國共產黨新聞‧文獻資料。摘取自 2014 年 11 月 26 日。http://cpc.people.com.cn/GB/64184/64186/66665/4493251.html。原本為發表於 1956 年 5 月 5 日第八屆全國代表大會的報告。

劉平。《戲劇魂：田漢評傳》。北京：中央文獻出版社，1998。

劉玉華。《中國芭蕾速寫》。香港：樂文書店，1997。

劉杲、石峰編。《新中國出版五十年紀事》。北京：新華出版社，1999。

劉勉玉。《中國共產經濟政策發展史》。長沙：湖南人民出版社，2001。

劉嘉陵。《記憶鮮紅》。北京：中國青年出版社，2002。

劉懷章。《激流》。石家莊：湖北人民出版社，1975。

《廠史資料彙編》編輯委員會編。《雕塑瓷廠廠史資料彙編，1956–2006》。網上資料。

《廣州粵劇團團志》編輯委員會編。《廣州粵劇團團志》。廣州：廣州粵藝發展中心，2002。

廣東省文化廳。〈關於拍攝粵劇《杜鵑山》問題的批示〉。廣東省檔案館，214-A1-3-8-82。原刊於 1976 年 2 月 5 日。

———。〈匯報我省各地學習京劇《紅燈記》情況〉。廣東省檔案館，307-1-344-179-185。原為於 1965 年 5 月 5 日上交的報告。

廣東省參加中南會演劇目選拔演出辦公室編。〈對粵劇《山鄉風雲》的意見〉。廣東省檔案館，312-1-64-90-100。

廣東新華印刷廠委員會編。《徹底砸爛廣東粵劇的文藝黑線：十七年來粵劇戰線上的階級鬥爭》兩卷。出版地不詳，1968。

廣東粵劇院、廣東省文化廳。〈有關 1965 到 1966 年《山鄉風雲》北京、上海及深圳之旅的文件〉。廣東省檔案館，312-1-70-69-90、307-1-370-73-130、307-1-370-73-130（1）、307-1-370-73-130（2）、307-1-370-73-130（3）：69–130。

樊建川、李晉西。《大館奴 —— 樊建川的記憶與夢想》。北京：三聯書店，2013。

歐陽于倩。《中國戲曲研究資料初輯》。北京：藝術出版社，1956。

蔡麗媛。〈宣傳藝術的極端異化 ——「文化大革命」時期的宣傳畫〉。《絲綢之路》，第 2 期（2009）：81–82。

衛鐵。〈徐冰：自由是自己給的〉。《問道：十二種追逐夢想的人生》，賈樟柯、趙靜編，頁 96–113。桂林：廣西師範大學出版社，2011。

諸山。〈土地革命時期江西蘇區的反迷信運動〉。《科學與無神論》，第 1 期（2006）：34–35。

鄭振遠。〈折枝花甲 化腐為奇 —— 北京監獄工作回望〉。《前線》，第 12 期（2009）：57–58。

賴伯疆。《廣東戲曲簡史》。廣州：廣東人民出版社，2001。

錢理群。《毛澤東時代和後毛澤東時代（1949–2009）：另一種歷史書寫（下）》。台北：聯經出版，2012。

戴嘉枋。〈動亂中的喧囂 —— 1966–1969 年間紅衛兵運動中的音樂〉。《中國音樂學》，第 1 期（2005）：80–118。

———。《走向毀滅：「文革」文化部長于會泳的沉浮錄》。北京：光明日報出版社，1994。

繁星（廖沫沙）。〈有鬼無害論〉。《北京晚報》，1961 年 8 月 31 日。

聯共（布）中央特設委員會編。《聯共（布）黨史簡明教程》北京：人民出版社，1975。

薛勤生。〈「小鬼」造反〉。《憶苦思甜話當年》，群眾出版社編，頁 103–111。北京：群眾出版社，1964。

謝引麟。〈文革黑牢 92 天〉。《昨天》，第 13 期（2013 年 1 月）：8。

謝明勳。《六朝志怪小說研究述論：回顧與論釋》。台北：里仁書局，2011。

鍾兆雲。〈林默涵與周恩來的往事追憶（下）〉。《黨史博采（紀實）》，第 2 期（2009）：28–32。

鍾科文。〈戳穿反華小丑的卑劣伎倆〉。《光明日報》，1974 年 2 月 7 日。

韓少功。〈漫長的假期〉。《七十年代》，北島、李陀編，頁 562–584。香港：牛津大學出版社，2008。

聶元梓。《文革「五大領袖」：聶元梓回憶錄》。香港：時代國際出版，2005。

魏光奇、丁東。〈沒有空白 —— 文革時期的讀書生活〉。《華人文化世界》，第 9 期（1997）。

羅長青。〈「紅色娘子軍」創作論爭及其反思〉。《長江師範學院學報》25，第
　　1 期（2009 年 1 月）：118–124。

羅品超、馮小龍編。《羅品超舞台藝術七十三年》。北京：中國文聯出版公
　　司，1998。

譚健。〈中南區戲劇觀摩演出大會經驗交流座談會資料，譚健同志的發
　　言〉。廣東省檔案館，312-1-70-59-62。

鍾嗣成。《新校錄鬼簿正續編》。成都：巴蜀書社，1996。

酈青雲。〈談談李慧娘的「提高」〉。《戲劇報》，欠期數（1962 年 5 月）：
　　47–50。

鹽城專區革委會。〈學習班第二階段進行「兩憶三查」教育計畫初稿〉。從加
　　州柏克萊大學東亞圖書館借閱的手稿。

佚名。〈中阿兩國文藝工作者聯合演出，中國革命現代芭蕾舞劇《紅色娘子
　　軍》〉。《人民日報》，1967 年 10 月 17 日。

佚名。〈向模範工人趙占魁學習〉。《解放日報》，1942 年 9 月 11 日。

佚名。《批林批孔文章匯編》。北京：北京人民出版社，1974 年。

佚名。〈做好普及革命樣板戲的工作〉。《人民日報》，1970 年 7 月 15 日。

佚名。〈模範農村勞動英雄吳滿有〉。《解放日報》，1942 年 4 月 30 日。

佚名。〈關於迎接五一生產大競賽的各項辦法〉。《新中華報（延安）》，1941
　　年 3 月 23 日。

佚名。〈關於無產階級專政下的歷史經驗〉。《人民日報》，1956 年 4 月 5 日。

作者訪問

北島（趙振開）。2013 年 10 月 9 日，香港。

何孟良。2011 年 9 月 7 日，香港。

吳迪。2013 年 11 月 5 日，香港。

倪惠瑛。2012 年 7 月 18 日，廣州。

殷梅。2012 年 5 月 14 日，香港。

崔曉東。2010 年 8 月 23 日，北京。

張育賢。2013 年 5 月 21 日，景德鎮。

張紹城。2015 年 2 月 6 日，廣州。

曹春生。2013 年 5 月 21 日，景德鎮。

梁潤添。2012 年 2 月 3 日，香港。

郭慧。2012 年 7 月 18 日，廣州。

陳平原。2013 年 10 月 3 日，香港。

黃壯謀。2010 年 10 月 30 日，廣州。

劉遠長。2013 年 5 月 21 日，景德鎮。

劉澤棉。2013 年 8 月 19 日，石灣。

樊建川。2014 年 9 月 11 日，四川安仁。

鄭培英。2012 年 3 月 8 日，廣州。

盧秋萍。2011 年 8 月 7 日，廣州。

盧海潮。2012 年 7 月 18 日，廣州。

薛菁華。2011 年 8 月 9 日，香港。

鄺斌。2012 年 3 月 7 日，廣州。

索 引